古宝山州文集

杨国清 主编

2020年·北京

图书在版编目（CIP）数据

古宝山州文集 / 杨国清主编 . -- 北京：当代中国出版社，2020.8
（丽江文化系列丛书）
ISBN 978-7-5154-1036-4

Ⅰ.①古… Ⅱ.①杨… Ⅲ.①地方文化—丽江—文集 Ⅳ.① G127.743-53

中国版本图书馆 CIP 数据核字（2020）第 127926 号

出 版 人	曹宏举
责任编辑	姜楷杰
责任校对	康　莹
印刷监制	刘艳平
装帧设计	创想一二
出版发行	当代中国出版社
地　　址	北京市地安门西大街旌勇里 8 号
网　　址	http://www.ddzg.net　邮箱：ddzgcbs@sina.com
邮政编码	100009
编 辑 部	（010）66572264　66572154　66572132　66572180
市 场 部	（010）66572281　66572161　66572157　83221785
印　　刷	北京润田金辉印刷有限公司
开　　本	720 毫米 ×1020 毫米　1/16
印　　张	20.5 印张　1 插页　226 千字
版　　次	2020 年 8 月第 1 版
印　　次	2020 年 8 月第 1 次印刷
定　　价	70.00 元

版权所有，翻版必究；如有印装质量问题，请拨打（010）66572159 转出版部。

丽江文化系列丛书编委会

顾　问　崔茂虎　郑　艺　何玉兰　木崇根
主　任　杨国清
副主任　陈嘉勋　李群育　和丽军
编　委　和　湛　杨树高　和红阳　杨林军　张育根
　　　　李之典　杨其昌　白　浩　王　颖

主　编　杨国清
编　辑　和卫芳　王　颖　曾昆安　余建洋　李耀煌
　　　　杨金山　姚国军　和文友

目 录

杨国清 | 古宝山州历史文化走笔 / 001

李群育 | 元跨革囊对丽江历史发展的深远影响及启示 / 012

杨　陆 | 元跨革囊：丽江交通史上的浓墨重彩之笔 / 024

和松阳 | 元跨革囊的历史文化与现代意义研究 / 029

王德炯 | 宝山石头城的发展战略与规划思考 / 043

年建生 | 开发大具旅游资源　推进旅游转型升级 / 055

董学瑞 | 沧桑宝山州 / 062

达古若 | 大具文物述略 / 079

杨　陆 | 高峡巨岩一城堡 / 093

和秀琼 | 加强东巴文化传承　延续民族文化基因 / 114

达古若 | 李畅远引水工程 / 127

杨鸿荣 | 纳西族祭天的文化功能及变迁 / 132

董学瑞 | 浅谈大具民俗 / 146

阿　布 | 石头城的茶马文化 / 160

杨金山 | 石头城的梯田文化和仙人掌文化 / 165

木文川　杨金山 | 石头城的种子文化 / 170

和凤琼｜石头城行记 / 173
和继先｜祖先和神灵同居的故土 / 195
余建洋｜渔家傲·宝山石头城 / 233
杨　陆｜题宝山石头城联 / 234
年建生｜宝山散记 / 235
奚月诚｜奉科三大宝 / 240
杨树高｜宝山石头城历史文化考 / 245
杨树高｜倒峡翻浪自今古 / 289

古宝山州历史文化走笔

杨国清

到 2017 年,古宝山州立州已有 783 年历史了。岁月如梭,沧海桑田,历史巨变,这是必然的事情。2017 年 6 月底,我再次造访这个具有历史意义的地方,石头古城堡仍屹立在金沙江畔。历史文化遗迹遍处可见,在此凭吊,历史和现实都涌向心头。

一、宝山石头城再次成为聚焦之点

随着丽江国际民族文化旅游目的地建设和全域旅游的发展,比丽江古城还要原始古朴的宝山石头城吸引了人们的眼球。围绕石头城,仅 2017 年就有几件值得关注的事情发生。

一是由丽江纳美文化传媒有限公司和凤军等投资拍摄的电影《云上石头城》和观众见面。这部电影由八一电影制片厂摄制,纳西族艺术家张春和编剧,青年导演王磊和张春和共同执导,一批著名影视演员加盟。影片还未上映,就先声夺人,笔者看了样片,视觉冲击和心灵震撼双双而至,应该说是一部反映现实题材,既有正能量又有艺术水准的民族文化影片。

二是由本土纳西人和志君独立导演的《迷失的彩虹》也已摄

制完成，这部电影由本土十和兄弟文化产业有限公司和拉伯阿新文化传播有限公司联合出品，外地优秀青年演员担纲和本土知名演员助阵。导演和志君2014年拍摄的微电影《朝霞》，在云南微电影大赛中获得银奖。这次拍摄的团队90%是丽江人，制片、编剧、导演、摄像、录音、音乐制作、灯光大都是纳西人。影片民族风情浓郁，表现形式新颖，充分展示了丽江优美自然风光和民族文化，其中宝山石头城是个重点，近三分之一的场景在此拍摄。拉伯阿新及纳西汉邦媳妇余素华就是宝山石头城人。

三是2017年6月27日至28日，我们丽江文化研究会、纳西文化研究会一行到宝山石头城调研考察，主要是参加玉龙县宝山石头城纳西族民间文化传承协会成立挂牌仪式。这次活动由研究会主办，传承协会承办，还开展了民族文化展演活动，丽江市文化消费试点城市展示宣传活动也同时举行。余素华来自厦门，对纳西文化怀有特殊感情，与我们志同道合，都以古老宝山民族民间音乐歌舞文化的传承为己任。

四是近几年来，各领域专家学者，包括考古、旅游、岩画、民俗、东巴文化、民族音乐歌舞方面的研究者纷纷前来考察调研。宝山厚重的历史文化、奇特的自然风光仍是一个谜，许多东西有待深入研究，以揭开其古老神秘的面纱。

二、宝山设县升州简读

宝山石头城，而不是宝山石头村。它是一个古老的城堡，而不是一般意义上的边远山村，这是由古老历史文化年轮所决定的。

元代对于丽江和纳西族地区而言是一个重大转折发展时期。从此时开始，这个区域正式进入了中央王朝版图，结束了纳西族

"依江附险、酋寨星列、不相统摄"的状况,形成了新的行政区划管理格局,新建立丽江路、军民总管府、宣抚司领府一、州七、州又领一县的新体制。这也为后来丽江各个时期行政区划分奠定了重要基础。宝山州就是当年州七之一,宝山设县并升为州是重大历史事件,这与忽必烈亲临丽江,纳西族协助其统一国家有着直接的关系。根据这段历史我们可以这样说,元世祖忽必烈对丽江情有独钟,印象极为深刻,包括把玉龙雪山敕封为"护国安邦景帝"。他相信三多神为他保佑助阵,因而取得胜利。

宝山石头城,纳西语为"剌伯鲁盘坞"。"剌伯"现在写为"拉伯",其本意应为老虎出没的山梁("剌"为老虎,"伯"为古纳西语意为梁子)。古时候这些地方山高谷深、山梁纵横、森林茂密、老虎出没,到了纳西族祖先崇拜时期,老虎成为崇拜物,东巴创生了崇信老虎的系列文化。"鲁盘坞"即白石村寨,此地成为州的治所后即建成了白石之城堡。所以"剌伯鲁盘坞"本意应为老虎出没山梁之地的白石之城。

宝山石头城天设地造,历史很悠久,地理位置也很奇特,在金沙江之滨拔地而起,飞峙于云中梯田之间,其西边和北边是悬崖峭壁,东边有延伸到江边耕耘劳作之道,南边才有一个出口,可谓"一夫当关,万夫莫开"。一整块巨型白石是一个城堡,一百多户人家在一块巨石上生活,这不是一个神话传说,而是上千年的历史见证,这在世界上都是绝无仅有的奇迹。纳西先民与岩石有着天生的不解之缘,这个区域的古岩画便是最好的例证。而人类与岩石相互依存,石头城是最好的范例。在长期相互依存,在利用自然地理环境条件的过程中,石头城纳西先民发挥了无与伦比的智慧,他们独具匠心、巧夺天工,令人惊叹折服。岩石不仅成为生活的基础，起房盖屋的地基，而且成为墙、成为池、成为槽、成为台、成为床、成为窖；还有石灶、石桌、石凳、石缸、石磨、石雕等，总之，在这里对石头的利用达到了极致。这里堪称石器石雕的博物馆，人类与石头达到了最大和谐共存，充分体现了纳西先民的聪明才智。

站在石头城向四周远眺，陡峭壁立的山峰直插云霄，大自然的神奇壮观令人叹为观止，尤其是石头城的北面，即有名的拉伯太子关，因忽必烈穿越此山关而得名。有民谣道："拉伯太子关，伸手摸着天；鸟飞十八日，人走三个月，猴子过山掉眼泪。"石头城和太子关结为一体，具有深刻的历史文化内涵，二者是分不开的，而历史上又与忽必烈率领蒙古大军南征大理，统一国家相联系。

南宋宝祐元年（1253），忽必烈率蒙古大军从宁甘地区南下，十一月渡金沙江，即历史上的"革囊渡江"。这件事发生在今奉科一带，纳西祖先阿琮阿良（麦良）在宝山一带迎降，协助蒙古军征服大理，从此，开辟了丽江历史的新纪元。1253年在丽江设立察罕章管民官，1263年"以麦良为察罕章管民官"，至元十三年（1276），改为丽江路，立军民总管府，至元二十二年"罢府，设立宣抚司领府一、州七、州领一县"（《元史·地理志》），即北胜府、顺州、蒗蕖州、永宁州、通安州、兰州、宝山州、巨津州、临西县。宝山州成为州七之一。

宝山州自元至元十六年由县升州以来，此建制历经元明清，一直到清顺治十六年（1659），达四百年之久。其辖区为今玉龙县宝山、奉科、大具、鸣音、古城区大东一带。《元史·地理志·云南行省》记载："宝山州，地雪山之东，丽江西来，环带三面。昔麽些蛮居之。其先祖自楼头徙此二十余世。元世祖征大理，自卡头济江，由罗邦至罗寺，围大匮等寨，其酋内附，名其寨曰察罕忽鲁罕。至元十四年，以大匮七处立宝山县。十六年，升为州。"对宝山州的历史沿革等状况，正德《云南志》《大明一统志》等史料都有记载。"宝山州：在府东二百四十五里，汉为益州邪龙县境，东汉属永昌郡，唐时为麽些蛮所据，元初内附，名其寨曰察罕（按：《大明一统志》作察罕忽鲁罕），至元间置宝山县。寻升为州，属丽江路。明朝因之，编户六里。"

对于宝山州的情况，美国学者约瑟夫·洛克做过深入的研究。他说："察罕忽鲁罕这个名称似乎原名为和啰噶，是蒙古语忽鲁罕的音译，《大明一统志》记载说老的蒙古名字被更正为和啰噶。和字是该区域纳西的一个姓，凡是姓和不属于纳西族统治阶级，以大匮为最大村寨的七个村子中，归顺忽必烈的纳西头人显然叫和啰卡，由于他是蒙古人所称的察罕姜（白姜），因此照蒙古语的方式称这个区域察罕忽鲁罕。"

宝山撤州建制的情况也有明确的记载。《丽江府志略》载："本朝顺治十六年，收云南入版图，裁通安、宝山、兰州、巨津四州，临西一县归府。"即1659年划归当时的丽江府建制。

与宝山石头城相邻相伴的周边梯田也是一个奇观。纳西族的族源是多元的，纳西族一部分先民来自甘青高原的河湟地区，在迁徙过程中与当地土著融合。古先民一开始居无定所，依随水草，过着游牧的生活。金沙江流域宝山石头城周边是纳西先民从游牧进入农耕的最早地区之一，周边层层梯田是纳西先民的杰作，也是纳西族农耕文明的历史见证。这里山高陡坡，坡度从十几度到七八十度，海拔从近4000米到1600米左右的江边。山高水长，高山上有茂密的森林，又有丰富的水源，于是上万块层层叠叠的梯田从白云生处一直延伸到金沙江边。据杨树高先生考证，最大的一块梯田有四亩多，最小一块只有一个方桌一头卧牛大小。纳西先民的创业精神可歌可泣，他们筚路蓝缕，开启林山田畴，一锄锄、一块块地开垦出来。最高田埂有七米多高，用土石垒砌而成，梯田从上到下形成了巧妙的灌溉系统，有水班的制度，这些田地产小麦和水稻，都能做到旱涝保收，是纳西人聚集繁衍生息的保障。石头城周边的高山、峡谷、溪流、村寨、梯田、金沙江构成了人与自然高度融合、互为依存、良性循环的生态系统，加上有兀立的石头城、太子关，直插云霄的山峰，这里的梯田最为奇特、最为壮观。

三、古文化发祥地之一

宝山州是丽江古老文化的发祥地之一。大具、宝山、鸣音、大东等地区大量发现的金沙江岩画、石棺墓葬等出土文物，以及吾木等东巴文化原生态古村落等是最好的见证。

1988年末开始到20世纪90年代中期，金沙江流域中甸县一直到丽江金沙江流域发现一批古岩画，其他攀枝花等流域也有零星发现。这些岩画具有突出的独立性和特点，引起了国内外岩画界的高度关注。在古宝山州范围内即从长江第一湾进入虎跳峡到大具、奉科、鸣音，到大东是岩画最为集中、保存较完好的区域。经丽江民族文化专家的考察，以及玉龙纳西族自治县第三次全国文物普查工作进一步落实，查实这个区域有26处44个岩画点。大具下虎跳峡有3个岩画点，即大具培良村下虎跳峡附近；宝山夯桑柯岩画、木丁葛岩画、宝山太子关岩画、宝山树补丁岩画、宝山住古岩画、宝山高寒达科洛美岩画、宝山达科鲁踏斜拉阔岩画、宝山林达科布美落岩画、宝山林达科奇顾岩科岩画、宝山林达科古美阔王家岩肯岩画、宝山林达科古美阔岩肯岩画、宝山林达科拉里满岩科岩画、宝山太子关江口岩画；鸣音江凹格布差底高岩画、鸣音江凹圈羊洞岩画、鸣音妥文初岩画、鸣音洪门口高粱地岩画。

　　古宝山州金沙江流域岩画有以下特点：一是这个流域是金沙江岩画最为集中的一个区域，涉及面广，说明是古人类活动最活跃的地方之一。二是这个区域岩画与在丽江坝区木家桥考古发现的距今10万—5万年前丽江旧石器晚期智人有联系，这也应该是早期"丽江人"活动的主要区域之一。这里气候湿润，便于取水，森林茂密，野果多，野兽出没，古人便于采集生火和狩猎等。三是岩画主要反映动物图像，野牛、野鹿、野猪、獐子、羚羊、岩羊、猴等，很少有人物图像，显得很古朴。四是岩画颜料以红色为主体，这是古代认识区别事物的主体颜色，是主色调，同时还有黄、黑、白、蓝色相配。五是金沙江岩画是云南目前发现最古老的岩画之一。著名岩画专家陈兆复认为"金沙江岩画是云南境内目前发现的最为古老的岩画，出现大型动物图像在云南岩画中是第一个"。六是金沙江岩画与东巴象形文字、东巴画等艺术形式有历史渊源关系。

　　古宝山州区域有重要的考古发现，包括宝山州大印。据考古文物专家木基元在《纳西族考古文物资料汇编》中介绍，金沙江流域是考古领域中一个不可或缺的关键地区，其中在古宝山州区域是个重点。1984年10月，由省、地、县三级文物工作者组成的丽江地区文物普查队在大东热水塘、老八课等两处遗址考察时，采集到 11 件新石器文化遗物，其中石斧 9 件、石锛和石凿各 1 件，形状为长梯形，多由河滩鹅卵石磨制而成。经专家研究比较，这些遗物应属于金沙江中上游新石器文化类型。

石棺墓葬也是古宝山州区域青铜时代文化遗产的重要见证。20 世纪 60 至 70 年代，在大具乡农田基本建设中，共发现大批石棺墓葬，主要在大具乡政府所在营盘村附近。在白麦金江村，也有同样的发现。清理中，除已朽的人骨外，还有干炭屑、石镞（长 4.9 厘米、宽 1.7 厘米），还有矛、陶罐、铜钺、铁锄等器物。2016 年 2 月，在宝山果乐行政村岩可村古渡口附近发现五座石棺墓。经玉龙县文管所进行初步调查，整个墓葬群不止五座，现场清理中，一座墓中发现了一套 36 枚指骨饰品等物。在大具乡培良村发现了分布约千平方米的墓葬群，1984 年清理一座残墓葬，出土随葬柳叶形石镞一枚，村民曾挖到铜钺、陶罐等器物。鸣音东联村江凹也发现石棺墓葬群，2014 年为配合玉龙县境内阿海电站水电开发，云南省考古所主持对面积近三千平方米的区域进行抢救性发掘，出土大量人骨及陶罐等随葬品。

1982 年 9 月，地处金沙江三江口地带的奉科乡达增课岩浦自然村，发现上书"蜀郡"字样的铁锸四件，是东汉之前的铁器，说明其时与蜀地的经济文化交流状况，这在滇西地区是第一次发现。

宝山州是古老东巴文化传承发展的重要区域。1988 年 5 月，在宝山乡木卡村田地里，出土两块刻有纳西象形文字的青砖，文字清晰可辨，记载了买卖田地的情况。经考证这是康熙年间的砖，也是东巴象形文字应用于民间生产生活的见证。这个区域在历史上产生过著名的大东巴和东巴经典。格取格巴是历史上宝山永绿湾村很著名的大东巴，他学识渊博、法术高明，其家乡为他建庙塑像，香火不绝，闻名于整个纳西族地区。当代著名东巴有鸣音乡太和村和长命、鸣音乡鸣音村和即贵、大东乡大东村和士成等，他们知识全面，熟悉各类经书、各种祭祀仪式、各种舞蹈及泥偶木偶艺术，参与过东巴文化研究院经典释读工作，为东巴研究院翻译经典作出了重要贡献。

郭大烈在《东巴教的派系和现状》一文中指出，20世纪80年代，丽江县有东巴102人，而东部片区的宝山等地是东巴留下较多、较集中的地方之一，其中宝山12人、鸣音11人、大东8人、大具4人、奉科2人。宝山吾木村是典型的东巴传统生态村落，有广泛的东巴文化基础和氛围，有一批各个年龄段的东巴，有东巴传习中心，经常开展东巴法事活动，至今保存着体现东巴文化理念的水规、山规和其他村规民约，这是东巴文化渗透到老百姓生产生活及民俗之中的见证。

四、奉科——忽必烈在此革囊渡江

奉科是古宝山州的北大门，也是历史上纳西族与吐蕃分界地之一。这个地方对丽江人而言，是一个遥远而神秘的地方。丽江人大常委会原副主任陈嘉勋是个土生土长的奉科人，他曾多次对我讲过，在20世纪60年代他到地区中学读书，从奉科到丽江，跟着马帮整整走了一个星期。历史上奉科是南方丝绸之路和茶马古道的一条通道，也是重要的渡口和驿站，它南北联结了纳西族地区和藏区。

忽必烈率领蒙古军革囊渡江，统一中国，这在云南和中国都是大事件，对丽江发展和进步则更具有划时代的重大历史意义。"元跨革囊"在丽江金沙流域是一些历史学家的共识，但具体地段还有许多不同的说法，为此，20世纪90年代，我和陈嘉勋等多次前往奉科乡进行实地考察调研，根据史料及实地考察，蒙古军分兵三路过金沙江，忽必烈率中路军从古宝山州的奉科渡过金沙江是确凿无疑的。

对忽必烈革囊渡江这样重大的历史事件，至今在奉科是普通老百姓茶余饭后津津乐道的话题，老百姓中有许多关于忽必烈的传说和故事，可见这件事情已深深刻印在老百姓的心中，而且代代相传，像拉伯太子关的故事即无人不晓。

《丽江府志略·山川略》中指出：雪山门关，在城东北250里旧宝山州东北，当麽些吐蕃之界，险关天成。元世祖忽必烈，"由吐蕃入大理，破石门关，即此地也，一名太子关"。正因为忽必烈破石门关，过此险峻之地，于是太子关之名取代了原地名，从而延续至今。可见忽必烈从奉科过金沙江，再往丽江进发，拉伯太子关是必经之地。美国学者约瑟夫·洛克在丽江27年，对纳西文化的研究很深很细，而且饱览了各种文献资料，他多次从丽江经宝山到奉科过金沙江到达永宁。他得出的结论是："我深信忽必烈过金沙江是在永宁区域内普居到今天的奉科；要到达太子关或雪山门关，必须从奉科渡过金沙江。太子关是吐蕃与麽些之间的边界，麽些住在关的南面，忽必烈从关的北面来进攻他们，从吐蕃区域到麽些境内的第一个麽些人定居的地方是宝山，即现在的喇宝（纳西语'拉伯'）。史籍上记载说，忽必烈渡江后经过几个村子（这几个村子就是现在形成的喇宝的村子），因此，他不可能从别处渡江，只能从奉科渡江，而首先是经过雪山门关进入喇宝"。《滇系》中有这个关的古时名称，即"越灭根关"。

蒙古军于1253年元月从宁夏出发，八月到达甘肃临洮集结，九月到达川西南一带，兵分三路，忽必烈带领中路军到纳西族地区答蓝（今永宁），当地纳西族首领和字"内附"，于是驻扎在永宁日月和，当地称为拉巴堆（永宁喇嘛寺附近）扎营休整一段时间，对南进做了较充分准备，还在附近修建了开基桥。忽必烈在此地活动的情况，老百姓中有许多故事和传说。

这年的十一月下旬，从永宁出发翻过牦牛山到金沙江边，从卡头（奉良村对面拉卡西）用羊皮口袋和木筏过江到奉良一带，然后到罗邦（拉伯）、罗寺（拉汝），完成了革囊渡江的壮举。

忽必烈率领的蒙古大军进入川西南后，所走的线路大体上与这个区域的古道是重合的。古代纳西人开拓了这片土地并开通了西南交通。古代摩沙夷古道和闽盐古道是西南古丝绸之路和茶马古道的重要组成部分。从西昌到木里、盐源进入永宁，再从奉科过金沙江到丽江大理，这是一条古纳西文化的重要商贸通道和部族联系通道。所以忽必烈1244年、1253年两次选择此线路有其必然性，既有当时现实的考虑，又有其历史的渊源。

（本文完稿于 2017 年 11 月）

元跨革囊对丽江历史发展的深远影响及启示

李群育

七百六十多年前,在丽江拉伯奉科宝山等金沙江沿线发生了一件对云南乃至全国具有重大影响的历史事件。这就是昆明大观楼长联中提到的汉习楼船、唐标铁柱、宋挥玉斧、元跨革囊这四大历史事件中的元跨革囊。丽江地区及各族先民是这一历史事件的见证者、参与者和最直接的受益者。本文就元跨革囊对丽江历史文化发展产生的重大而深远的影响及其启示谈点浅见。

一

丽江见证和参与了元跨革囊这一重大历史事件。蒙古政权为实施迂回包围南宋统一全国的战略,1252年忽必烈率十万铁骑南征大理,于次年底在丽江境内奉科宝山及巨甸一带"乘革囊及筏以渡"过金沙江天堑,然后从丽江南下突袭大理国,大理国随即灭亡,云南行省建立,不久南宋灭亡。"革囊"是指将整剥下的牛、羊皮四肢、肛、颈等处扎紧,然后充气做渡江的漂浮器材,也称皮筏,直到现代当地民众仍在使用。蒙古军革囊渡金沙江之时,

"三赕"（丽江坝区）的纳西族首领阿琮阿良前往金沙江边"迎兵"，并率部帮助蒙古军攻克大理。

1206年，成吉思汗统一了蒙古诸部，在此后的数十年间，蒙古铁骑又征服了亚洲和欧洲的广大地区，建立了横跨亚欧的超级帝国。唐宋以来，神州大地先后并存的割据政权还有吐蕃、南诏、大理、辽、金、西夏等国，中华大地长期处于分裂割据状态之中。结束这数百年分裂割据统一全国的历史机遇和责任，落在了兴起的蒙古政权身上，历史选择了这一北方草原民族。1234年，蒙古大军扫平了中国北部的金政权后，长江以北基本统一，征服偏居南方的南宋王朝，结束唐末以来中华大地数百年分裂割据局面，实现全国的统一，成了蒙古政权最后也是最主要的历史使命。擅长骑射的蒙古铁骑在陆战中具有很大的优势，但是面对浩浩长江，蒙古大军的骑射优势难以发挥，长江天堑成为征服南宋的最大障碍。于是，蒙古大军决定扬长避短，采取迂回包抄南宋战略，首先南下征服地处西南的大理国。南征大理，是实现迂回包抄南宋战略的关键；而能否在丽江境内顺利渡过金沙江天堑，又成为突袭大理成败的关键。毫无疑问，默默无闻的丽江，突然成了这一国家战略链条中的一个重要环节，具有了无可替代的地位与作用。

蒙古大军在丽江境内顺利渡过了金沙江。忽必烈率领的十万蒙古大军，1252年从宁夏经甘肃进入四川，于1253年九月到达川西达塔拉（今四川松潘一带），然后兵分西、中、东三路直奔滇西北丽江境内金沙江渡口。中路军由忽必烈率领，经甘孜、木里，从永宁直达拉伯金沙江东岸，然后乘革囊及筏进入奉科宝山一带金沙江西岸，在纳西先民帮助下经丽江坝南下奔袭大理；西路军由兀良合台率领，经理塘、乡城、中甸，在丽江巨甸一带渡过金沙江，然后沿江南下经九河等地进入大理；东路军由抄合也只烈率领，经西昌、会理，然后紧随中路军向大理进军。1253 年十二月初，忽必烈率领的中路军首先兵临大理城下，十二月中旬，西路军、东路军也随后到达，三路蒙古大军迅速合力攻克大理城，大理国王段兴智逃往善阐（今昆明），随即被擒，大理国灭亡，次年初战事结束。

蒙古军革囊渡江突袭大理之战，是古代战争史上出奇兵千里奔袭的著名战例。清代学者顾祖禹曾说：“吾观从古用兵，出没恍惚，不可端倪者，无如蒙古忽必烈之灭大理也。”其取得成功的关键在于线路的选择，蒙古军南征大理选择的路线为唐宋以来形成的川滇茶马古道，而不是传统的秦汉五尺道，也不全是灵关道。

元跨革囊对于结束中国自唐末以来的长期分裂局面，实现国家统一具有重大意义。1276 年南宋的灭亡，标志着神州大地自唐末以来长达数百年分裂割据历史的结束，中国重新回归大一统，而且是更大范围的统一。

元跨革囊事件带给云南的最大礼物是行省。这一礼物对于云南的历史发展具有极其重大的意义。云南自秦汉以来就已正式进入国家行政区划，其中，汉晋时期在云南境内设有益州郡、永昌郡、云南郡等，但不论是益州郡，还是永昌郡、云南郡，都不是涵盖云南全境的行政区，而且也不是中央直辖的省级行政区，只属于省级以下的国家行政区。唐宋时期，云南先后出现的南诏、大理等分裂割据政权，使云南与内地王朝处于长达五百年的分裂状态。大理国灭亡后，1274 年，元世祖忽必烈下诏设立云南行省，并派赛典赤为云南平章政事。从此，云南正式成为中央直辖的一个省级行政区。

二

丽江不仅是元跨革囊事件的见证者、参与者，也是最直接的受益者。元跨革囊对丽江历史文化发展所产生的巨大而深远的影响，突出表现在以下几个方面：

第一，斯土斯地从此有了名字——"丽江"，这是元跨革囊带给丽江的第一个礼物。此前，丽江之地可谓"妾身未分明"，没有正式名分又无地位。丽江之地在元代之前并没有正式的名称，斯土并不叫"丽江"，也不是一个国家的省级行政区，只是一个属于县级行政区管辖边远地区。

先说丽江行政区划的历史，丽江在战国时期属秦国边地，两汉、魏晋至隋朝时期，先后属越嶲郡、云南郡的遂久县、姑复县等，唐初属姚州都督府的袖州。在云南处于分裂割据时期，丽江同样仅仅从属于吐蕃或南诏的某个区划，比如，吐蕃统治时期从属于神川都督府，南诏统治时期又从属于铁桥节度、剑川节度，大理国时从属于剑川节度……在秦汉至唐宋漫长的历史长河中，丽江之地仅仅从属于国家行政区划中的某一个县或某一个州，并不是一个明确的单列行政区。应该说，元跨革囊之前的丽江是一个没有名分与地位的地方。再说名称，丽江之地在秦汉至隋的史料中并无明确的名称，唐代虽有三探览城（今丽江坝一带）、铁桥城（今玉龙县塔城一带），宋代有三赕城（丽江坝内）等名称，但这些都只是境内某一区域之名，并不是涵盖丽江大地的统一名称。元跨革囊之后设立丽江路军民总管府，斯地"因金沙江得名"，正式起名为"丽江"，故元史中说"丽江之名自此始"。

第二，元跨革囊确立了丽江在滇西北地区的重要地位。元初在丽江设察罕章宣慰司、察罕章宣抚司、丽江路军民总管府，元世祖忽必烈曾下诏，委纳西族阿良为提调诸路统军司，统管滇西北及川西南部分地区的军务。元代设的丽江路，辖一府七州一县，即北胜府（永胜），通安州、巨津州、顺州、永宁州、兰州、宝山州、蒗蕖州，临西县；明代设丽江军民府，辖通安州、巨津州、宝山州、兰州、临西县。清代"改土归流"后设丽江府，所辖除通安州、巨津州、宝山州、兰州、临西县之外，还包括剑川、鹤庆、中甸、德钦等县。民国时期的丽江专员公署（云南省第七专员公署），辖丽江县、鹤庆、剑川、兰坪、维西、中甸、永胜、华坪、宁蒗、德钦、贡山、福贡、碧江。新中国成立后设丽江地区行署，辖丽江、鹤庆、剑川、兰坪、维西、中甸、永胜、华坪、宁蒗、德钦、贡山、福贡、碧江；改革开放后撤地设市，丽江地区改称丽江市，辖古城区、玉龙县、永胜县、华坪县、宁蒗县。总之，自元跨革囊之后，丽江之名沿用至今，丽江作为一个路、府（地市）级行政区的地位也延续至今。

第三，结束了纳西族内部长期"互不统摄"的历史，为丽江纳西族的团结发展奠定了基础。自秦汉以来，纳西族始终活动于川西南与滇西北广大区域，其中，汉晋时期主要活动于川西南地区，曾在盐源等地区大力开发盐矿产业。隋唐时期，纳西族先民已活跃于金沙江中上游的广大区域，故金沙江中上游亦称为麽些江，滇西北丽江地区、洱海东部宾川等地多有纳西族先民居住，其中在宾川建立有越析诏（也称麽些诏）。在漫长的历史时期中，纳西先民虽然部族众多，却长期处于互不统摄状态，没有形成一个团结统一的民族整体，在强邻逼处环境之中没有形成合力，各部族往往各自为战，甚至孤军奋战，结果常常遭受"地失人亡"的悲剧，其中包括六诏之中曾是地最广、兵最多的越析诏。纳西族内部互不统摄的状况，从蒙古大军刚进入丽江时纳西族内部各自行动、或打或和的表现中也有充分体现。比如蒙古中路军从奉科宝山一线进入丽江时，受到了丽江坝区纳西族部族首领阿琮阿良的热情欢迎，阿良还率部帮助蒙古军南下突袭大理；但在大匮（今大具）的纳西族部族首领却采取了抵抗的行动。蒙古西路军从区甸等区域渡江进入丽江时，则遭到了当地纳西族各部的坚决抵抗，其中，居住在巨津一带的纳西族首领和牒、和字、和失兄弟，率众在半空和寨与蒙古军抗争，直至寨破，和牒、和失战死，和字出降。由此可知，当时丽江境内的金沙江河谷区、坝区的纳西族虽然部族众多，但各部族各行其是。历史呼唤着纳西族内部的团结统一，历史也选择了木氏先祖阿琮阿良。元跨革囊时期，阿琮阿良凭其卓越的政治远见和智慧，借助蒙古大军势力和忽必烈的支持，结束了纳西民族内部互不统摄的历史，实现了以丽江为中心的纳西族内部的团结统一。

第四，开启了丽江"诚心报国""辑宁边境"的土司统治时代。由于阿良率部助蒙古大军攻克大理，擒获段兴智，深得忽必烈赏识，受任为察罕章管民官，后任察罕章宣慰司、察罕章宣抚司、丽江路军民总管府等职。至元初年，忽必烈加授银印一枚，加委阿良为提调诸路统军司，统管滇西北及川西南部分地区的军务。至元十一年（1274），忽必烈下旨褒奖阿良，授予金紫光禄大夫，进开府仪同三司。丽江开始了由阿良子孙世袭统治的土司时期。元末明初，阿良之曾孙阿烈阿胡继任丽江路宣抚司使，阿胡之长子阿甲阿得任丽江路宣抚司副使。洪武征西时，阿甲阿得审时度势"率众先归",并随明军出征。朱元璋因此下诏曰:"尔丽江官阿得率众先归,为夷风望,足见摅诚,且朕念前遣使奉表,智略可嘉,今命尔木姓,从总兵官傅拟授职建功。"从此,其子孙均以木为姓,称为"乔木世家",并世袭丽江土知府。元明时期,丽江地方统治集团始终以维护国家统一、促进民族团结、诚心报效国家为己任,深得这一时期历代皇帝的信任和支持,获得了坚强有力的政治靠山和良好的政治生态环境,继而积极向西向北发展,成为滇川藏交界区域维护国家统一、民族团结的一支重要力量。

第五,进一步增强了丽江各族人民的国家认同、中华文化认同意识,促进了滇川藏交界区域经济文化的发展。东汉时期,丽江各族先民曾进京献歌,向汉王朝表达边地民族"心归慈母"的愿望,史称"白狼献歌",反映了丽江先民最早的国家认同意识。元跨革囊进一步增强了丽江先民的国家认同、中华民族认同、中华文化认同。丽江成为滇川藏交界区域内维护国家统一,推进中华民族认同、中华文化的前沿阵地,创造了"富冠诸土郡""云南诸土官,知诗书,好礼守义,以丽江木氏为首"的历史。在坚守本民族传统文化的同时,积极学习汉文化,丽江成为元明清时期边地与内地经济文化交流的典范地区,有力推进了滇川藏间地区经济文化社会的发展:一是保畅通,进一步推进了滇川藏茶马古道畅通,促进了这一区域经济文化的交流;二是大力开发域内的金、银、铜、铁、盐业资源,增强区域经济实力;三是促农业,积极在有条件的地区修沟造田、种植水稻,推广先进耕作技术,促进了当地农业发展;四是兴教化,丽江向西北拓展时,十分尊重藏传佛教及当地文化习俗,兴建寺院,刻印《大藏经》,传播汉文化,有力地推动了滇康地区的发展。正如任乃强先生所说,丽江纳西族的图强经营是"开辟康滇间地区三大动力之中第一动力"。中国藏学研究中心的冯智先生也认为，丽江木氏在康滇界区的崛起，推动了我国西南部横断山区之间滇藏各民族关系的空前发展，推动了区域内各民族的团结进步，增强了国家认同、中华民族认同和中华文化认同。

清代丽江实行改土归流之后，纳西族地区进一步兴书院、开义学，积极参加科举，纳西族中首次有了举人、进士，汉文化学者、诗人不断涌现，多元文化融洽发展的特色更加突出。近代以来，丽江人民的国家认同意识、爱国主义情怀进一步增强，从鸦片战争到抗击八国联军，从辛亥革命到新民主主义革命，从抗日战争到自卫反击战，丽江儿女奋勇当先为中华民族而战、为可爱的祖国而战。

饮水思源，元代以来丽江历史的发展进步，首先得益于"元跨革囊"事件。这一重大历史事件的发生地奉科、宝山，堪称丽江纳西族崛起的一块福地。

三

"元跨革囊"留给后人的启示很多，其中最重要的是：一个地区、一个民族的发展，首先要善于抓住历史性发展机遇，积极主动融入和服务于国家战略。

凡是对国家及全民族的发展具有全局性的计划、策略、战略，都可称为国家战略。毫无疑义，"元跨革囊"属于蒙古政权确定的国家战略——迂回包围南宋，实现全国统一的战略。丽江纳西族先民积极主动融入和服务于这一国家战略，抓住这一历史性机遇发展丽江，取得了前无古人的发展。

回望历史，丽江先民曾经面临过众多类似"元跨革囊"的国家战略机遇，但此前基本没能抓住机遇发展自己。比如昆明大观楼长联中提到另外三个历史事件——"汉习楼船""唐标铁柱""宋挥玉斧"，也属于国家战略或与国家战略有关。丽江的历史发展就曾面对过这三次国家战略，但由于历史等原因，当时的丽江先民未能主动融入和服务于这些国家战略发展丽江，与这样的历史性发展机遇擦肩而过，值得反思。

"汉习楼船"其实是汉武帝决心打通南方丝绸之路的一项国家战略。据《史记》等史料记载，公元前122年，汉武帝派张骞出使西域开通北方丝绸之路，张骞在大夏（今阿富汗）看到了从身毒（今印度次大陆）贩运而来的蜀布等中国商品，因而认为当时已有一条自四川经云南通往印度及中亚地区的商道（即后来所称的"南方丝绸之路"）。张骞回到长安后将此信息向汉武帝作了报告，并建议打通这条通道。于是，汉武帝遣使前往西南夷，寻求这条从中国西南通往南亚的通道。汉使到了云南滇中后，因受阻于昆明部族，未果而返回长安。所谓昆明部族，是指当时居住在滇西及川西南地区的各族先民，其中包括丽江各族先民，汉代以来纳西先民长期居住的川西南盐源后来就称为"昆明"。汉武帝听说"昆明"部族所在地区的叶榆河（今洱海）有一支能征善战的水师，于是下令："减陇西、北地、上郡戍卒半，发谪吏穿昆明池"，于前120年开始在长安开凿周围40里的人工湖，称之为昆明池，并"治楼船高十余丈"，操练水军（水军也称为"楼船"），准备出征"昆明"地区，继续寻求由川滇到印度的这条通道。后人称这一事件为"汉习楼船"。对此，唐代胡曾在《昆明池》诗中称："欲出昆明万里师，汉皇习战此穿池。"应该说，"汉习楼船"

反映的正是包括丽江先民在内的昆明部族，错过了汉王朝计划打通南方丝绸之路的一项国家战略。

"唐标铁柱"事件同样与唐王朝的国家战略有关——遏制吐蕃向东南扩展的国家战略。唐代，从唐高祖开始就在云南设治。吐蕃兴起之后，其势力不断向东南扩展，其中，南下进逼云南，"并西洱河诸蛮"。707年，"吐蕃及姚州蛮寇边"，唐王朝派唐九征率军回击，在滇西漾濞一带大破吐蕃军，并在当地铸铁柱以志功，恢复了唐朝在洱海地区的统治。这就是"唐标铁柱"。这一事件表明了唐朝实施遏制吐蕃南下国家战略的决心与能力。当时，在洱海地区分布有施浪诏、浪穹诏、邓赕诏、越析诏（麽些诏）、蒙巂诏、蒙舍诏（南诏）等六诏。"唐标铁柱"不久，六诏之中原先实力并不突出的蒙舍诏，由于积极主动融入和服务于唐王朝的这一国家战略，而得到唐王朝的信任和支持，在唐军的大力支持帮助下很快统一了六诏，738年，唐玄宗册封南诏首领皮逻阁为云南王。而六诏中原来"地最广、兵最强"又有铎鞘利器的越析诏，由于没有及时认识到中央政府的这一国家战略，没有主动融入和服务于这一国家战略，而是继续跟吐蕃走得很近，最终"地失人亡"。这是纳西族历史上最惨痛的历史教训之一。因此，"唐标铁柱"事件对于纳西族历史文化的影响极大。"铁柱""铜柱"也成了丽江历史文化中与国家政权有关的一种象征与情结，在丽江的历史资料多有反映。比如明代的丽江木氏土司诗中说："权镇铁桥垂法远，兵威铜柱赐恩多"（木公《述怀》）。清代丽江诗人牛焘称："春归铜柱北，花发铁桥南"（《巨甸》）；"铜曾标汉柱"（《石鼓碑》）。清乾隆年间曾任丽江知府的吴大勋在《滇南见闻录》中称："丽江西北金沙江之浒，有铁柱屹立……丽江与吐蕃壤接，树于交界之所以威虏人。"

"宋挥玉斧"当然也是北宋采取的一项国家战略。965年,宋太祖赵匡胤灭后蜀时,用玉斧指着地图上的大渡河说"此外非吾所有也",因而没有挥师南下征大理国。后人便将此称为"宋挥玉斧"。北宋确立对大渡河以西的地区采取"非吾所有"的战略,有其特定的历史原因。北宋的这一国家战略带给丽江最直接的影响是:丽江进入了"大理不能有,吐蕃未能至,宋亦弃其地,成瓯脱之疆,自为治理,经三百五年之久"(方国瑜语)的特殊历史时期。也许,丽江正是在这段如同弃儿般的磨炼和比较中,得以思索思考,得以成长成熟,从而获得了后来抓住国家战略机遇的重要基础与条件。

"元跨革囊"之后,丽江又抓住并融入和服务国家战略,不断加快丽江发展。其中,于明代抓住并融入和服务"洪武西征""开发西南"等国家战略发展丽江,文治武功前无古人,取得了令世人刮目相看的成就。在清代主动融入和服务"改土归流"国家战略,与时俱进,主动结束了四百多年的土司世袭制度,和平实现"改土归流",极大地加快了丽江教育文化的发展。近现代以来,同样积极主动融入与国家命运相关的众多战略,特别是融入和服务于抵御外侮的所有大事件之中,与国家命运共进退。

改革开放以来,丽江解放思想、抢抓机遇,主动融入国家改革开放发展潮流,结合实际保护和弘扬优秀民族文化资源,加快发展旅游业和文化产业,积极探索特色发展之路,成为全国文化体制改革先进地区,2008年被列为中国改革开放30年开拓成功发展18个典型地区之一。

当前,积极主动融入和服务"一带一路"和"长江经济带"

建设，是丽江发展面临的历史性机遇和使命。丽江因其独特的自然地理和人文历史条件，成为南方丝绸之路及茶马古道上无可替代的重镇和商品集散地，并拥有世界文化遗产、世界自然遗产、世界记忆遗产等优势，费孝通曾题词丽江古城是"活着的茶马古道重镇"。以和平合作、开放包容、互学互鉴、互利共赢为核心的"丝路精神"，正是丽江文化的突出特色。加快建设和平和谐、开放包容、文化繁荣、生态优美的新丽江，是丽江服务和融入"一带一路"建设的必然要求。另外，丽江地处长江上源，长江流经丽江市境615公里，约占长江总长的十分之一，是推进长江经济带上游水能、生物、旅游文化开发的重要区域，更是长江经济带不可或缺的生态安全屏障地区。大力弘扬丽江人与自然和谐相处的文化传统，加快建设长江上游生态安全重要屏障，是丽江融入和服务长江经济带建设的重要使命，更是丽江重要的责任担当。

  历史是最好的老师。回望"元跨革囊"以来丽江发展的历史，可以帮助我们更加深刻认识到主动融入和服务国家发展战略的重要性与紧迫性。

元跨革囊：丽江交通史上的浓墨重彩之笔

杨 陆

公元 1253 年（南宋理宗宝祐元年、蒙古宪宗三年）的"元跨革囊"，注定成为丽江交通史上的浓墨重彩之笔。

奔腾不息的金沙江自西、北、东三面曲折环流丽江市境，流程达 615 公里。其中，流经西部的原丽江纳西族自治县境（今玉龙县和古城区）达 447 公里，是境内的主要河道。纳西语俗称丽江坝为"依古堆"，意即"（金沙江）江湾中那片地方"。由于沿江多为高峡，加之激流险滩，除了四通八达的古驿道上的渡口，境内自来几无水运。新中国成立后，曾进行了境内金沙江河道的航运普查和勘测、整治，部分河段已通行木船货运，终因木船载运效益低、安全性差，至 20 世纪 70 年代初由林业水运部门开展木材漂运，木船运输不复有。

在众多的古渡中，梓里渡早已于清代随梓里铁索桥的建成而消失；许多是新中国成立以来随公路大桥的通车自然消失，如树底渡、鲁南渡，或经交通安全部门清理整顿而取消，如大东乡小高村渡；也有的地方新增了渡口，如金江乡河北渡。其余不少古渡，仍因方便沿江群众往来至今存留。境内各处渡口，古来就为连接江两岸之间的交通往来设置。而元跨革囊之际，唯其是泗革囊以渡江，其每一路均数万人马，不可能蜂拥于一处原有的渡口。忽必烈亲率的主力中路大军，在从宁蒗与丽江奉科、宝山以至鸣音乡之间长达近百里的河段上，只要江面水流较为平缓，东西岸便于下水和登岸之处，皆为渡口，后人未可拘泥于某处。事实上蒙古军还有一部分是分路往南，从永胜与丽江之间渡江的。冯甦《滇考》载："元兵自北南来进攻大理，首捷此土，故名北胜。"这便是永胜曾名"北胜州"之由。《中国古代民族史略》亦载："蒙古征大理时，中路忽必烈自永宁、北胜、蒗蕖以入丽江。"由大将兀良合台率领的西路军同样如此，是从今香格里拉五境乡春独、上江乡良美、士旺、金江乡木师扎、所邑、冷都一带，即对岸自维西县其宗至玉龙县塔城、巨甸、金庄、石鼓一带分散渡江的。所以后来清代知府王厚庆题写的《丽江郡廨联》乃云"处处近革囊古渡"，"处处"确是中肯！

又则：之所以称"革囊渡江"，即因蒙古军主要利用的是这种单人泗水工具，这毫无疑义。《中国皇帝大传·成吉思汗传》对此就有细致的描述："每个战士随身携带的革制甲、兜、革囊、小帐、锅、弓、斧、刀、矛、矢等，如数作了补充"，等等。自然，为使统帅大员、随军谋臣及个别不谙水性的战士，以及兵器粮草和必要的辎重安全渡江，蒙古军当也携带有少量皮船，并就地伐木为筏、以若干革囊捆扎于支架为皮筏，但大军之渡江，主要用的就是革囊。毕竟是翻山越岭远途奔袭，全军只可能尽量轻装。《元史·世祖本纪》对此记载和区分得很清楚："至金沙江，乘革囊及筏以渡。"光绪《丽江府志稿》也清楚记载："大具渡、江凹渡、鸿门口渡均用革囊渡江"。鹤庆云鹤楼有联曰"石传象跪",乃以蒙古军由丽江经鹤庆进军大理时,忽必烈所乘大象在城北大板桥长跪不起的传说为释,此说当非空穴来风,但首先可以肯定:莫说漠北无大象,有也绝不可能远途随蒙古军跋涉而来。若真有"象跪",一种可能是其时归顺蒙古的木氏先祖阿琮阿良就养有大象,当下奉献给忽必烈乘骑,以壮威仪。光绪《丽江府志稿·古迹》载有"象跪石"一条,云:"在府城北八里,石如狼牙。昔元世祖自丽江石关乘一白象至此,象跪不行,故名。"这一记载与鹤庆的传说如出一辙。纳西族民间流传的苦情调《牧象姑娘》(纳西语"撮鲁玛"),证明了这个传说。另一种可能是忽必烈返师之后,留滇的蒙古军队继续平定大理各部之时,于德宏一带缴获之象,附会于忽必烈名下了。至于"革囊",这种宰杀山羊后不剖腹、趸剥全皮揉制而成,用时吹气为囊以助浮游之器,俗称"馄饨",纳西语称"次独",滇西北地区人人皆知。清代纳西族诗人李玉湛的诗《筏子》,就将筏子与革囊、舟船区分得十分清楚:"漂来一叶破中流,不是革囊不是舟。试问乘槎张博望,滔滔何处觅源头?"槎,即木筏。其后的纳西族诗人周兰坪作《革囊渡江》诗,生动描写了蒙古大军的革囊渡江,甚而追溯到成吉思汗时期蒙古军队横扫欧亚的情状:"如浮鹅鸭渡江来,江上无人守将台。……成吉思汗破西域,里海黑海追亡匿。定借革囊成大功,纵横万里斩荆棘"——若非革囊,怎能"如浮鹅鸭渡江来"?

在云南历史上,忽必烈攻灭大理,是个具有划时代意义的重大事件。

从军事上说,这是一场出奇制胜的进军。蒙古人于1234年灭金,形成了对偏安江南的南宋大兵压境之势,但蒙古人却舍宋不攻，围蜀不战，而由忽必烈率领十万大军出六盘山，集结于临洮，至川西松潘草原兵分三路以进。这条进兵云南的道路，地理环境十分险恶，而且其西侧是吐蕃据险以待，东侧有南宋水陆大军严守川东，若吐蕃与宋军由两翼夹击，后果不堪设想。即使忽必烈军顺利到达川南，也会受到大理国的抵抗，因为当时大理国是以重兵防守会理一带金沙江防线的。所以忽必烈避实就虚，往西取道丽江，这就绕开了大理国的江防。其兵分三路，西与东路就为防止吐蕃及驻川宋军由两面夹击。又充分估计到南宋、吐蕃、大理这三个政权只会自保门户，难于互相呼应。蒙古在消灭南宋、建立统一的多民族的元王朝军事过程中，创造性地采取了这一使后世许多军事家为之惊叹不已的军事决策。清代学者顾祖禹对此十分感慨地说："吾观从古用兵，出没恍惚不可端倪者，无如蒙古忽必烈之灭大理也。自临洮径行山谷二千余里，自金沙江济，降摩荻、入大理，分兵收阐鄯（今昆明）诸部，又入吐蕃，悉降其众。夫从临洮而抵金沙，亦不过二千里，行军于无人之地，更不事假道蜀中也。夫彼可来，我何不可以往？设有人焉，出丽江而北，招纳诸番，结以信义，径上洮岷，直趋秦陇，天下之视听必且一易，以为此师从天而降也！"（《读史方舆纪要·云南方舆纪要序》）

忽必烈攻灭大理国，结束了这一广大区域在唐宋时期由南诏—大理国地方割据五百多年的历史，自秦汉设置郡县以来再度纳入了中央王朝的大一统。其时，丽江木氏先祖阿琮阿良审时度势，顺应历史发展归附蒙古，"迎兵于剌巴江口"，积极助兵"同克大理"并因此立功，使其从远近众多势力中脱颖而出，一统滇西北一带纳西族地域。正是由于"元跨革囊"，丽江一带的古纳西族地域就此结束了自唐代以来"依江附险、酋寨星列、不相统摄"的封建领主各自为政的松散状态，在元朝的统一政权下，大大加强了社会经济的联系和发展，开始有了接受并推行汉语言文化的政治经济基础。元大德年间来到丽江的云南宣慰副使李京的一首《雪山歌》"丽江雪山天下绝，积玉堆琼几千叠"就引发了众多纳西人以汉文学的审美来重新审视这座世世代代奉为神明的雪山。在教育方面，云南于至元十三年（1276）设立行省后，赛典赤、张立道相继倡导儒学，建孔庙、创庙学、购经史、授学田，有王惠、王升父子先后来到过丽江。王升墓志铭云："充云南诸路儒学提举……董治大理、永昌、丽江、鹤庆、姚安、威楚诸路学庠，所至庙宇圣像一新。"虽然并无丽江在元代已真正设立儒学的确切记载，直到明永乐十六年（1418），丽江军民府检校庞文郁乃上奏："本府及宝山、巨津、通安、兰州四州，归化日久，请建学校。"然而汉语言文化和教育对丽江的重大影响，无疑自元代就开始了。

可见，元跨革囊，无论从哪方面说，都成为丽江社会发展史上一个具有划时代意义的重大事件。这一历史事件，正是以水上交通的形式展现的，它堪称中国交通史上的一个奇观。现今，当人们吟诵省垣大观楼长联之句"想汉习楼船，唐标铁柱，宋挥玉斧，元跨革囊"之际，便感浓烈的历史气息扑面而来。

元跨革囊的历史文化与现代意义研究

和松阳

元跨革囊是具有世界意义的历史事件,本课题组沿着元跨革囊在丽江、迪庆的行军路线进行了深入的田野调查,并结合历史文献及前人对这一专题的研究成果,对这一历史文化如何与金沙江沿线文化旅游有机结合进行了有益的思考。

一、元跨革囊的历史及现实意义

元跨革囊曾经是中国历史上影响世界格局、中国统一的一个重要历史事件,具有重要的历史文化价值,因其发生地在云南丽江地区,成为丽江文化遗产的重要构成。利用这一珍贵的历史文化资源,更好地为云南的文化建设、经济社会发展服务具有积极的意义。

据《元史·世祖本记》记载:"宪宗三年(1253)夏六月,入觐宪宗,奉命征云南。秋八月,师次临洮,遣玉律术、王君候、王鉴谕大理,不果行,九月壬寅师次忒剌,分三道以进。大将兀良合台率西道兵由晏当路,诸王抄合也只烈帅东道,兵由白蛮;帝由中道,乙巳,至满陀城留辎重。冬十月丙午,过大渡河,又经行山谷二千余里,至金沙江,乘革囊及筏以渡,摩娑蛮主迎降,其地在大理北四百余里。"

"元跨革囊"因孙冉翁所撰的昆明大观楼长联而得名。该历史事件发生在滇川交汇的金沙江区域,在丽江市境内涉及玉龙县奉科镇、宝山乡、大具乡、鸣音乡、巨甸镇、石鼓镇,宁蒗县永宁乡、拉伯乡及丽江古城等十多个乡镇及片区等。玉龙县金沙江河谷一带自古以来具有得天独厚的气候资源和水利资源,这里至今保留着传统农耕文化。这一区域是纳西族为主的少数民族聚居地,金沙江河谷地带光热资源充足,土壤肥沃,物产丰富,但长期以来基础设施建设投入严重不足,经济发展滞后,仍属于自给自足的自然经济状态。

20世纪前叶,美国地理学家约瑟夫·洛克对这一区域有过深入的调查,并在《中国西南古纳西王国》一书中有着详细的记录。

二、元跨革囊的历史调查

2008年至2016年期间,笔者对这一区域进行了深入的田野调查,并在参考前人研究成果的基础上,对课题的理论研究与现实研究有了一些新的看法和观点。

(一)元跨革囊的历史背景

1205年,铁木真首先占领西夏边地,然后开始对西夏的军事征服。1206年,铁木真统一了大漠南北,在蒙古斡难河源头的忽里台(蒙古语"聚会")贵族会议上,铁木真被尊为成吉思汗,又建九脚白旄纛,立国号"也克蒙古兀鲁思"(大蒙古国)。

蒙古国及九十五千户等制度的建立,为成吉思汗对外军事征服、拓展蒙古国版图提供了强大的队伍。

1215年，成吉思汗征服金朝，攻占了金中都（今北京），设立元大都。

1227年成吉思汗病逝，1229年三子窝阔台当了第二任大汗后，继续推进成吉思汗的对外征服事业。窝阔台死后贵由汗即位，贵由汗死后，凭借拖雷系强大军事实力和拔都大王的全力支持，1251年忽必烈的兄长蒙哥登上蒙古国汗位，做了第四任大汗，忽必烈奉汗兄之命担起了总领漠南的重任。驻屯有利于经营中原和江淮等广大区域的幽燕一带，总领漠南前后，忽必烈在延请四方学士的基础上，形成了一个号称"金莲川幕府"的谋臣侍从集团。

（二）元跨革囊的历史回顾

1252年，蒙哥为了进一步扩大领地，派其兄弟忽必烈率领十万大军远征大理。忽必烈征大理途经六盘山时，许多地方官员闻讯赶来觐见，请求其开恩庇护。"唯延安路兵马使袁湘面陈本路军户匮乏之弊以及相应的革除办法。"（李薇主编《忽必烈传》）此时忽必烈采纳了袁湘的意见，对其他官吏言私不言公的做法一律责备，这样一路留下了体恤百姓疾苦和秉公不徇私的好名声。

远征大理，是忽必烈总领漠南后承担的第一项重大军事行动。适时蒙古军队对南宋的进攻，因在江淮和四川受到顽强的抵抗而步履维艰。因而，征服大理，从西南包抄夹攻南宋控制区长江中游，也就成为统一南部中国战略计划的一部分。

当时，段氏统治下的大理国，雄踞西南三百余年，由于段兴智孱弱，大臣高氏专权，国势衰落，正是蒙古军发动远征的良机。

"元宪宗夏六月，忽必烈入觐宪宗，奉命帅师征云南。"（《元世祖本纪》）忽必烈是在夏天六月在曲先脑儿觐见蒙哥汗时受命出征，七月远征大军从漠北杩牙祭旗出发，遵照蒙哥汗的旨意，全军由速不台子、大将兀良合台节制管领,皇弟忽必烈负责居上统辖,十万大军一路南下,渡黄河,第二年春天,经原西夏腹地盐、夏二州。出萧关,驻军六盘山。

"忽必烈是在1253年秋八月带兵至今甘肃临洮,九月二十六日至今四川雅安西部地区,在这里兵分三路,兀良合台走西路,抄合走东路,入姚州。九月二十九日忽必烈由中道至满陀城,十月九日过大渡河,可能由今九龙县入木里藏族自治县,抵纳西族地区,后到达答蓝(今永宁)驻日月和,当地纳西族首领和字'内附',略为休整后,从西翻牦牛山到金沙江边,从卞头(今奉良与对门拉卡西里)用羊皮口袋和木筏过江,到罗邦(今宝山,旧称拉白)、罗寺(拉汝),十一月二十二日围大柜(今大具,旧称打鼓),下之,十一月二十五日到三甸(今丽江),纳西首领麦良相迎,十二月十二日到大理。"①

1253年农历八月,忽必烈所率领的大军从六盘山到达甘肃临洮;九月,抵达忒剌即今四川阿坝本坝松潘一带后,部队兵分三路,由兀良合台率西路军,诸王抄合也只烈率东路军,忽必烈率中路军。当时,由于四川中南部的大部分地区仍被南宋控制,三路蒙古军队只能取道吐蕃东部等人迹罕至的地区,队伍艰难跋涉。"经吐蕃曼陀,涉大泸水人不毛瘴喘沮泽之乡,深林盲壑,绝崖狭溪,马相縻以颠死前行者雪深三尺,后至及丈,峻阪踏冰为梯,卫士多徒行,有远瑜千里外者。"(《忽必烈传》)部队中有一些人马因为赶不上队伍而迷失方向走错了路,几经彷徨,有一支走到了现丽江永胜县,一支走到了楚雄姚安一带,还有一支走到了玉

---

① 郭大烈、和志武:《纳西族史》,四川民族出版社1994年版,第249页。

溪通海境内。这些掉队的士兵留居在当地村落里，他们被当地的民族文化所包容同化，当然也保留了蒙古族的一些民族文化特征。

《云南通志》卷四载："元世祖驻日月和即北。"清光绪《永北直隶厅志》卷三"戎事"篇记载："永郡自元世祖驻跸日月和（永宁土知府旧地），开疆内附，设流官、遂隶版图。"

据《永北直隶厅志》第七卷记载，永宁古名楼头赕，也称答兰（蓝）。忽必烈带领的中路军过了大渡河在山谷中往永宁方向行进二千余里，经过四川盐源来到了楼头赕，后驻扎在拉巴堆（古地名，今称日月和）的一大片草地上。这里有一条当时叫里吉河的河水流过草地的中央，草地的南面称"日"，北面称"月"，合称"日月和"。当时的永宁盆地自然条件较好，土质肥沃，沟渠纵横，农作物收成好，老百姓生活安宁，据相关史料记载，忽必烈的部队在这里休整驻扎近一个月。

后来忽必烈把昔日名"吕堆"改为永宁（参见［美］约瑟夫·洛克《中国西南古纳西王国》"永宁区域的历史和地理"记载），意谓永远和平安宁；把永宁境内最重要的一条河"卡七汁"改名为开基河，为方便军队过河及当地民众通行，忽必烈的队伍在河上修建的一座桥，命名为开基桥，附近的那个村子叫开基村，顾名思义，即忽必烈在这里开基立业。当时忽必烈的护卫队八旗驻扎的那个村至今叫"八旗村"，今日月和北面的拖支村据说是以蒙古语命名，并一直沿用至今，成为历史的记忆。

忽必烈的部队在永宁驻扎一个多月，得到了很好的休整和充实。之后，忽必烈率大队人马翻越大包山、下河谷，来到金沙江畔的渡口。当时的丽江不受大理国的管辖，这里通过宋末纳西族酋长麦宗合并了邻近一些小部落，基本形成土司管理制。当时的土司麦宗之子麦良从派出去探查的士兵口中得知蒙古大军来临，为了保全实力，决定归降，故提前至奉科渡口迎接。忽必烈带领的中路军过江来时，麦良早已迎候在金沙江边的渡口。元世祖中统四年（1263），他受封察罕章管民官。

美国学者约瑟夫·洛克曾经到奉科一带考察并在其著作《中国西南古纳西王国》一书中说，"忽必烈从永宁来渡过金沙江的地方即是在今天人们仍旧在那儿渡江的地方，即现在所称的俸可（奉科）"。

根据多年的田野调查，古空美渡口之所以曾为历经数百年而不衰的渡口，是因为金沙江在这一带水流平缓且无暗礁，最有利于渡江。显然忽必烈的大军选择在此渡江也是经过了认真考察。忽必烈率领蒙古大军在永宁驻扎应该是为渡江做准备。在此期间，他们采取了当地最原始的革囊渡江方法：大量收集当地土著居民放养的羊，杀掉后把羊皮整个缝合起来，往里面吹气形成气囊。忽必烈应是乘坐用革囊捆绑的竹筏渡江，而众多将士多是把羊皮革囊绑在自己身上横渡金沙江。但是大量的马匹又是怎样渡江的呢？就这个问题，笔者查阅了相关资料并专门请教了中国马业研究协会副理事长芒来博士。据他介绍，蒙古马天生就会游泳，由此可以推断，忽必烈大军的马匹是趁着冬季山寒水瘦成群游过金沙江的。

忽必烈的大队人马渡江后，在离渡口五公里左右的奉联村安营扎寨，停留休整数十日。据当地老人介绍，奉联一带在历史上是纳西族迁徙路上的一个重要节点，这里位于玉龙雪山脚下的金沙江河谷地带，气候宜人，民风淳厚，物产丰富。忽必烈在这里安营扎寨休整兵马，为下一步过险山隘口太子关远征大理国做补充给养、训练将士等准备。这些历史的痕迹在相对边远封闭的奉科境内尚有诸多遗存。奉科镇政府所在地往北有个汉族村至今仍然叫营盘村，在营盘村旁边的马箭道村有一个稍微平缓的地方中间有一个圆形的山包，据当地老人介绍，传说忽必烈就是站在这个山包上指挥训练蒙古大军攻城之技。征大理前，忽必烈将军队中一些管理人员和老弱病残者留在此处，形成了这里土著纳西族与汉族等多民族聚居的村落。相传还有一户杨姓人家祖上是给忽必烈的部队打铁做兵器的，后来逐渐成为当地打制农具的打铁人家。据纳西族学者杨福泉在当地调查考证，当地还有姓树的一支族群自称属蒙古军的后裔。另外戈阿干老师也对当地元跨革囊时期的文化遗存做过深入的田野调查并著有《元跨革囊遗址纪行》一书。

忽必烈率蒙古军从奉科往宝山方向挺进，翻越雪山门关（后称太子关），在附近有一个可以容纳几百人的溶洞住过一夜，后来此洞改称"太子洞"。之后蒙古大军过宝山往大具，《纳西族史》记载"由罗邦至罗寺。围大匦等寨，其酋内附，名其寨曰察罕忽鲁罕（意为白水），至元十四年（1277），以大匦七处立宝山县，十六年升为州"。忽必烈的部队曾在大具坝驻扎，丁酉年十二月十四日，军队到达白蛮地的打郭寨，白蛮军事首领率军归降。他的侄子选择抵抗，后被蒙古军捉住杀死，但蒙古大军没有惊扰当地人。白蛮打郭寨属纳西区域，也就是现在的大具乡，即金沙江边一个小平坝上的村落群，在丽江以北两天路之地，这也与蒙古军到达三甸（今丽江）所需的时间相符，大具营盘据说也是因此得名。在丽江古城，据说阿溢灿（纳西语"蒙古军队住的地方"）就是当年忽必烈住的地方，这里有一口流淌着甘甜泉水的古井，过往的游客都喜欢在这里驻足停留，喝一碗泉水。

三、元跨革囊的社会历史意义

忽必烈大军攻入大理国，包围南宋，实现全国的统一。忽必烈南征大理对当时西南少数民族地区的社会经济文化而言是一次巨大的冲击，就此有专家说"没有忽必烈南征，就没有纳西族元明以后的发展"[①]。回顾这段历史，元朝的大统一对中国社会和多民族国家成长的历史都具有巨大的意义。中国历史上有两次大的分裂时期，一次是魏晋南北朝，一次是五代十国和南北宋时期。而忽必烈的南征和元朝的统一则结束了唐以后近370年的分裂。有研究因此提出"如果没有元的统一，云南今天可能就不是中国的一部分了"的看法。

在我国各民族团结发展成为共同目标的今天，中华民族文化自信思想的引领下，回顾这段历史，对一个多民族国家，对我们今天正在实施的建设边疆民族团结示范区工作依然有着重要的借鉴意义。

四、元跨革囊历史文化对丽江旅游发展的重要意义

元跨革囊区域是丽江众多自然景观中集奇、险、美于一身的自然风景之地，其优美、独特的自然风景引无数游客跋山涉水不远千里来一睹其风采，也是徒步旅游和探险旅游的一条极美线路。同时，这里还保留有古老的纳西族村落和丰富的历史文化遗存。近年来，由于其特殊的地域和保护措施的不完善，导致元跨革囊文化濒临失传，文化遗址面临被破坏消失。涉及的金沙江流域出

---

① 郭大烈、和志武：《纳西族史》，四川民族出版社1994年版，第254页。

现环境管理冲突，导致生态恶化等亟待解决的问题。深度挖掘保护元跨革囊区域文化资源、抓好该区域金沙江沿线的生态治理对推动地方旅游发展具有重要的社会意义和现实指导作用。

金沙江流到奉科境内，无量河水汇入金沙江，金沙江在此绕了第二个弯，形成了历史上号称"鸡鸣三省五县"的三江口，这里也曾经出土过东汉文物奉科蜀郡铁锸（1982年奉科乡民王永发现，现为国家一级文物）。据众多历史学家考证和《纳西族史》的记载，奉科镇是纳西族迁徙路线上的一个重要节点，这里至今保留着古老的纳西族民俗文化传统和古老的农耕文化，这里也是忽必烈率领十万大军南征大理国时革囊渡江的重镇，在横贯金沙江的跨江大桥附近至今还保留着古老的渡江指挥台遗址，后来小凉山匪乱期间也曾在古空美渡口一带修筑防御工事。在奉科镇与比邻的宝山乡之间有一道奇峰太子关，远远望去宛若一排巍峨翠绿的天然屏障，从金沙江畔拔地而起直指云霄，自古就有"拉伯太子关，举手摸着天"的美称。宝山石头城是一个奇特美丽的古老城池，几十户人家居住在金沙江畔一块巨大的石头上，除了南北两个入口，四周险要，具有天然的屏障。近年来宝山乡花衣一带又发现了时间更早的崖画和石棺葬遗址。金沙江再往南就是泄洪轰鸣的阿海电站，然后是富饶美丽的大具坝、虎跳峡。这一带的奇险自然景观和传统的纳西族民俗文化、农耕文化都极具旅游开发的价值。

（一）丽江旅游发展的历史沿革发展现状

丽江旅游起步于20世纪80年代，主要是为了满足外事接待方面的需要。1992年初，丽江成立了旅游开发办公室；同年底，云南省政府正式批准玉龙雪山为省级旅游开发区；1994年11月，省政府在丽江召开了具有里程碑意义的滇西北旅游规划会，作出

"发展大理、开发丽江、带动迪庆、启动怒江"的决定,把刚刚起步的丽江旅游推到发展的前沿。1995年丽江机场通航。同年8月,国务院代总理朱镕基同志视察丽江,并指出"丽江极有可能成为国际旅游景区"。1996年丽江遭遇"2·3"大地震,损失惨重,世界各地的救援人员来到丽江,丽江也因此引起外界的关注。1997年12月,丽江古城申报世界文化遗产成功后,在国内外的知名度显著提升。1999年昆明世博会的举办,推动了丽江旅游业的快速发展。2015年全市接待海内外游客达3056万人次,同比增长14.7%;实现旅游综合收入483.5亿元,同比增长27.6%。

(二)挖掘元跨革囊历史可以丰富丽江文化旅游的内涵

近年来,丽江以文化遗产带动丽江旅游业的发展,以旅游发展回馈遗产保护,旅游业创造的产值占地区生产总值的一半以上。旅游业的发展有效带动了丽江地方经济发展,民族文化的保护开发,使丽江成为云南旅游业的重要品牌和国内旅游的新亮点、世界上最令人向往的旅游目的地之一。

元跨革囊事件是丽江少数民族地方与内地文化交流融合的一个起点,也是纳西族支持维护国家统一的历史。这一事件进一步巩固了丽江木氏土司的统治,使地方民众免受战乱之苦。元跨革囊的历史文化内涵丰富,辐射范围大,涉及的乡镇较多,当时形成强大的历史文化的冲击,丽江许多地方至今仍有文化遗存。元跨革囊的旅游线路也可以成为丽江旅游的一条特色文化旅游线路。高度重视元跨革囊历史文化的保护和开发,依托沿线得天独厚的自然景观发展旅游已经成为地方民众的共识。奉科镇革囊渡口大桥附近和拉伯乡一些当地人士自发开设了以元跨革囊历史命名的饭店或者旅馆。市、县引进金沙江航运旅游开发项目已经启动。这些旅游服务项目与元跨革囊历史文化的结合可以丰富和增加旅游的文化内涵。

(三)元跨革囊历史文化可以拓展丽江旅游的空间布局

随着丽江旅游的蓬勃发展，越来越多的人来到丽江旅游。在丽江旅游发展的实践中，文化旅游是一张特色名片，也是丽江旅游的立足之本。通过近几年来的旅游发展，丽江人深刻地认识到，文化始终是丽江旅游发展的血脉、根基和灵魂，丰富多彩的民族文化和厚重的历史文化内涵始终是丽江旅游经久不衰的动力和源泉。不断拓展丽江旅游的空间外延和文化内涵已经成为摆在丽江人面前的一个新课题，丽江旅游不能只依赖和局限于丽江坝和古城等几个有限的知名景区景点。作为全域旅游的示范地区，丽江旅游应该不断创新方法和思路，深度挖掘区域境内的旅游文化资源，充分展示丽江"情、山、水、文"的独特魅力，同时要保护好、宣传好这些丽江独有的历史文化，文化的保护和旅游开发相得益彰，让丽江真正成为众所向往的文化旅游胜地。

(四)保护和利用元跨革囊历史文化遗存，推动地方旅游发展的几点建议

基于以上认识和思考，笔者就如何保护利用元跨革囊历史文化、拓展丽江旅游发展的空间和内涵提以下建议。

1. 建立元跨革囊历史博物馆

元跨革囊在丽江地域上目前尚有一些文化遗存和可以考究的实物，随着年代日渐久远，这些都将消失殆尽，甚至被人们所遗忘。四川省凉山州盐源县境内的摩梭博物馆收藏了一些实物，据笔者了解，丽江民间还有一些散落的文物及面临遗失的文化遗迹。但是，目前还没有任何一家单位对元跨革囊这一历史文化遗存做

全面和系统的收集、整理和保护研究，而这些历史文化对丽江的文化旅游发展有着深远的影响。元跨革囊的历史是丽江地域和各少数民族第一次纳入中国版图治理的历史，也呈现了丽江土著民族归顺中央政府的历程。建议及时抢救整理现存历史文物，在丽江旅游小环线、玉龙县奉科镇元跨革囊遗址附近建立元跨革囊历史博物馆，通过实物、照片、图像、影像等多种方式展示这段历史，充分发挥博物馆的社会功能，同时可以加强边疆少数民族地方群众的爱国主义教育，进一步弘扬民族团结进步的精神。元跨革囊博物馆文化展示项目将融入推动丽江旅游发展进入新阶段，对推动丽江旅游提质增效也具有重要的历史意义。

2. 尽快采取措施保护革囊渡遗址

目前，元跨革囊的历史文物散见于丽江民间和其他地方，目前尚可收集，比如丽江文化人许存仁老师曾经收集到一套元军将领的盔甲。笔者曾远赴内蒙古博物馆调查，也查阅到相关记载，但是缺少实物的展览，四川省凉山州泸沽湖摩梭博物馆有一部分介绍提及，但是也没有相关的详细资料。丽江奉科镇境内目前还保留有一些元跨革囊时期的地名和文化遗址，江边的高地上还有几个蜂巢式的瞭望塔，据说这里是在当时渡江指挥处，后来小凉山匪叛时候，当地群众在此又进一步修缮了瞭望塔，无论何时何人所建皆可说明此处曾为队伍渡江的一个要塞。巨甸镇武侯村曾有一个蒙古塔遗迹，传说是兀良合台经过后留下的遗址，现在也只剩下几块碎石板。这些历史文物历经几百年风雨一息尚存实属不易，有些遗址已经沉入江底。革囊渡口的痕迹作为元跨革囊的历史见证也岌岌可危，笔者随相关专家实地考察了解，看到奉科镇政府虽然有保护意识但是由于能力所限，只是用一些简单的遮盖物做了临时保护，同时要求施工方不能破坏历史文物。这样的保护措施杯水车薪、令人心忧，短期内需要县级以上文化部门高度重视并及时采取保护措施，以保历史遗迹不受破坏。在此基础上建立元跨革囊博物馆，收集保护和抢救相关文物迫在眉睫。

3.尽快申报省级文物保护单位

元跨革囊的文化遗存，需要更高一级的文物保护单位和部门来关心和重视。建议玉龙纳西族自治县及时调查元跨革囊历史文化遗存并以革囊渡口和革囊渡指挥台为载体，尽快整理申报元跨革囊省级历史文物保护单位，争取使其得到更加有效的保护，以在做好文物保护的同时发挥其长远的文化旅游的价值。

4.召开元跨革囊历史文化研讨会

元跨革囊是丽江少数民族开始与中国其他民族交流融合的一个重要历史事件，也是丽江纳西族及其他少数民族维护祖国统一的生动历史事件。元跨革囊历史文化涉及区域较广、辐射范围比较大，也可以联系结合国家丝绸之路的政策做局部的推动。

忽必烈南征大理和丽江元跨革囊是一个跨越时空的重大历史事件，也是中国历史上实现国家统一历程中的一个重要阶段。同时，元跨革囊涉及的丽江的茶马古道历史与国家丝绸之路政策也有着千丝万缕的联系，也是"一带一路"发展理念指导下促进文化交流与推动区域经济发展的重要举措。目前，内蒙古大学等单位也在开展相关的调查和研究，丽江市境内还保留有许多元跨革囊历史事件的文化遗存，还有一批为丽江文化研究甘于奉献的专家和重视文化保护的领导，在此基础上，以打造丽江"文化硅谷"的思想为指导，我们可以结合深入研究挖掘元跨革囊这一历史文化内涵，邀请国内外的专家学者进行广泛的研究和讨论，深度挖掘和研究元跨革囊文化，共同促进文化的交流与地方的发展。

5. 以保护元跨革囊历史文化为核心，加快金沙江沿线文化遗址的勘察和保护

丽江作为世界文化遗产地，这几年来的发展都得益于对民族文化的保护和宣传，得益于丽江市委市政府矢志不渝地贯彻"文化立市"的战略，始终把文化保护作为旅游发展的基础来抓。在开发元跨革囊区域旅游过程中，我们要以更加审慎的态度对待文化的保护与旅游相互协调的问题。

结合金沙江中游航运旅游开发，建议开展一次丽江市范围的以元跨革囊文化调查为核心，包括金沙江流域岩画遗址、棺墓葬遗址等的历史文化调查，通过调查发现整理更多的文化遗存，及时发现并整理资料、采取措施抢救保护文化遗址，让这些文化遗址和文化痕迹更好地为丽江旅游发展服务。同时结合金沙江沿线"一库七级"水能资源开发项目，积极开展沿线的环境保护治理，及时整治和修复沿线被破坏的植被，为丽江的发展守护一片青山绿水，也为子孙后代留下一个美好的家园。

宝山石头城的发展战略与规划思考

王德炯

大江东去浪淘沙，唯有明珠难淹埋——作为千年纳西古堡、纳西历史文化活化石、纳西族社会变迁活化石、纳西东巴文化的发祥地之一的宝山石头城，在漫长的历史长河中，不但不被时光的涤荡所抛弃，不被岁月的尘埃所淹埋，反而宛如一颗与天地长存、日月同辉的明珠，千百年来在被称为"纳西族母亲河"的金沙江畔，依然以自己不变的神韵与风姿，在中华文明文化的灿烂星空中，放射出耀眼夺目的光彩。

宝山石头城从千百年来的历史文化变迁中，从过去走到了现在——从纳西族先民迁徙的"中转站"即牧猎为主的社会、传统农牧业为主的社会，到今天处在一个由传统农业到现代农业产业的重要转型期和交汇点。随着全球经济一体化时代的到来，以及我国现代化、城市化进程的加快，自古以来天生丽质难自弃的宝山石头城，同样面临着当前与今后何去何从的历史性选择。这种选择与始终困扰全人类的"我是谁，从哪里来，要到哪里去"的三个历史性大命题一样，无可回避地摆在宝山乡党委政府、宝山乡干部群众、宝山石头城所有人面前。

一、发展中的困扰与难题

丽江旅游发展到今天,已走过了 20 年历程。由于丽江是全国地市一级城市中少有的世界"三遗产"(世界文化遗产丽江古城、世界记忆遗产东巴古籍、世界自然遗产"三江并流")所在地,20 年来丽江致力于打造的文化旅游产业得以如火如荼地发展与进步,尤其是离丽江市委、市政府提出的"建设国际精品旅游城市"、"建设世界文化名市"、打造"文化硅谷"的战略目标越走越接近,"品牌丽江""文化丽江""遗产丽江""实力丽江"的知名度、影响力得以大幅提升。至目前,丽江已拥有了一批以玉龙山景区、老君山景区、泸沽湖景区等为代表的优质品牌旅游景区,以及一大批与丽江文化旅游相适应的接待设施及相关产业,每年到丽江旅游的中外游客呈逐年上升之势,旅游收入也不断创下历史新高。然而,在丽江旅游高速发展的背后,包括宝山乡(以石头城—吾木村为核心)在内的玉龙县东部四乡镇的旅游业发展,依然处于培育中的初始阶段,本研究课题中的宝山石头城,它拥有的自然人文两大资源优势,也尚未从根本上转化为当地的旅游经济优势。

(一)有形文化面临严峻挑战

宝山石头城现存的纳西传统民居群落、村道、烽火台、城门城墙、石床石灶等遗迹,长期以来以资金短缺、规划滞后、保护措施难以落实等许多原因,而带来的村民改善生活环境需求与遗产保护之间的矛盾依然突出。

长期以来,石头城因地处偏远,经济落后,仅靠政府所拨微薄的保护资金难以落实相应的保护措施,保护规划难以实现,文物保护与修复工作也难以展开。

鉴于石头城特殊的地质条件，在不破坏古城风貌的前提下进行建筑修复、地质加固及基础设施改造时，其技术难度较一般古村落大，而石头城所处的地区经济发展滞后（达到基本温饱水平），专业技术人员缺乏，因而技术性保护更难以实施。

旅游业发展三要素"资源、旅游者、旅游产业及接待设施"中，这里旅游者的数量过低，旅游业相关产业和接待设施的数量与质量均不高。

旅游管理及技术的不到位，导致当地村民在尚无旅游相关知识的前提下，盲目进行旅游开发，如对极具保护价值的房屋进行旅游功能置换，一味趋附于营造现代生活习惯以满足游客的需求，从而导致对古城景观的破坏。

随着石头城与外界交流的增多，现代生活方式也开始影响石头城居民的生活，不少村民为追求更好的生活条件而采用了不科学的手段，使城内出现了不少与古城风貌相冲突的建设行为，如一些水泥路面的出现，瓷砖装饰、太阳能的使用等。当然，人们也能理解如一位村干部所说的："村民也有追求幸福的权利，为了房屋的稳固性，村里同意村民在修建房屋时，除在地面二、三层的外观样式整体与村落传统风貌相一致外，地楼允许使用钢筋水泥。"

由于生存条件、经济来源制约，城内村民仍以农耕为主要生活方式，家家户户都有养牲畜禽类习惯，对环境卫生有较大影响。

古城民居群落中一些危房仍有待改造，且人口密度、建筑密度较大，坡陡路崎，行步艰难。

排污系统有待完善，部分街巷污水横流。

基础设施有待完善，公路通达条件不畅，电话、电力照明、消防等设施不足，开发和保护难度较大。

由于管理经费不足，现有游路及相关设施保护维修缺乏保障。

民居客栈不分档次，仅有床铺，系食、宿、游一体服务，收费标准不统一，年收入不足一百万元。

（二）无形文化面临危机

作为纳西东巴文化发祥地之一的宝山石头城，1950年以前有四十多个东巴祭司，现在东巴祭司后继乏人，东巴文化的保护传承和东巴传人的培养后劲乏力，尤其是"宝山派"对纳西族东巴文化发展的关注及其影响力大幅减弱。

保护当地民俗文化的立法不足，使传统民俗文化无法可依，民俗文化传承面临后继无人的尴尬境地，大部分保护措施滞后。

石头城民俗乐舞，时本调子中的三种"喂蒙达"（分别在红白二事、栽秧时一人领众人和的唱腔）、一种"授多授"（男女对唱情歌）、"拉伯谷气"、"窝热热"磋（唱跳融为一体的乐舞）、"阿神色"栽秧调打跳等一批当地久负盛名的纳西乐舞，面临青黄不接、后继乏人的境地。

当地民俗文化活动一般集中在逢年过节、乡村组织、老年协会等展开相关活动时的场合中。因村里18—35岁的年轻人大量外出打工等原因，平时的民俗活动几乎没有。

村里多为"387061"人员（妇女、老人、儿童），子女读书，随父母外迁的现象居多，"空巢老人"增多。

村里几乎家家酿自产酒，但产业形不成公司化一条龙运作的规模。

村里有当地特色的织麻、竹编、石雕等手工艺传统，但都零星分散，木雕艺人仅存一人，民间手工艺传承后继乏人。

挖掘整理当地以民俗为主的民族文化资源，并将之用于保护传承、弘扬创新的人才队伍尚未形成，文化保护、开发、利用，以及形成文化产业的领军人物有待进一步培养。

对外宣传不够，难以引起投资者的注意，招商引资难度大。

对石头城区域农户宣传不够，村民对自觉保护石头城，参与文化旅游、乡村旅游、农业休闲旅游等开发的意识有待提高。

二、保护与发展规划

2013年和2015年，丽江市委书记罗杰两次率队到宝山乡调研，就开发金沙江航运旅游、宝山石头城和吾木村特色旅游召开了座谈会，提出通过改善水、路等基础设施，制定详细规划，采取招商引资等措施，争取在玉龙县东部旅游开发中达到"一年打基础，两年求突破，三年见成效"的目标。

2015年底，丽江市旅发委申报宝山乡获得"全国旅游特色小镇"称号，并向上级部门争取110万元资金，编制了宝山石头城旅游发展总体规划，开展了石头城环境整治工作，同时支持宝山乡政府20万元的旅游扶贫发展资金，为宝山乡及其石头城提供了资金和政策上的支持。

2016年3月14日，包括宝山石头城、吾木村、玉龙县东部四乡镇在内的三个规划文本通过玉龙县人民政府的正式批复核准。

（一）保护规划部分内容

1. 规划原则

保护历史真实载体的原则。以保护石头城的原真性、完整性为准则，主要指保护石头城的整体格局和传统建筑风貌。

保护历史环境的原则。按照历史文化名村标准整体保护石头城古村落，延续其历史文化环境。

合理利用、永续利用的原则。对石头城村古村落具有历史文化内涵的文化特质进行维护保留，在尊重历史的基础上进行改造、整合，在保护中谋求发展，从而激发古村落新的活力。

2. 规划目标

总体保护目标。实现对石头城文物古迹和村落有效保护和可持续发展，维护村落整体风貌特色和建立村落风貌展示体系，保护和延续石头城古村落的风貌和文化特色，改善村落的居住生活环境，实现现代化发展和历史文化环境的融合。

近期保护目标。村落的保护、整治、修缮、利用初见成效，现状村落内居民的生活质量普遍得到改善。

远期保护目标。村落整体保护取得明显成效，修复具有历史影响的文物古迹，丰富历史文化保护内涵。完善历史文化保护区的各项配套设施，形成与文物相协调的周边环境，村落保护取得良好的综合效益。

3. 保护区划

石头城的保护区划分为核心保护区、建设控制区和风貌协调区以及环境协调区。

4. 总体构思

保护石头城历史文化结构，挖掘并传承价值体系；保护石头城历史人文价值的空间载体；通过发展旅游提供经济支持，提升文化内涵；实现可持续发展的规划对策。

5. 保护范围

核心区面积为2.5公顷，建设控制区面积为9.2公顷，风貌协调区面积为66.5公顷，外围环境协调区面积为468.7公顷，外围村落协调区面积约为 23.3 公顷。

规划还对各保护区的保护提出了具体的措施。规划的章节内容涉及方方面面，详细规划条文和内容，以规划的正式文本为准。本节（目）只是根据行文需要摘录了其中几条内容。

（二）保护规划依据的部分法规

《中华人民共和国城乡规划法》、《历史文化名城名镇名村保护条例》、《中华人民共和国文物保护法》（1991）、《中华人民共和国文物保护法实施细则》（1992）、《中华人民共和国非物质文化遗产法》、历史文化遗产保护规划规范、《历史文化名城名镇名村保护规划编制要求》、《云南省历史文化名城名镇名村名街保护条例》、《云南省历史文化名城名镇名村名街保护体系规划》、《玉龙县宝山乡总体规划 2010—2030 年》、石头城中国传统村落申报材料。

三、未来发展对策与措施

站在"十三五"规划及更长远的角度去思考、探索宝山石头城未来发展战略选择，站在新时期、新机遇、新历程的历史起跑线上，去分析、研究宝山石头城未来发展战略的应对之策，无疑是一件很有意义的事情。

谈到"战略"，人们普遍会觉得距离自己很遥远。其实，"战略"无时不与人们相伴而行。战略是什么？就其广义而言，泛指对全局性、高层次的重大问题的策划和指导，如国家战略、国防战略、经济发展战略等。就其狭义而言，战略其实就是方向、目标、策略、举措，它的本质说到底其实就是选择。这样看来，宝山石头城对未来发展战略的应对之策，就是对石头城当前及未来发展的一张明晰的路线图、时间表。综合本文以上所有内容，笔者提出如下对宝山石头城未来发展战略的一些思考和建议。

尽快解决统一思想认识问题。宝山乡及其宝山村委会（石头城在内）的广大干部群众，一定要按照中央关于"科学发展、协调发展、绿色发展、开放发展、共享发展"的要求，把思想认识统一到云南省、丽江市提出的相关战略部署上来，统一到玉龙县委、县政府提出的"七大战略"目标上来，统一到宝山乡党委政府提出的今后五年经济社会总体发展思路上来，统一到《宝山乡国民经济和社会发展第十三个五年规划》《吾木村保护与发展规划》《宝山石头城保护与发展规划》的精神上来。要让全乡广大干部群众深刻认识和理解以宝山石头城、吾木村为核心的具有宝山特色的民族文化、旅游文化，对不断深化全乡"生态立乡、农业稳乡、产业强乡、旅游兴乡"成果的重大意义，以及对现有旅游资源的条件下，宝山乡旅游业的悄然崛起对激活玉龙县东部四乡镇旅游，引导旅游产业转型升级所带来的重大意义。要让全乡干部群众在统一思想认识的同时，进一步理清思路，抢抓机遇，科学谋划好"十三五"期间及今后更长时期内的各项重点工作，用"旅游兴乡""旅游强乡"的实际行动，促进全乡经济社会发展。

按照丽江市委原书记罗杰在宝山乡调研座谈会上的讲话精神，在开发金沙江航运旅游、宝山石头城—吾木村特色旅游方面，举全乡之力改善水、路等基础设施条件，在规划先行、逐步落实的前提下，在玉龙县东部旅游开发中当好先锋队、排头兵。

尽快研究出台《宝山石头城保护发展规划实施细则》《吾木村保护发展规划实施细则》，严格按照2016年3月14日玉龙县人民政府正式批复的两个规划文本精神，对两个村落的保护与发展，作出更加科学合理、可操作性强的实施细则，确保两个规划文本的落实到位、全面铺开。

严格保护天然林，对新建或修缮民居的所需木材，必须严格把关，根据实际需要，有计划采伐枯死木、风干木，尽量避免砍伐成活木，缓解民居保护与天然林保护之间的矛盾。

大力倡导使用清洁能源，建议宝山石头城根据实际，按年建沼气池10—20户的速度，争取多方支持，依靠村民换工、互助方式，逐步推广使用沼气。对城内居民修建沼气池，实行重点支持。

严禁在石头城四周开采砂石。保护培植石头城崖壁上的仙人掌，在石头城周围种植观赏林带，置宝山石头城于绿荫环绕之中。

建立乡政府主导的领导机构。成立石头城—吾木村实施保护发展计划领导小组，成立专门办公室，整合乡域相关部门、各方力量，并由一名乡政府主要领导任组长，建立长效领导协调机制，并制定相关方针、思路、发展目标及项目政策措施等，上报玉龙县人民政府，并由县人民政府批复形成相关文件，用以指导检查督促相关保护发展的各项工作落实情况，把全面保护石头村、吾木村原真性、完整性的工作目标，纳入领导干部综合考核体系，推进保护工作的健康有序发展。

正确处理好保护与开发、保护与利用的关系。坚持保护第一，适度开发，合理利用的指导方针，以保护带开发，以利用促保护。

申报一批宝山乡境内尤其是石头城、吾木村即将濒临失传的非物质文化遗产项目，发现、挖掘和培育一批国家级、省级、市级、县级的非遗文化项目传承人。此项工作，宜作出具体安排计划，逐年有序推进。

外聘相关专家学者，由乡政府主导组织相关人员按规定编写《宝山石头城梯田文化申报国家级农业遗产报告》文本，早做计划早准备，将宝山石头城梯田文化打造成玉龙县东部旅游的又一新品牌、新亮点。

加大文化产业人才培养力度，定期不定期举办各类专业人才培训班，通过考核发放合格证，定级定岗使用人才，让他们在"大众创业、万众创新"中茁壮成长。

加大对外招商引资力度，在全乡范围内掀起招大商、大招商的浪潮，逐年引进各类优秀人才，包括有一定实力、资金、讲诚信、守信用的老板，有志于开发宝山旅游的优秀学者、导游、工作人员，以及懂经营、善管理、有专业知识的营销人员。

有计划有步骤引进外来先进技术，逐步在全乡推广"互联网+旅游"模式，设立相关网站，为村民提供信息、技术、知识等智力支撑，把全乡富有特色的农副产品、中药材、新品水果、旅游工艺品、纪念品等，打入国内外大市场。

与"东巴圣地"吾木村联姻，尽快建立和组织纳西东巴文化进宝山完小、进宝山社区的机制体制，将之常态化开展下去，恢复宝山石头城族群祭天、署古（祭自然神）等传统东巴祭仪，开设东巴文字培训班，在年轻一代中培养新的东巴传人。

挖掘整理濒临失传的宝山石头城传统手工艺，如纺织麻布、竹编、草编、石雕等工艺；挖掘整理濒临失传的拉伯谷气、拉伯喂蒙达、拉伯时本、拉伯栽秧调等宝山石头城乐舞；挖掘整理宝山石头村传统婚俗、葬礼中的"董模"习俗，日常生产生活习俗，把富有宝山特色的传统民俗文化打造成宝山乡的一张旅游名片。

恢复和组织一些富有宝山特色的传统节庆，如三多节、三月节、"考克补"、祭祖节、杀猪节、洗牛脚节等节庆，在传统民族文化的传承保护、弘扬创新中，不断凝聚村民乡愁意识，留下乡愁记忆，为保护开发民族文化作出贡献。

调动乡、村两级的共青团、妇联、老年协会等组织的积极性，不断吸引他们参与到各种民俗文化、文化旅游活动中来，提高他们的参与度。

整合宝山石头城、吾木村及东巴文化为核心的"古城、古村、古文化"旅游资源，借助大玉龙环线的吸引力和竞争力，全力打造"纳西文化探源之旅"精品旅游线路。紧扣茶马古道文化、元跨革囊历史遗迹，重视发掘和丰富旅游项目的文化内涵，形成有亮点、有质量的旅游品牌，力争将"纳西文化探源之旅"推广为丽江的知名旅游品牌。

着力助推乡村旅游发展，结合玉龙县创建"全国休闲农业与乡村旅游示范县"工作，充分挖掘、开发一批具有地方特色的旅游项目，提升地方旅游价值，形成规模化发展。重点推动金沙江"高峡出平湖"水上观光项目、花依古岩画探寻项目以及吾木—石头城—三江口—泸沽湖徒步旅游项目。着力满足不同的消费需求，培养多元化消费项目，打破景点单一、观光式旅游的现状，全面激活旅游服务产业发展。

依托公路、航运码头等综合运输通道，加强与周边旅游景区的联系，积极融入大香格里拉旅游经济圈。构建乡境"一轴（金沙江航运旅游之石头城至果乐至吾木村），四走廊（金沙江航运油画走廊、水宝公路观光探险走廊、住古民族团结示范村走廊、高寒生态环境保护及高山原生态生态产品走廊）"的空间结构，形成空间布局合理，经济联系紧密，产业特色鲜明的旅游发展新格局。

以旅游业为龙头，加快宝山乡域包括石头城在内的现代服务业发展,优化"三产"政策倾斜力度,依托民族文化和自然资源优势,挖掘现代服务业由点到面发展,确保宝山乡全域旅游第三产业增加值大幅提高。

打造不同年龄层次的民间文艺队,在节假日或游客较多时进行演出,编排具有浓郁民族文化特色的文艺晚会、民族打跳等,营造乡村旅游文化氛围。

结合文物保护法和国家有关生态环境管理保护法规政策,结合石头城实际,制定乡规民约,监督、约束、规范村民的行为。

组织村民进行公益活动,如指派护林员,调度村民投工投劳修复损毁村道,修复损毁公共设施,植树造林,管理文物陈列馆等;与村民签订文物和环境保护责任协议书,并进行有效的监督实施。

建议对城里饲养的牛、马、羊、家禽等,实行"插花"饲养或相对集中的饲养管理,文明管理。

筹集资金修建改造一批公厕,条件成熟时由专人负责清扫管理。村内巷道、游路旁,应设置相应垃圾箱,并进行分类分装,统一由村里的保洁人员在指定的地点进行处理。

逐步规范城内外及周边景区景点的指路牌、提示牌,统一规范文字标准,可使用汉字、东巴文字、英文三种文字。

回顾过去,展望未来,坚冰已经打破,航线已经开通,蓝图已经绘就,我们有理由相信,宝山石头城的未来会更美好!

开发大具旅游资源 推进旅游转型升级[*]

年建生

一、基本概况

大具乡政府驻地距玉龙县城 87 公里，距丽江市 84 公里，距著名的虎跳峡旅游景区 5 公里，位于玉龙县东北，东经 100°08′—100°22′、北纬 27°10′—27°26′。金沙江穿坝而过，东与鸣音镇接壤，东南接丽江市古城区大东乡，南连白沙镇，西南与龙蟠乡毗邻，西与迪庆藏族自治州香格里拉县三坝纳西族乡隔金沙江相望，北与宝山乡相连，总面积 450.3 平方公里。境内山峦起伏、沟壑纵横，由干热河谷区、坝区、半山区、山区构成，最高海拔 5596 米，最低海拔 1650 米，年降雨量在 600—900 毫米之间，年平均气温 17℃，最高温 33.7℃，最低气温 0℃。霜期 30 天左右，年积温热量 5640 大卡，立体气候明显，具有较为独特的自然条件和气候条件。辖内森林面积 23.3 万公顷，森林覆盖率为 51.8%。辖培良、头台、白麦、甲子 4 个村委会 50 个村民小组。辖内居住着纳

---

[*] 本文参考《玉龙县年鉴（2015）》《大具风物志》等书刊。

西、彝、藏、苗、汉等民族。

全乡有中学1所、片区完小3所、幼儿园2所,在校学生646人,其中小学生395人、中学生125人、在园幼儿126人;共有教师80人,其中中学教师23人、小学教师47人、幼儿教师10人。有文化站1个、工作人员1人,文化活动场所1个、老年活动中心3个。有乡卫生院1个,病床15张、万元以上医疗设备3台、卫生技术人员8人、专(兼)职防疫员1人、保健员1人;有村级卫生室4个,乡村医生8人。

二、经济简况

大具是个农业经济乡。2014年总收入7271.43万元,农民人均纯收入6314元。全乡有3025户10142人,其中农业人口9583人、非农业人口559人。全乡耕地面积13626亩,人均耕地1.34亩。总播种面积28609亩,其中粮食作物播种面积26292亩,粮食产量7097吨。在粮食作物中,水稻种植面积1100亩,总产量197吨;小麦种植面积7180亩,总产量1261吨;玉米种植面积13935亩,总产量4390吨;豆类作物种植面积4077亩,总产量472吨。全乡其中牛存栏7898头,出栏1454头,肉产量494吨;生猪存栏17341头,出栏32148头,肉产量2347吨;山(绵)羊存栏12662只,出栏7469只,肉产量115吨。

2014年薯类作物种植面积2445亩,总产量612吨。蔬菜种植面积200亩,总产量1255吨。烤烟种植面积3240亩,生产烟叶8100担,总产量395.9吨,实现产值1020万元。果园面积660亩,总产量82吨。其中,梨园100亩、总产量17吨,桃园280亩、总产量11吨,还有葡萄园等。

三、特色农业

大具处于雪山冰川和金沙江的干热河谷区，积温高，昼夜温差大，光热条件好，土地肥沃，农作物生长旺盛，品质优良。除盛产水稻、小麦、玉米、黄豆、鸡豆、豌豆等粮食作物外，还出产西瓜子（即红瓜子）、芝麻、甘蔗、棉花、烤烟、黄姜等；石榴、桃、李、杏、梨、苹果、核桃、芭蕉、柿子等经济林木也适宜生产。这里是云南省最大的油橄榄种植基地，丽江市最大的苞谷制种基地，曾创造了丽江烤烟产业发展初期的辉煌。大具的葡萄、红瓜子、红薯在丽江农产品市场上较有名气。

大具观光农业，葡萄种植值得一提。全乡种植面积已达500亩，还成立了葡萄种植协会，并打出了"大具葡萄"的品牌。

综上所述，大具乡已初步具备接待中外游客的几个要素，吃、住、行、游、购，而且距旅游中心景区也不是很远。

四、基础设施建设

开通有程控电话，建有联通、移动基站，通讯覆盖率达95%。建有电视卫星地面接收站3座，开通有线电视网络，电视覆盖率达95%。

大具乡有县乡公路67公里。全乡实施完成小城镇建设的主体工程，即市政道路12米道300米、5米道150米，占地1600平方米的中心文化广场。小城镇建设的顺利实施，有效地拉动了大具经济的增长。2014年内，乡投资1690万元，硬化甲子联合片区通村公路、金江到营盘，大具中学到头台一村，头台完小到头台三村、金宏、营盘、卡子、大坝子等村组村道34000米；投资364万元,建设完成金宏、营盘两村农田机耕路 5 条,改建、扩建里罗至新鲜罗、肯配古村砂石路面、下里都至上里都道路,完成肯配古到上白麦通村公路 41700 米;结合农综开发、新农村建设、烟水配套等项目,投资 1642 万元,建设头台水库至金江板都古、金江坎子古、下里都、金宏、峨眉之等村的水泥沟渠 28.9 公里,修复头台村委会上里都、培良村委会布多洛两地引水管道 3.7 公里;建设爱心水窖 278 口,在板都古油橄榄基地建设蓄水池 39 池 4200 立方米,完成 302 工程主灌渠的清淤工程;投资 1.4 亿元、总库容 314 万立方米的头台河水库,已完成水库进场公路建设、导流输水隧洞、大坝填筑等主体工程;实施投资 700 万元的白泥地水库下库除险、加固、防渗工程;投资 700 万元的第二期农综开发项目开工建设;完成下里都、树丁、卡子、补古竹、大坝子、金宏、为都、峨眉之、雪花村、黑水二组、白麦村委会等村组村级活动场所建设;建设卡子、树丁、补古竹、上里都二村、培当、大坝子、峨眉之、金宏、黑水四组等村组的水泥篮球场 7 块、门球场 4 块、中心完小、头台完小足球场 2 块,乡文化活动广场健身路径 1 套;实施亮光工程,安装上里都、卡子、营盘、金江、金宏 5 个村太阳路灯 190 盏;实施农网升级改造工程,改造全乡 32 个村民小组输电线路 288 公里;完成乡卫生院业务综合楼建设。

五、旅游资源

1. 自然资源

大具乡处在国家 4A 级风景名胜区玉龙雪山腹地,有得天独厚的资源优势及区位优势。拥有玉龙雪山、虎跳峡两大景区,有甘海子、云杉坪、白水河、牦牛坪、双海子、绵情坝、东巴什罗洞、花园落、大平坝、岩窝龙潭、小上海、大药坪、雪山瀑布、高山杜鹃、雪山草甸、雪山冰川、够肯金竹瀑布等众多景点。

2. 文化荟萃

大具是一个历史文化悠久、人文荟萃的地方，有木氏土司"万历四三"采石场、李畅远隧道、嘉庆白塔、木天王采金洞、明朝嘉靖年间碉堡建筑群遗址、青铜器时代的石棺墓葬群、圣旨碑，神秘古朴的东巴文化和世界唯一存活着的东巴造纸，古朴典雅的民俗风情，民间工艺"四季博古"木雕和集石文化、虎文化、东巴文化为一体的大具乡文化等众多人文景观。电视剧《一米阳光》《茶马古道》和电影《千里走单骑》《铁色高原》曾在此取景拍摄，是理想的影视剧外景地。

3. 群众文体活动丰富多彩

大具政府利用春节、三八妇女节、五四青年节、重阳节等节日，组织全乡群众开展民族打跳、门球、地掷球活动；组织金江、营盘村、乡老体协相继参加丽江第九次纳西文化遗产展演、玉龙县第二届"大家乐"群众广场舞比赛、县老体协组织的门球、地掷球比赛。在市、县宣传媒体上宣传大具，播出宣传大具专题片和各类新闻。出版《大具风物志》一书。

六、大具与香格里拉旅游环线

投资1.58亿元、长达587米的大具金沙江大桥位于大具乡小米地坝子至香格里拉三坝乡永壳坝子下台，已完成进场输电线路、桥引路、大桥桥基的开挖等工作。工程中国公路工程咨询集团有限公司中标，中铁大桥局承建。于2012年11月正式开工建设。大桥通车后，昔日的"大具铁锅底"的闭塞局面将成为历史，大具成为大香格里拉旅游环线的一个旅游集散地,可使北接纳西东巴圣地白水台的路径大大缩短,上溯香格里拉风景区,东达泸沽湖、程海;南连奉科、宝山、玉龙山、丽江古城;西上虎跳峡、金沙江旅游线。形成丽江古城—玉龙山—大具—白水台—泸沽湖—程海—丽江古城的旅游环线,也将为原丽江县东部(鸣音、奉科、宝山、大具)的综合经济的发展发挥重大作用。

七、需要解决的问题

旅游资源开展摸底及前期调研,纳入市县旅游经济发展规划。丽江旅游发展到今天,需要进行转型升级换代,就要有新的产品来提供新鲜血液,以满足旅游市场的需要。开辟新的目的地、新的产品、新的项目需要开展前期调研,纳入市县旅游经济发展规划乃至纳入上级的旅游发展规划,这些都需要各级党委政府的统筹,项目需要政策的支持。

交通、服务接待条件有待改善。为了使大具有接待各类游客(包括高端旅游)的交通和服务条件,要加快改善现有交通条件。虽然大具已开通乡镇柏油公路,但路面宽度和应急设施都有待完善,需要建设能提供大型旅游客车的停车场。需要建设具有抗震能力的高端旅馆及各类符合旅游卫生标准的农家乐和客栈,培训一批具有资质的导游。

八、大具旅游经济发展的意义

加大大具旅游开发力度,将促成丽江市与大香格里拉旅游环线对接,使其成为一个新的旅游集散地。对于丽江市的旅游转型升级而言,是新的产品、新的潜力、新的亮点。

大具旅游经济的发展,将打破大具乡单一的经济模式,为全乡农民的致富奔小康发挥作用。

随着大具金沙江大桥的开通,大具乡交通条件逐步改善,其旅游资源的开发,人流、物流、信息流的加大,必将对大香格里拉旅游环线的辐射区原丽江县东部综合经济发挥十分积极的重要作用。

综上,开发大具旅游资源势在必行。

沧桑宝山州

董学瑞

读《丽江府志略》《纳西族史》《木府风云录》等史书，品读浏览木氏土司统治丽江470年的历史，看到丽江铁马金戈的古战场；看到鼎盛时木氏土司领府一（北胜府）、州七（顺州、蒗蕖州、永宁州、通安州、兰州、宝山州、巨津州）、县一（临西县）疆域的广袤；向明王朝进贡一次就是白银二万两，明王朝授予"忠义"圣旨褒奖，徐霞客赞它"富冠诸土郡"。木氏土司"富冠诸土郡"的经济实力，财富来源于何处？又是什么缘由使大匮在元至元十四年（1277）更名为宝山县，才隔两年又升为宝山州呢？元明时期的宝山州在丽江的社会经济发展中起到了什么作用？身为丽江土知府的木氏土司为宝山州又做了些什么？

一、宝山州的来历及其范围

宝山州在《元一统志》中的叙述是："宝山州在雪山之东，丽江西来，环带三面，昔磨些蛮居之，其先自楼头徙居此二十世。世祖征大理，自卞头济江，由罗邦至罗寺，围大匮等寨，其酋内附，名其寨曰：察罕忽鲁罕，至元十四年，以大匮七处立宝山县，十六年升为州。"（转引自巴若《"丽江人"故地的考古发现》）由此看到宝山州的地名和建制从元朝开始，宝山州的范围是"大匮七处"。

1984年3月，在原丽江县大研镇北门坡老百姓建房开挖屋基地时，发现明永历帝时铸造颁布的一枚"宝山州印"。该印材质为青铜，表层留有铜绿。印为正方形，边长7.5厘米、厚1.3厘米，净重890克。印有柄，正面"宝山州印"四字为小篆阳刻，印背面正楷阴刻两行，一行为"永历十年九月□日"，另一行为"礼部造"，并有"永字叁仟伍佰拾柒号"字样。

蒙古军进入云南是1253年的十月初，当时，忽必烈带兵从四川的雅安过大渡河后进入木里、永宁，略为休整后兵分两路，中路由忽必烈率大军"革囊渡江"进入奉科，翻雪山门关到罗邦（今宝山石头城），又到罗寺（今宝山乡政府的所在地拉汝）。十一月二十二日到大匮，主将寨主投降，其侄坚壁拒守不降。忽必烈攻下大匮寨后，杀了寨主之侄，对百姓不相扰乱。忽必烈的大军十一月二十五日到丽江，十二月十二日到大理。该事件的经过，《元史·世相本记》中记载的是："忽必烈入觐宪宗，奉命征云南……。冬十月丙午，过大渡河，又经行山谷二千余里，至金沙江，乘革囊及筏以渡，摩娑蛮主迎降，其地在大理北四百余里。十一月辛卯，复遣玉律术等使大理。丁酉师至打郭寨，其主将出降，其侄坚壁拒守，攻拔杀之，不及其民，庚子，次三甸。辛丑，白蛮送款。"这里出现的"打郭寨"就是大具。

自古以来，纳西语称大具为"打鼓"。"打鼓"一名，一是相传镇立于"万里长江第一湾"的石鼓碣在大具打制，大具因而得名。木丽春老师对"打鼓"地名的见解是：根据大具金沙江流域的玉龙山、哈巴山、太子关的山势和大具坝子的地形地貌，同时依据纳西族对地名命名的习惯,"打鼓"是"达古"一词音变过来的。从地形上来看,很久以前,金沙江冲破玉龙山和哈巴山后,江水尚未将太子关完全冲刷切割开来时,今天的大具坝子在当时,就是被江水淹没的一个很大的回水湾。在这个回水湾中,金沙江上游动物落水的死尸都会在大具坝子的回水湾里漂浮出来,于是当时居住在这里的纳西先民就根据这一自然现象,称这里为"尸木达古"——就是动物死尸在水里漂浮的地方,在日常用语的会话过程中,纳西语言忌讳"尸木"一词,就简称"达古",所以"打鼓"是"达古"纳西语音音变的延续使用。随着时间的前进,金沙江将宝山太子关与玉龙山之间的河道冲刷得愈来愈深,江水的下切使江两侧的陆地逐渐露出了水面,形成了今天的大具坝,纳西语"达古"也就成了大具地名的称谓。

"以大匦七处立宝山县。"在2001年出版的《丽江纳西族县志》卷一"建制"中这样记载:"北宋建隆元年至南宋宝祐元年(960—1253),大理国剑川节度前期和大理国成纪镇善巨郡后期,在丽江地区设有三赕(今丽江县城周围)、九赕(今巨甸范围)、大匦(今大具)"等几个地方政权。《元一统志》中记录有"以大匦七处立宝山县",大匦七处除了大具之外,另外的六处又是什么地方?乾隆《丽江府志略》"古迹"章中记载:"大匦寨遗址,唐摩西兄弟七人居之,曰大匦、曰罗邦、曰罗寺、曰碍场、曰卡头场、曰当坡罗场、曰当即将。"摩西兄弟七人居住的"罗邦、罗寺、当坡罗场"三个地名,今天玉龙县东部乡镇中上了年纪的人都知道,这是今玉龙县宝山、鸣音两个乡镇中的一些村名,卡头场是奉科乡江边的一个村子,大东旧称东山,多与大具合并为一个建制,如民国时两地合并,各取两地地名"大具"的"大"和"东山"地名的"东"组成为"大东乡"。至于碍场、当即将是哪两个地方，还需要进一步考证。

翻阅丽江的史志，在元代以前对丽江木土司的兵戎记载不多，但从明洪武时期开始对领地纷争的兵戎记载就多了起来。元代时木氏土司管辖的地域是"府一州七县一"，到明初时朱元璋将丽江路改为丽江府，将北胜府降为州，同时把北胜、顺州、蒗蕖、永宁四州改由鹤庆府管辖，木氏土司管辖的地域只剩下通安、宝山、兰州、巨津临西等四州一县。地域小了，木氏土司加强了对丽江府领地的管理，特别是对宝山州。如对宝山州的用兵，《木府风云录》"木氏宦谱"中记载，八世土司木初执政的洪武十七年（1384），"十二月，宝山州土官生拗，同大理卫李指挥以策平定，攻打本州山寨，安抚人民。十八年本州土官剌密如吉复据山寨，然行领兵前区，攻打本寨，擒杀二十余贼。"木氏土司在"永乐八年（1410），亲诣宝山州白地、元始瓦等寨招谕头目，阿容目名下认纳差发。"景泰六年（1455）宝山州白地等处，被刀日卜他同男阿俗劫掠，十一世土司木嵚"率兵征讨，擒贼四人，斩首八颗，阿俗来降"。天顺四年（1460），阿俗引众重占宝山州，木嵚领兵剿灭了阿俗的反乱，"格杀阿俗余党二十三人"。天顺六年，木嵚再领兵"得胜剌宝鲁普瓦寨；鼠罗你罗、占普瓦寨。八年得胜鼠罗剌罗、岩那瓦寨"等。成化二十一年（1485），阿加南八率部侵犯白地诸寨，十二世土司木泰率兵征讨击溃进犯者。二十二年，木泰再率兵征战鼠罗，得胜于鼠罗苴公寨。二十三年，阿加南八率部又侵犯宝山州，木泰率兵与阿加南八"鏖战于山哈巴江口，馘首级十五颗，生擒六名，趁势追至可琮寨，贼将固守，然攻破之，斩首七十二级，讯质十八名，吾牙等寨不攻自遁，被掳人民，尽行复业"等。文中出现的"白地""哈巴江口"这些地名，至今还在三坝乡辖区使用。

香格里拉县的三坝乡与洛吉乡唇齿相依，元时是丽江路的领地，部分地区的行政区属永宁府节制，但是洛吉和俄亚的历史渊源特殊，鼠罗、无量河是纳西族从"贡嘎"向丽江"衣古堆"迁徙的重要中转站，离纳西民族心灵中的神山贡嘎只有六站的马站距离。贡嘎在乾隆《丽江府志略》中记为"牪岗"，东巴经中称之为"巨那茹罗山"。纳西族祖先的迁徙，从贡嘎雪山、无量河出发，翻越千山万水，历经艰辛，最后找到丽江，在衣古堆定居下来。然而故乡情结十分浓厚、世代不会忘记祖宗根源的纳西族没有忘记古老的家乡贡嘎雪山、无量河，直到今天纳西老人去世后，东巴祭司都要把死者的魂灵从丽江衣古堆居住地，顺着祖先迁徙的路线送回到无量河和巨那茹罗山那古老的故乡安息，巨那茹罗山、无量河是纳西民族心中的神山、神河。同时在纳西族迁徙过程中留落下来的纳西人，在迁徙路线的沿途形成了很多的纳西族村寨，如香格里拉县的洛吉、东坝等地都有纳西族居住，四川木里县的俄亚乡、香格里拉县的三坝乡还是纳西族自治乡，白地是纳西族东巴文化的圣地。

香格里拉县三坝乡的白地白水台，泉水清澈，泉台洁白，水流飞奔而下，水波银光耀眼，风光十分绮丽。明嘉靖三十三年（1554），木氏土司木高巡游此地，被此景震撼，于是在白水台旁边的崖石上留下了两首诗。

一首是：

五百年前一行僧，曾居佛地守弘能。

> 云波雪浪三千垒,玉埂银丘数万塍。
> 曲曲同留尘不染,层层琼涌水常凝。
> 长江永作心田主,美次当人了上乘。

在诗中,木高生动地描绘了白水台的美景,并借景生情,把它比作高僧释里达多沉浸在佛法中一尘不染的心境,他十分羡慕高僧释里达多在此禅地静坐修行专注一境,完成了如来佛祖所传的"上乘"之道,到了居佛地守弘能的境界,同时流露出他对常年戎马征战的厌倦。

另一首是:

> 五马巡游到圣地,玉田千涧水脂凝。
> 人间此景闻着少,不是天成谁道明。

该诗明了简单,情景交融,再现了五百年前木土司一行五骑来到白水台边,木高立马而望,天然美景尽收眼帘,脱口吟诗的洒脱形象。此时、此景、此形的白水台就像是木氏土司木高的丽江后花园。

明朝丽江府木氏土司领地是四州一县,相传木氏土司到鼠罗的无量河畔游玩打猎,看到这气候温和、土地肥沃,就把带来的大麦籽、蔓菁种撒在地上,第二年回来时看到麦穗饱满、蔓菁肥大,就迁来一部分纳西族人民安置在了这里,还委派"木瓜"管理这个地方,这个地方就是俄亚,据说到1949年解放时,木氏土司委派在俄亚的世袭"木瓜"已相传了二十多代。一个十分忠于明王朝,并被明王朝授予"忠义"圣旨匾牌的丽江木土司接连对洛吉、鼠罗用兵，多次到无量河畔游玩打猎，不是自己的领地，没有明王朝的默许，聪明的木氏土司不会做这些事。历史文献载木氏土司平息了宝山州境内的纷争，明王朝还派"藩镇两台太监嘉奖彩缎、花牌、银两等"，对木氏土司给予了充分的肯定。现在的迪庆州香格里拉县三坝乡、洛吉乡和四川省木里县俄亚乡的金沙江、无量河流域等地，当时从属于丽江府，从属于宝山州，木氏土司多次出兵平乱，既守住了领地，也为宝山州的黎民百姓营造了一个安居乐业的平安社会。

二、宝山州在丽江木氏土司中的经济地位

《纳西族史》第六章"明代丽江木氏土司"的第三节"采矿业"中记载："《滇略》语云，金生丽水，今丽江其地也。其江曰金沙，源出吐蕃，经铁桥、宝山、永宁、北胜，以达东川，江浒沙泥金麸杂之，贫民淘而锻焉"，"丽江之金，不止沙中，又有瓜子羊头等金，大或如指，产山谷中，先以牛犁之，俟雨后即出土，夷人拾之，纳于土官，然近已无，绝也。""《博物志补》云：金一也，产于金沙江者赤色光荧；产于丽江者色赤而沾垢腻。银一也，产于梁王山者，白荧而有茶花黄点，扑之有声铮铮然；产于细花、明光诸场者，微有铅色，扑之有声黯。丽江府产金尤多，其金散拾如豆如枣，大者如拳。银则穴地数十丈，取矿石炼之。"

宝山州的辖区大具、三坝、宝山、洛吉、奉科、俄亚、鸣音、东山这些地方，位于金沙江两侧，蕴藏着丰富的金、银、铜、铁等矿藏，也是元明时代木氏土司建立金厂、银厂、铜厂、铁厂最多的地方。同时为开发这些地区的矿产，解决工匠、技师不足的问题，经明中央政府的同意，木氏土司从外地征集了许多技工人

员,到俄亚、洛吉、三坝、大具等地办厂开发金、银、铜、铁等矿。这段历史,在洛吉、三坝、大具留下了许多与开矿办厂有关的,沿用至今的老金厂、大伙房、老炉房、铜厂坪、东炉房、白马厂等地名。

"打鼓含冒堆,蒙命徐蒙居",翻译成汉语是"大具沙金地,样样有收成"。大具地处玉龙山、哈巴山下虎跳峡的金沙江边,这里海拔低,气候炎热,光热条件好,土壤肥沃,物产丰富,农作物一年两熟,盛产水稻、小麦、玉米、黄豆、鸡豆、豌豆等粮食作物;出产西瓜子(即红瓜子)、芝麻、甘蔗、棉花、烤烟、黄姜等经济作物;适宜李、桃、杏、梨、石榴、葡萄、苹果、核桃、芭蕉、柿子等经济林木生长,是周边邻乡戏称"娃娃干活,大人吃饭"的富庶之地。坝子面积25平方公里,是金沙江流经丽江市后,在辖内留下的最大的江边坝子。玉龙山北坡流下来的季节河箭台河、牦牛坪及米测冻梁子坡脚发源的头台河、白麦山脚的岩窝龙潭三大水系,哺育着大具坝子,并经过大具数十代先民披星戴月的辛苦劳作,这里的土地成梯成块有规有矩,水利沟渠浇方灌圆井然有序,成为丽江东部主要的粮食产地。元代,大具是元军在丽江的主要粮草供应基地,明清时期是向木氏土司上缴租米的十四个官庄的主要地区之一。

哈巴山脚的白马厂与大具隔江相望,金矿十分丰富,以前这里是木氏土司的主要黄金、白银产地之一。木氏土司组织人马开采黄金,在金沙江边和现今大具培良村委会箭台河的河岸留下许多淘金洞,这里还留下了老金厂、金柜子、木天王采金厂等许多与"金"有关的地名,有许多美丽的淘金传说至今还在坊间流传。相传以前玉龙雪山和哈巴雪山是一样高的,玉龙雪山是哥哥,哈巴雪山是妹妹。妹妹哈巴雪山蕴藏着丰富的金矿，在此挖金淘金的人很多，哈巴雪山也因而闻名。随着哈巴雪山脚的白马厂出旺金的消息四面传开，成千上万的挖金淘金人向这里涌来，哈巴雪山被挖得千疮百孔，无数的金洞挖进了山腹，并挖得很深很深。后来夜深人静的时候，有人就听到呻吟声："哎呀……肚子疼……哎呀哎呀，肚子疼。"……在寒冬腊月的一个晚上，有人听见哈巴雪山对玉龙雪山说："我的肚子太疼了，那些大大小小的蛆虫快要把我的心肝五脏都掏空了，我支撑不住了，哥哥帮帮我！"玉龙雪山说："妹妹你再忍耐一下，待我把那些生灵引出金洞后，你再坐下来。"第二天，哈巴山白马厂金洞的附近出现了一个姑娘，提着一提篮仙桃顺着金洞沿路叫卖。叫卖声传进了很深的淘金洞，一些挖金的人听到后说："怎么冬腊月间还有仙桃卖，出去看看，是真的就买几个回去给爹妈尝尝。"一些说："冬腊月间的仙桃，奇货，买几个回去叫姑娘儿子解一下馋，欢喜一下。"他们扔下了工具出来买仙桃。出来买仙桃的人见卖仙桃的姑娘只提着一小手提篮的仙桃，就问："姑娘我们这么多人买，怎么够卖？"姑娘说："你们不要担心，你们想买多少有多少。买了以后赶快回家做一个好儿子、一个好父亲。"仙桃一直卖到下午，姑娘提篮中的仙桃一直没卖完。于是，江边有姑娘卖仙桃的事马上就传开了，原来不打算买仙桃的人也纷纷走出金洞来观看。只有那些贪心的人还在金洞中狂挖乱刨。傍晚时分，玉龙雪山对哈巴雪山说："妹妹，我已点住了你的穴位，你不会有事的，坐下去就可以了！"话音刚落就听见"轰隆隆……哗啦啦……"一声惊天动地的巨响后，哈巴雪山坐下来了。大多数生灵被救了，只有那些不听奉劝、贪得无厌的人，永远被埋葬在哈巴雪山的肚子里。哈巴雪山坐下之后，那些买了仙桃还没有吃的人发现仙桃全都变成了黄草纸。事后，人们说卖仙桃的姑娘是恩鲁阿普三多来拯救挖金人的，从那以后哈巴雪山就比玉龙雪山矮了。

  传说归传说，据史料记载，哈巴山脚的白马厂的确是木氏土司一个重要的采金矿点之一。大具处于地震带，笔者亲历了大具1966年、1996年的大地震，在两次大地震中，被地震震松了岩层的哈巴山都曾垮塌过，两次都将金沙江江流截断，只是白马厂金矿点历经那次哈巴山坐下来之后，出金不旺了，之后白马厂金矿便渐渐没落衰败了。直到今天，江两岸揭不开锅而为找一碗饭吃的人，拿一把锄头提一个淘盆来到江边，挖些江沙在江水里淘一淘，也能淘出些绒金来解决困难，当然捡到狗头金一夜暴富的事也出现过。

  淘金人依据金子的形状，将金子分为绒金、麸金、砾金、狗头金四类。绒金、麸金很小、很细、很薄，从淘金盆中取出时，必须用水银将其裹覆再用铁勺焚烧冶炼形成金块之后才能取出；淘到砾金的淘金人可以从淘盆中直接取出。在1938年农历四月的一天，岩窝村的一个村民在矿洞背沙子淘金时，在洞中的砂石层中发现一块亮晶晶的石头，他当即凿开岩层挖出一块狗头金。据说，他将金块装入纳西汉子系在腰间用来装旱烟、钱文的兜肚中时，金块太大了，盖兜肚的盖子都吃力，拿回家用老秤一约有八两多重，以前的老秤一斤是十六两，于是这个村民一夜暴富。

  木里山区埋藏着许多矿藏，传说古时在木里无量河畔的俄亚这个地方，老母猪滚泥塘，身上都会沾上金子，木里一度被称为"黄金世界"。其中无量河、木里河、雅砻江流域的金矿最为集中，无量河畔的水洛，在古代就因盛产黄金而闻名，在乾隆《丽江府志略》中"水洛"记载为"鼠罗"。木氏土司多次用兵北进鼠罗的目的，就是占有和开采金矿。木氏土司收复俄亚之后，就大量征集民夫开采金矿，挖金淘金。为了保障金矿能正常开采，木氏土司一是组织当地的土户和战时兵、平时民的兵丁，开挖梯田兴修水利，发展农业，保障生活；二是在周围的关卡要隘上，修建碉楼设立营盘，保护俄亚。这些碉楼至今还矗立在俄亚。木氏土司统治期间，俄亚的社会稳定经济发展，为木氏土司经济实力的增强作出了重要贡献。

　　在香格里拉县的洛吉、三坝、桥头，玉龙县的奉科、宝山、鸣音、大具、白沙的九子海，古城区的大东、金山的树底、七河的三义、古城区的寨后和束河山边等地，散居着一些汉族，他们的口音与宁蒗、华坪的汉族相近，这些汉族被当地人称为"四外"。翻看这些四外人的族谱，观看他们祖先的碑铭，发现这些人的来源地分别是古时东川府域地的宣威、会泽、巧家和四川，最初在丽江落脚的地点是香格里拉县的洛吉、三坝和四川的木里俄亚等地，地点分别是大火房、老炉房、铜厂坪、木胜土、东炉房、安南这些地方，工作种类分别是办金厂、银厂、铜厂、铁厂等。笔者就是这批四外人的后代，祖籍是东川府的巧家寨，祖先是银厂的工匠，与其他工匠一起被东川府拨给木氏土司做棚户，举家迁到三坝东炉房后，为木氏土司的东炉房银厂工匠。据老辈人讲，这些工匠到达之前，东炉房、龙达河、洛吉、俄亚的这些厂并不旺，经过这些工匠、技师对矿点进行了重新定位、炉房重新改造后，这些厂产银旺得很，如东炉房的银厂一年要出几十驮的白银。输银的日子到了，在数百个兵丁的护卫下，几十匹骡子驮着银驮子离开银厂，这是全厂最高兴的时候。白银堆放在厂里时紧张的心放松了，管事发钱了，银厂放假了，技师、工匠、矿工可以送钱回家，与全家老小欢聚几日。冬末春初是大具渡口的黄金水运时段，这个时节整个三坝、洛吉、俄亚冶炼出来的金、银、铜、铁都在兵丁的押送下，用马帮经瓦刷、哈巴、然宝后过大具渡口，再从大具起运过黑白水驮到丽江衣古堆。

巧家、宣威、会泽、四川的这些工匠技师的到来，提升了木氏土司矿山金、银、铜、铁的冶炼开发能力，使其财富飞速增长，大大增强了经济实力。民谣"大具的粮食，洛吉的铜，白地的银子，俄亚的金；铜铁进农家，金银落木府；粮食济穷人，白银得忠义"，反映的便是这段历史。

大具渡口是官渡，官渡的水手世袭，当时用革囊、木筏渡江，革囊是官话，在民间称为羊皮口袋或水皮袋。老辈人讲，当时冬末春初的几个月大具渡口忙得很，南来北往的马帮络绎不绝，他们把大具的粮食驮到东炉房、龙达河、洛吉、俄亚这些地方，又驮着金、银、铜、铁折回来送到丽江。当时羊皮口袋结成的筏子载人运送货物渡江，速度慢且水手十分辛苦。渡江时，羊皮筏子载上人和物，然后由四至六个水手骑着水皮袋，游在江中，有的前边拉，有的后边推，将货物和人运送到对岸。水手们一般一天划不了几个来回，春冬季节马帮多时，过江都得排队等好几天。木氏土司没落后，这些官渡水手的后代就定居在大具乡的岩窝和三坝乡的永壳、然宝等村寨，至今大具渡口还是由这些人的后代在划船摆渡。

三、木氏土司"富冠诸土郡"

有宝山州的金银、兰州的盐课赋税作为经济后盾，明末时木氏土司财大气粗。据史载，明洪武十五年（1382）木氏土司"率众归顺明朝后"，其对朝廷承担的义务是"每岁输白银七百五十两"，洪武二十六年改为"以马代输"，从那以后木氏土司对明王朝的差发都是以马为贡，初为一年一贡，后为三年一贡。木氏土司对明王朝贡银的次数不多，有记录的仅有13次，总量为6.6万两。其中，明万历年间的土司木增缴纳的最多，一两千两的小额缴纳不说，如在万历三十八年（1610）"以征蛮军兴，助饷银二万两"；万历四十七年"复输银一万两，助辽饷"等，仅万历年间木增缴纳白银就有四万多两，占了整个明朝两百多年间木氏土司时代贡银数量的三分之二。而万历年间，也是宝山州白地东炉房、龙达河、洛吉、俄亚的这些矿厂最兴旺的时代。

有了经济基础，木氏土司就开始大兴土木，竖牌坊、修楼阁、建寺庙。矗立在木府门前的忠义石牌坊，竣工于万历四十八年。大具锅底潭被大具人称为"木天王采石场"，据说木氏土司在万历四十八年建造的忠义石牌坊，初胚石材就是从这里开凿后运到丽江去的。1997年，丽江县委县政府决定重建木府标志性建筑忠义石牌坊。随后，相关专家根据传说和文献记载带着原石牌坊的遗物，来到大具木天王采石场进行验证和核实，确认建造于明朝的木府忠义石牌坊用的就是大具的石料之后，决定用大具的重建木府忠义石牌坊。在清除旧时遗物为重建做准备工作时，有工匠发现在一个坐南朝北的石壁上镌刻着"万历四三"四个字。这块石头长约4米，高约2米，刻字面向金沙江，字体为篆体，格式为竖式，四个字全长约30厘米，其中"历"字长为8厘米，"四"字宽为8.5厘米。"万历四三"比木氏土司修成忠义石牌坊的年号万历四十八年早了五年。依据这四个字，可以推断万历四十三年是木氏土司在大具开采忠义石牌坊石料的时间。万历四十三年到四十八年，也就是说木氏土司建造忠义石牌坊，在开采、运输、建造过程中，最少花费了五年左右的时间。

据《纳西族史》"木氏土司时期经济"中记载，万历四十八年的忠义石牌坊，"高十一米，四柱三门，中间一门比两侧门宽而高。柱为通天柱，全仿木结构式样。上有两层石檐，檐下斗栱。下层二挑，上层三挑，都有斜栱。下有四头石狮子，后有狮头鱼身两尊，雕工精细，神采奕奕"。1997年重建石牌坊的石料，按照万历四十八年石牌坊的规格开采。这些石材最轻的一件数百公斤，一般的重一两吨，10米长的石柱一根就是4.5吨。这么重的石材，不知道明时的工匠们用了什么方法，将它们从近90公里外的大具金沙江边，翻越海拔4000多米的双海子、牦牛坪后，过黑水河、白水河后搬运到丽江古城，并把它们做成精美的石雕工艺品，矗立在丽江古城近350年。

明朝木氏土司在重建、扩建木府衙门亭台楼阁的同时，也花了大量的人力、物力和财力，建造了道教和汉传佛教的寺庙群，如白沙的大宝积宫、束河的龙泉三圣宫及福国寺、法云阁、琉璃殿等四十多座庙宇，其中五凤楼最为著名。该楼是福国寺法云阁的俗称，楼基四方、楼台三叠、楼顶宝塔，整楼雕梁画栋；楼高20米，飞檐8角，三叠有20个飞角。但不论从哪一个角度看，都只能看到其中的五个飞檐，恰似五只彩凤从天空飞来，老百姓因称其为"五凤楼"。木氏土司不仅在丽江修建寺庙，还在外地大建庙宇，如鹤庆的太玄宫为木氏土司木高所建，规模之宏大，彩绘之奇丽，被赞"甲于鹤庆"；鸡足山的悉檀寺为土司木增所建，据《鸡足山志补》说：悉檀寺还收藏着木增穿着僧服的绢画像，该画像"立轴，高八尺，宽二尺余"。据相关史料，仅在明末清初，木氏土司就在丽江、鹤庆、鸡足山等地修建寺庙观庵三十余处，据说木氏土司还是山西的五台山、浙江的普陀山、四川的峨眉山、安徽的九华山等佛教寺庙的大施主之一。

四、宝山废州

明朝灭亡后，清朝执政，虽然丽江的土知府木懿"争先投诚"，但是清朝不再沿袭明朝的"丽江作为屏藩"的治国方略，木氏土司失去了明朝260年来"太祖高皇帝令木氏守石门，以绝西域，守铁桥以断吐蕃，滇南藉为屏蔽"的政治方略支持，加之吴三桂在云南施政的原则是"不可使滇一日无事"。于是丽江府这块北与吐蕃对峙、南与大理接壤的木氏土司领地，就成了吴三桂的施政砝码。"收归云南入版图，建制各如旧，寻裁通安、宝山、兰州、巨津四州，临西一县归府。"于是在乾隆《丽江府志略》中留下了"宝山土知州如他，本州人，洪武中，率众归附，受土知州，今奉割除"的记载。顺治十六年（1659），清政府走出了对丽江改革的第一步，于是乾隆《丽江府志略》"古迹"章中记有："宝山废州，在城东二百四十里，汉越嶲郡西境，后汉属永昌，唐为摩西蛮所据，元宪宗三年（1253）内附，名其寨曰：察罕忽鲁罕，至元十四年（1277），置宝山县，寻升为州，属丽江。明因之，本朝省入府。址存。"宝山州从元至元十六年到清顺治十六年共三百多年的历史使命完成了，但给历史留下了"址存"的记忆。

康熙七年（1668），吴三桂以金沙江为界，将木氏土司管辖的照可、你那、香罗、鼠罗、中甸等地割送给吐蕃，随着木氏土司失去了洛吉、三坝和四川的木里俄亚等地的领地管辖权后，洛吉、三坝、俄亚的社会治安状况越来越差，这些地方不时受到吐蕃和永宁的土司武装的袭扰，加之这些地区的矿产资源在开发了百多年之后日渐枯竭，从外地征集来的工匠的生活也开始难以为继。为了找到更好的生存地点，这些工匠棚户开始向外迁徙，他们先后在香格里拉县的洛吉、三坝、桥头，玉龙县的奉科、宝山、鸣音、大具，白沙的九子海，古城区的大东、金山的树底、七河的三义、寨后和束河山边等地定居。在这一过程中，笔者家搬迁流落到大具乡的大沟头村。

古代生产力水平低下，土地的粮食产量低，居住在山区的人半年几个月缺粮是常事，老百姓全靠老天爷恩赐吃饭。大具土地肥沃出产丰富，居住在这里的人们能保证年年都有一碗饱饭吃，在很多人眼中，大具已经是天堂了，于是时常有土匪"光顾"大具。对匪贼出没大具、劫掠大具的历史，民间传说很多，多是言木氏土司衰败之后，土匪过江来抢劫大具的事时常发生。发生在近代的匪患，许多老人都有记忆。如大沟头村的张德荣（已故）和宿正龙（已故）两位老人说：光绪时候我们还小，土匪就来抢过，爹妈背着我们跑匪。张德荣说：民国十年（1921），农历属猪年的二月初二，那时我已经懂事了，土匪从白马厂过江，抢劫岩窝、营盘、金江后，又到培当、大沟头、大坝子、黄草坝抢劫。在抢劫的过程中，打死培当和玉文的父亲、大沟头胡天明的大哥、大坝子吴金熬的父亲，打断王贵新父亲王富斌的三条肋骨，单单大沟头村就被土匪放火烧了王贵新和李文学两家的房子，土匪在大具乱了四五天，才折回中甸。大具因土匪之乱，大部分人家都在家中修有藏东西的地洞，如大沟头村的农户家家都有地洞，笔者家中的地洞，直到1974年翻建新房子时才被填掉。史书资料关于此主题并不多,《光绪丽江府志》中载"废宝山州,在府治东二百四十五里,洪武十六年建,后因吐蕃出没,被焚",于是宝山州唯一的"址"不存在了。但是宝山州作为明朝丽江木氏土司社会经济鼎盛时期的重要经济基础,在徐霞客对此处"产矿独盛,富冠诸土郡"的惊叹中体现了出来。

大具文物述略

达古若

早在唐宋时期,大理南诏国在"达古"设立"大匦寨",大匦寨相当于县级机构,辖今玉龙县东部四乡镇及古城区的大东乡、香格里拉县的三坝、洛吉、四川木里的俄亚和宁蒗县的拉伯等地区。忽必烈征服大理国后,元至元十四年(1277),以大匦七处立宝山县,十六年升为州。悠久的历史,无数的变故,在大具铭刻下了不少的历史遗迹。

大具最早的地名叫"达古",随着汉语、汉文化的传入,先后被译为"打鼓""大匦""大郭"等载入史册,但是,四个地名的纳西语音相近,直到清朝年间改土归流撤州归府之后,"大具"一名方才出现。

大具石棺墓

西南石棺墓葬群主要分布在四川的康定、雅江、新龙、巴塘、木里、盐源,西藏自治区的贡觉、芒康,云南的德钦、香格里拉、永胜和玉龙县等十二个县;玉龙县石棺墓葬群,主要分布在大具、格子、红岩等江边沿线。大具的石棺墓葬群分布在营盘村后、拉石界中梁子和金江村后山脚的荒坝中,面积大约四平方公里。石棺墓四周和底部多由青石板铺成,大小规则不一。一个墓中有的葬一人,有的葬三四人。如在拉石界中梁子的石棺墓群中,甚至一个墓坑中葬有两层、三层,最大的墓坑葬有七八人。相关工作者在大具考古石棺墓葬群时,曾发现一枚宽 1.7 厘米、长 4.9 厘米的双面磨刃有脊的石镞。从玉龙县有石棺墓葬群的大具、格子、红岩的地理环境条件来看,这是金沙江沿岸的富庶地带,代表着丽江纳西族地区的早期文明,具有较高的研究价值。

虎跳峡岩画

在下虎跳峡出口处的玉龙山脚,高出金沙江数十米处的地方,有一个约有一平方公里的台地,当地人叫"倒角头"。倒角头台地背靠大台子石壁,面朝虎跳峡金沙江,台地中土壤肥沃,但无水源,吃水得下到金沙江里去背。以前倒角头偶尔有人居住,雨水多的一年,种的苞谷两年也吃不完,如果遇到天旱无雨则颗粒无收。这里无人居住时是一个水草丰美的天然牧场,自古以来就是岩羊自由散步、猎人狩猎的天堂。台地靠江一侧的石壁上,有一个能容数千人的天然大岩洞,当地人叫它"万人洞"。万人洞是金沙江水冲刷而成的溶洞,壁面洞口朝江,岩洞顶部从上到下往里倾斜,一进两洞,外洞宽有 23 米,深有 30 米,内洞宽 28 米,深有 12 米,两洞相连,面积有 1000 多平方米,外洞明亮,内洞却伸手不见五指。洞底平坦,可住人和关牲口,到金沙江边背水也只有两百米左右,以前在倒角头居住的人,都把家安在这里。虎跳峡岩画就分布在万人洞口的岩壁上和倒角头大台子石壁的几处偏岩房的岩壁上,万人洞和大台子偏岩房两地岩画之间,距离约有千米。

虎跳峡第一处岩画，在台地东南方的大台子偏岩房石壁上，左石壁平面为西偏北50度，面朝西南下虎跳石方向。右壁平面为偏西20度，面朝着北去的金沙江。左右合壁成一角。左壁岩画高约4.6米，宽7.7米；右壁岩画高约3米，宽5.9米；两壁共53.12平方米，大石壁岩画底部已被沙石掩埋。第二处岩画在万人洞石壁上，也分两个地方，一是万人洞口西南面石壁，此处岩画高1.2米，宽9米；距离万人洞口二三十米的南面偏岩房石壁岩画，高1.7米，宽3米；两块岩画的面积为16.5平方米。大石壁和大岩洞两块岩画面积69.62平方米。岩画是朱红色天然矿物颜料调制成液浆后，书写在凹凸不平的崖壁上的。由于年代久远，好些地方的颜料已脱落，加之笔画交错密集，图像很难辨认。目前只有万人洞口外壁处经仔细辨认还可看出两个山形图像和从其间往左拉出的一条约一米长的斜线。

丽江东巴文化研究所的和力民老师到过大具虎跳峡倒角头，并对虎跳峡岩画做过深入的研究。他说："天然的大石壁偏岩房、大岩洞是人畜遮风避雨的好地方，所以，古代的虎跳峡倒角头台地一定是个好猎场、好牧场。这种天然的环境条件，无疑与虎跳峡岩画的形成有着客观的联系。"对岩画的形成时代，他还根据图形推断说："从虎跳峡岩画的迹象看，岩画的图像还处在一种图画阶段，与东巴象形文字还有一段距离，很可能是东巴象形文字之前的图画字。"

纳西族从贡嘎岭迁徙到四川的俄亚，香格里拉的洛吉、三坝，宁蒗的永宁之后，虽然还在迁徙，但是人们已开始在金沙江流域陆续定居下来。大具光热条件好，土地肥沃，古时是木氏土司的十四个官庄租地之一，也是丽江东部主要的粮食主产地。虎跳峡倒角头台地优越的自然条件，则是古人狩猎和放牧的好地方。金沙江流域的岩画，首先是在迪庆州的香格里拉县境内发现的，之后又在丽江市境内玉龙县大具虎跳峡、奉科乡、宝山乡、鸣音乡，古城区的大东乡，宁蒗县的翠玉乡、金棉乡，迪庆州香格里拉县的金江镇、三坝乡、洛吉乡等金沙江流域和支流两岸陆续发现。从金沙江岩画的图形线条的结构，形成岩画年代时期的人文思想来分析，虎跳峡岩画成画较早，它处于图画时期；而其他地区发现的岩画已经近于动物、人类形象，表现得较为成熟，这与人类的历史发展规律相吻合。我国著名岩画学专家陈兆复教授认为，金沙江岩画是云南境内目前发现的最古老的岩画。

木氏土司采石场

大具乡金沙江虎跳峡下游的锅底潭荒坡上，有一块坐南朝北的石壁，上面刻有"万历四三"四个字，此地便是丽江木府忠义石牌坊的采石场遗址。1997年丽江古城申报世界文化遗产成功，计划重修木府忠义石牌坊，专家根据传说和历史记载，带着原石牌坊遗物样品来到大具锅底潭木氏采石场考证，确认原明朝万历年间建造的木府忠义石牌坊，是从大具开凿、搬运到丽江的。

工匠们进驻大具锅底潭木氏采石场，采掘重建石牌坊的石料。在排出旧时废弃沙石时，发现了嵌刻在石壁上的"万历四三"四个字。刻着"万历四三"四个字的石头长约4米、高约2米，刻字面向正北金沙江，字体为竖式，上下长30厘米左右、宽10厘米，其中最长的"历"字为8厘米，繁体字，最宽的"四"字为8.5厘米。

"万历四三"是明朝神宗皇帝在位的第四十三年,公元 1616 年,距今已有四百多年的历史。据史料记载,木府忠义石牌坊建成于万历四十八年(1621),据此可推知"万历四三"是采石期间,而开采、运输、建造的时间,至少用了五年。石料开采出来之后,究竟是用什么方法才将石牌坊的石料翻山越岭运到相距近九十公里以外的丽江呢?在大具传说有二。一种说法是:当时木氏家族的石料在大具采好后,请神仙在晚上摸黑赶着走的,要求必须要在第二天凌晨鸡叫前赶到丽江。大具境内双海子和大东新火山的石柱断料、白沙街尾的石狮,是因为赶到此地时鸡叫了,神仙们要回到天上,到不了丽江就留于此。另外一种传说是当时木氏动用许多人力,用人抬、象拉、用木头做滚筒,冬天泼水结冰,在冰上滑拉等搬运办法,经历了数年的时间,才运到丽江的。其中双海子、新火山、白沙街尾丢弃的石料,是运输中途折断了而不能再用的废石料。前者是对木氏土司的神化,后者是对运输经过的如实记叙。但从大具木氏采石场、过峨眉之、经双海子、翻牦牛坪、跨过黑白水、穿越白沙街尾到丽江城的路线来看,木氏的运石路径虽然选择了一条海拔高差差距大的路线,但却是一条不绕弯相对近又好走的捷径。

1997 年 6 月,在香港回归之年,丽江县委、县人民政府、县政协组织有关专家和工匠,来到大具锅底潭开采石牌坊用料,其中长 9.5 米、宽 0.65 米、厚 0.55 米的石柱 4 件;长 4 米、宽 0.65 米、厚 0.55 米的石柱 8 件;长 4.4 米和 6 米、宽 0.5 米、厚 0.3 米的石照面、石过梁 12 件;长 1.8 米、宽 0.25 米、厚 0.2 米的 18 件;长 1.5 米、宽 1.2 米、厚 0.2 米的斗栱架 23 件;长 1.7 米、宽 0.8 米、厚 0.2 米的石瓦面 24 件,随意方 15 件,精雕图案石板料

5件。这些石料起运时，是用吊车将石料装进汽车运到丽江，石牌坊竖建时又动用了吊车。明代木府石牌坊建造，无论是在大具开采石料，还是把一块将近数吨重的石柱运到丽江，再将忠义石牌坊竖立建造出来，它的运输方法、竖立建造技术至今是一个谜，充分展示了古代丽江纳西族人民的聪明智慧和高超的匠工技艺。

木氏土司采金场

走在大具的金沙江边、箭台河旁，深浅不一的淘金洞随时都会与你相遇。小时爷爷讲，这些深深浅浅、大大小小的金洞，出过旺金的深达几十丈。一个洞就要挖好几年，挖金很危险，遇到松石层，支护木架还没有做好，洞顶就塌了下来。再加上大具是地震多发地带，到现在淘金洞除了挖的浅的、岩层坚硬的外，深的淘金洞保存得较为完整的已经极少。大具至今仍有淘金人，每到旱季江水退去露出了江沙，他们就会扛着锄头提着木制的淘盆来到江边，掏来金沙装进淘盆，在江水中手摇淘金，辛苦几个月饭、食钱还是能挣到的。爷爷说打金洞办厂挖金，富实人家和官府才做得起，一般穷人开不起。金沙江流经大具仅有18公里，但是玉龙山与它为大具留下了丰富的金沙资源。这些金沙矿资源，主要分布在玉龙山箭台河发源地的老金厂，箭台河流域的大火山、黄草坝、大沟头、天生桥和金沙江边的倒爬坡、锅底塘、绵沙湾、西山脚和小米地，金沙江对岸香格里拉县的白马厂等地。木天王采金场一指玉龙山上箭台河发源地的老金厂，二指金沙江对岸香格里拉县哈巴山脚的白马厂，这是木天王在大具的两个主要的采金区。

老金厂地处玉龙山北麓海拔四千多米高的地方，传说老金场的采矿洞挖得深的到几十丈，尽管这里地势险峻，生活环境极其恶劣，给养开支很大，但由于出金很旺，还是受到了木氏土司的重视。一个有趣的说法是，木氏家族为了节约粮食，还在采金场专门训练了一些猴子代替人力背矿砂。由于给养运输困难，也留下了只要背上一斗炒面就可以换回一斗金子的神话，大具"一斗炒面一斗金子"的传说因而流传至今。

哈巴山脚的白马厂，地处金沙江大具渡口绵沙湾两岸，出金很旺的时候，木氏家族组织来采金、打洞的人很多，挖金到了不顾一切的地步，有的金洞挖到了几百丈深。据说某年隆冬的一天下午，哈巴山突然垮塌，整个山体坐了下来，在金洞中挖金的人来不及逃生，被埋在了金洞中，只有少数人侥幸得以生存。据传哈巴山体坐下来时，金洞中渗出的遇难淘金人鲜血染红了大具渡口的金沙江。此后还因此产生了哈巴山为什么比玉龙山矮了的传说。但是真实的结局是，从那以后大具老金厂、白马厂的金矿资源开始枯竭、衰败。白马厂金场，是旧时木天王家在大具采金时打洞挖金最为集中的地方，也是大具经常能采到巨金的主要金矿区。1938年农历四月，大具岩窝村的村民和仁在一个旧矿洞里淘金，并在金洞中挖到一块狗头金，他将金块拿到家后，用一斤十六两的老秤一称有八两多。据说丽江解放前一年，和仁把用剩的金块拿到丽江卖，当时流通的金圆券正在大幅贬值，商家买金子的金圆券就装了满满的两大簸箕，和仁用两匹骡子才将金圆券驮回家。

圣旨碑

在营盘村大具烟站前一百多米处，有一块宽约一米、高约一米五的石碑，石碑的上沿刻着"圣旨碑"三字，碑面刻有皇帝的圣旨，它就是大具的皇帝圣旨碑。

光绪十五年（1889），丽江大研镇新华街的裁缝和即贵、王连贞夫妇之子，时年25岁的和庚吉考中了举人。紧接着在光绪十八年考中了进士，官封兵部主事，授中宪大夫，封其母王连贞为诰命夫人。王连贞，大具乡营盘村人，其父王璋，母刘氏。和庚吉幼年时，因家贫而长住大具乡营盘村的外祖父王璋家，只有一子一女的王璋夫妇十分喜爱聪明的外孙，并严格训导其读书习字，写文作诗，教导其养成良好的品格。和庚吉考中进士后，感外祖父母的教育之恩，向光绪皇帝求得圣旨，于是"恩承天语，庆溢外家"，圣旨下到了大具，颂赞王璋"仁积厚流，光无敷外，封中宪大夫"，颂赞刘氏"轨羲娴日，风范淑嘉，封恭人"，光绪二十四年十一月初四日，其父和即贵与侄儿王友庆，为王璋和刘氏修祖坟建碑时，立下皇帝圣旨碑。和庚吉是丽江的骄傲，也是大具的骄傲。

王家墓地

在大具乡培当村王家坟地的前方两侧，竖着两根石闸杆，石闸杆上刻着"府县开先四世科贡 父子大挑三代为官"，落款为"时年八十岁，七代族孙，王耀林敬题"，坟地后面的山神石碑上，刻有"六代族孙王锡桐敬题"等落款。"府县开先四世科贡 父子大挑三代为官"，指的是在乾隆甲寅年（1794），王家五世祖王源参加科举考试，据《光绪丽江府志·选举志》"举人篇"记载：王源，字桃溪，锡桐父。中试第十五名，以大挑官浙江新城、遂昌等县，挑用福建长乐、连江、德化、宁德县知县，及永春州知州。事隔

25年后，王源的儿子王锡桐在道光丁酉科参加科举考试，同样在"举人篇"中有记载：王锡桐，字梦贵，中试第二十四名，以大挑官江苏如皋、睢宁、安东县知县。48年后，王氏后代王树和（字敬辅）参加光绪辛卯科考试，中试第五十一名，七代族孙王耀林曾任过县长。从乾隆甲寅到光绪辛卯不到一百年的时间，王氏家族四世科贡，三代外出任官，不仅轰动了大具，也轰动了丽江。同时，王源、王锡桐父子还是纳西族有名的画家，据《滇南名画录》中载：王源精于画水墨白菜，人称"王白菜"。其子王锡桐擅画山水、花鸟，并继父遗风也精于画水墨白菜，亦称为"王白菜"，父子二人在其为官的江南一带颇有名气。于是王家后代在祖坟地前竖起石闸杆，刻下了"府县开先四世科贡 父子大挑三代为官"的碑志铭。

碉楼

大具的古碉楼位于大沟头村背后的箭台梁子上，离营盘村三公里左右，碉楼有三丈来高，共三层。长宽均两丈有余，墙壁厚三尺六寸，为了牢固，墙体中都放有三寸来厚、一丈多长的木方做墙筋。从地面到墙体高八尺处，每层都留有炮眼，炮眼内孔直径六寸左右，外空仅有三寸，每边三孔，从里往外观察，观察幅度可覆盖整个大具坝子和香格里拉的本习、永壳、金沙江大具渡口等地。老人们说古碉楼是木氏土司修建的。乾隆《丽江府志略》中记载：大具"自府起至三十里至白沙村分路，五十里至白水，二十里至黑水，七十五里至大具坝，金沙江交外域蒙蕃界"。在金沙江上设有官渡，称大具渡，是丽江北部通往香格里拉县三坝、四川木里县俄亚的重要渡口之一，渡口一直沿用至今。

清朝的兵防中，丽江府设17个汛塘，大具称为"打鼓汛，分卡子塘"。乾隆《丽江府志略》中说：本朝康熙七年（1668），丽江改设鹤丽镇总兵管，分防兵，石鼓360名，阿喜200名，金江50名，巨甸80名，塔城80名，奉科50名，丽江府城200名，打古100名，桥头50名。在《古今图书集成丽江兵制考》中载"大具鹤丽镇把总防汛兵丁一百名"。《光绪丽江府志·建置志·关哨汛塘》中记载："打古汛，在城北一百五十五里。案册：鹤丽镇左分防汛外委把总一员，守兵二十名。设卡子塘，系打古汛兵丁分设。"到光绪十四年减少到"鸣音汛带防奉科、打鼓二汛，置左营外委一员，兵丁十二名"，常驻大具的汛兵减少到四名。

木氏土司为了更好地保护辖区而修建碉楼。木氏土司木天王在大具驻兵时，围着营盘修建的碉楼有三座，一座在大沟头村后的箭台梁子上，一座在金沙江边的金宏村，一座位于母猪山脚的金江村旁，三座碉楼成品字形护卫着营盘。其他两座碉楼都因年代久远土质较差而坍塌无存，大沟头村后的箭台梁子的古碉楼，历经了大具历史上多次的大地震都安然无恙，20世纪60年代初，还是孩子的笔者到箭台梁子的古碉楼里玩耍时，除了古碉楼被焚的痕迹和墙体的一些细裂缝而外，整个墙体还完整无损。如今古碉楼只剩下残垣断壁，它向来往的路人无声诉说着木氏土司统治丽江四百多年的历史。

白塔

一进大具坝，就能见小米地村以北的金沙江岸边矗立着一座高耸的白塔，有人叫镇邪塔或地脉回还塔。塔由塔基、塔身、飞檐、塔尖四个部分组成，共有十三层，有三丈多高，为正方形。塔基由三台条石组成，第一台宽八尺，第二台七尺，第三台六尺，每台高六寸。塔身分六层，第一层高约六尺六寸，宽三尺八寸，然后由飞檐断开再砌第二层，从第二层开始高和宽都成比例地逐层缩减。塔身的第三层每边均为整块的石刻雕像，正西为托塔天王，一手托镇妖塔，一手握降妖杖，降妖杖上缠着一条没有头的龙身；南北两边为二武将，南边的武将一手抱着龙头，一手托着定风珠，北边的武将一手托着插柳枝的净瓶，一手持锏；面对大具的石刻为一童子，怀抱琵琶，满面春风面对着大具坝子。各层之间的挑，又形成下窄、中宽、上窄的三台飞檐，到顶部第六层时，在飞檐的上边又是三个台基后，才是四方形的整石塔尖，第七层塔尖飞檐是一朵盛开的莲花盘，中间放着一个象征镇邪定风珠的圆石球。从白塔的塔基、塔身、飞檐、塔尖细算起，全塔小层又有三十三层，塔的造型和谐、美观。莲花盘中央的镇邪圆石球在1996年的"2·3"大地震中震落于地摔成四块。

正西面塔基靠塔身的地方，有一个高约40厘米、直径约60厘米的石香炉，供人们烧香祭祀，北、南两方立有两块功德碑，上书建塔的缘由及当时大具里负责筹集建塔的各村的管事、乡约、士绅的姓名和捐集银两的数量。白塔始建于清代，是请来剑川的石匠段万先大师傅建造的。白塔的石料采用了当地的汉白玉大理石，由于塔身的石头都选用了白色的大理石，所以塔身不刷石灰，也是一片雪白。据老辈人讲，建塔的黏合剂以石灰为主，掺以少量的细沙，加糯米浆、香油和水调和而成，使用这样的黏合剂，石与石之间的衔接十分牢固。数百年过去，白塔虽然经历了大具历史上多次的大地震，除了塔尖的镇邪石掉落于地外，塔身完整无损。但是，塔基上最不容易损坏的石香炉和两块功德碑，却在"文化大革命""破四旧"时，碎成数十块，后通过拼对和仔细辨认，一块功德碑上刻有"北流培风脉，千浪沁水怒"，横批是"功德不朽"，碑铭上还能辨出一句"求子得子，求财得财"碑文，其他的文字大部分七残八落模糊不清，对不成句。另一块碑上，负责筹资建白塔的各村管事、乡约、士绅的姓名和捐集银两的数量还能分辨。在碑铭上，如今的头台村被刻为"头塘村"，"培当村"被刻为"培丹村"等。

营盘老街

唐宋时大理国在丽江地区设有三赕、九赕、大匦，大具属大匦。据《元史·世祖本记》记载："元宪宗二年（1252）夏六月，忽必烈入觐宪宗，奉命征云南……冬十月丙午，过大渡河，又经行山谷二千余里，至金沙江，乘革囊及筏以渡，摩娑蛮主迎降，其地在大理北四百余里。十一月辛卯，复遣玉律术等使大理。丁酉师至打郭寨，其主将出降，其侄坚壁拒守，攻拔杀之，不及其民。"至元十四年（1277），忽必烈以大匦七处立宝山县，十六年升为州。元明清三代在此扎营驻兵，久而久之，"营盘"就成了地名。

营盘村位于大具坝子中央，现有村民230多户880多人，是大具乡中最大的村子。周围方圆二十几平方公里的坝子内，分布着金江、金宏、头台、剌不多罗、为都、水火头、培当、大沟头、大坝子、峨眉之、高寨、阿拉蚌等20多个村寨，生活着1800多户5400多人。营盘老街在村子中央，街面东西向，街长1000多米、宽10多米，房屋坐落街道南北，是原丽江县东部最大的商贸集市。进入街心的巷道有6条，每条宽4米左右，分别是东从料立堡堡、南从大石头、西从寺背后、西北从芭莎竹、北和东北从金江大河边等进入营盘街。

从营盘老街出来，西北方经金宏过金沙江渡口后，到永壳、过哈巴、翻白地后直达香格里拉（原中甸）县城，也可经白地后到东坝，经洛吉到俄亚；北过金江、翻白麦上村后，经剌宝、奉科后直通永宁；东过头台翻上、下里都到达鸣音后，过太和洪门口后渡金沙江进入宁蒗；东南过头台、嘎子村翻拉褐山梁到达大东至丽江；南过培当、峨眉之、补古足后，翻美测多山梁过黑、白水后到丽江。

营盘老街的生活用水沟渠设计得十分巧妙，老街的用水有三条沟进入营盘，一条是引箭台河水，经隔罗、瓦托、大沟头，过培良坝子，从南边的大石头流入营盘村；一条是从头台一村上游引头台河水，经头台坝子过白泥地，从东边的料立堡堡流入营盘村；一条是在金江村的对面引头台河水，经村边流入芭莎竹。丰水季节，箭台河水和头台河水就从大石头和料立堡堡上地流进营盘古街的每一个角落。这两条渠道的流水，直到20世纪的70年代还在使用。枯水季节和渠道堵塞的时候，人们便挑着水桶顺着北边的巷道到大河边挑水。

老街的巷道路面是用直径15至20厘米的河石铺成。旧时，营盘老街是丽江东部的包括香格里拉县三坝乡的经济商贸中心。街道的两侧均为铺面商号，开着马店、粮店、杂货店、食店、凉粉店等商铺。在此做生意开铺子的，有来自丽江、鹤庆、中甸、永宁、宁蒗、白地、奉科、宝山、鸣音、大东等地的商人，农历每月十五的街天和年头岁节，街上都会挤满来自附近六里村寨的赶街村民。

参考文献

[1] 和力民:《大具虎跳峡崖画》,《丽江文化荟萃》,宗教文化出版社 2000 年版。

[2] 祁有光:《木天王采石场》《木老爷采金厂》《白塔》,《大具风物志》,云南人民出版社 2017 年版。

高峡巨岩一城堡
——丽江宝山石头城巡礼

杨 陆

闻名遐迩的宝山石头城,是一个108户纳西人家聚居在一块突兀耸立的天然石岩上的千年古村,它于1988年列为原丽江纳西族自治县文物保护单位,1993年11月列为云南省重点文物保护单位,2006年5月列为全国重点文物保护单位,2012年,又入选国

从金沙江对岸(宁蒗境)遥望石头城

从西面山巅俯瞰石头城

家四部局（住建部、文化部、财政部、文物局）共同组织评选的中国传统村落名录。

在慕名而至人们的笔下，宝山石头城又有了许多桂冠——"巨岩上的栖居"、"天险之城"、"百户人家一基石"、"世间罕见以石为居的城堡"、"建在一块巨石上的奇异村庄"、"梦一般的栖居之地"、"山岳间的童话城堡"、"千年纳西古堡"（云南省原省长和志强之语）、"最后的乐土"、"东方的马丘比丘"（南美洲一处著名的古石城）、"世界一绝"（南舜薰语）……

一

宝山石头城今属丽江市玉龙纳西族自治县宝山乡宝山村委会，位于玉龙雪山东北支脉牦牛岭东麓、金沙江西岸陡坡之上，平均海拔1720米，城堡内最高处海拔1750米，较江面海拔——下游阿海水电站建成发电以来，上升为正常蓄水位1504米（枯水季还要降低10余米）——高出240余米；南距乡政府26公里、玉龙县城132公里；地理坐标为东经100°10′50″，北纬27°28′31″。

整座石头城的面积约0.5平方公里，北、南、西三面均悬崖峭壁，东面为坡长近千米、约35度的陡坡直插金沙江，仅设东、西两座城门出入，并在东、南两面依陡坡和悬崖，建有带观察孔的

石头城西城门、东城门

村居中的石灶、石磨、石水缸等

石砌城墙、烽火台、众将台等一套完整的防御系统。为预防突然事变，还在城内北面崖壁中段将用岩石间的天然孔穴设置为暗道，直通城外，便于紧急疏散。石头城四周，危峰千仞高接云天，金沙江劈崖穿谷滚滚南去，十分险要，历史上就是纳西族先民聚居生息繁衍的一块宝地、丽江古城东北部的一个重要边关。

宝山石头城之所以闻名于世，具有较高的文物保护价值，就在于这座纳西族聚居的千年古村所独具的"以石为居"特色。

从这座巨岩西面的高处往东渐次而下，家家房屋随坡就势，高低错落，青瓦连甍，鳞次栉比，紧密而不错乱。各家各户均依地势修建，将原地岩坡凿平为地基，并尽量就地取材，现成利用山岩修凿而成柱磉、石墙、石壁、石楼梯等房屋构件。许多处这种石墙的基底，与巷间的天然石路连为一体；甚至石墙上部未修平整处，至今凸出墙体外的巷中。就地采石砌垒的墙基亦较高，其上均砌为土坯墙。屋内亦尽可能依原有岩石凿修为石床、石桌、石水缸、石灶台、石碗柜、石畜槽等，令人叹为观止。由于这座巨岩本有很大的坡度，向东斜下，坐落其上的层层房屋自然高下相依，互不遮挡光照。因此，在许多高处人家天井东边的矮墙或护栏边，可俯视下面一家的天井和房顶。高下相间、左右比邻的房顶瓦檐密密层层，仰望若空中楼阁；整座城堡同高峡大江交融在一起，气势恢宏，浑然天成。

城堡中的各家房屋，多为两层木结构，以两面厦、骑楼厦居多，注重门楼、外廊、门窗、隔扇、梁枋的装饰，多是红窗粉墙、雕花木楼；也有以圆木垛成的木楞房，均为典型的纳西族风格，还有别开生面、就陡坡浇灌高柱建成的悬空房。处处依序坐落的民居小院——包括现今已改建为砖混房屋，或新建了砖墙、以瓷砖张贴装饰的部分人家，均服从于这座城堡的整体格局，井然有序。城堡内的巷间门前，全都顺着岩坡修凿成石级，三条主要街巷分别连接着众多小巷，像大树的枝杈一样扩散开来，曲径通幽，抵达各条小巷尽头靠崖边的人家。这些天然石路虽久经人行、猪拱、马踏，千百年而今仍然保存了昔日面貌。又因石头城内多为陡坡石路，运输不便，至今仍有很

巷间的骡马运输队伍

多人家养马以供自家畜力运输，茶马古道之风俨然。

如上这一切石头城独具的石木建筑与石雕技术景观，是聚居于这座城堡的纳西先民的杰作，对聚落建筑研究具有很高的科学艺术价值，也使纷至沓来的游人在此窥见人类社会从石器时代的延续。

正因石头城修建在一面陡斜的石坡上，几乎所有房院都按三层布局，上两层（院内）住人，下一层为地楼，用以圈养家畜或堆放杂物，十分适宜农家居住。这个巨崖上的城堡布局及其构建，即便在周围同样居于高峡间、自古一道迁徙至此的纳西族村寨中，亦绝无仅有。

从西面山间流淌而来的清澈水源，则由铺设在城外石板路之下的暗渠，从地面以下潺潺流入城西门南侧、就岩壁开凿的石沟，再流入城堡之内的蓄水处——旧时纵有土匪来此抢掠、将石头城团团围困，也无法断去城内的水源。这又是石头城一奇。

二

宝山石头城始建于唐代中期，至今已有一千二百余年的历史。元至元十四年（1277），云南行省于丽江路军民总管府之下设置宝山县，后升格为宝山州，为府辖七州一县之一。其时的宝山州地域，为今玉龙纳西族自治县的大具乡、大东乡、鸣音镇、宝山乡、奉科镇以及香格里拉市的三坝、白地、东坝等地，为玉龙雪山—哈巴雪山以东一带地域，与丽江府属永宁州（今宁蒗彝族自治县北部地区）隔金沙江相望。其时的宝山州治，一般认为就设在宝山石头城西麓（另一说是设在今大具乡）。近年来，由县、乡筹资投入120万元，在此进行了古宝山州遗址的整体恢复。此前的 1984 年，在丽江北门坡出土了南明永历帝朱由榔于永历十年（1656）九月颁给的"宝山州印"，为铜制小篆体朱文印，此印的背面刻有"礼部造 永历十年九月"字样；1995 年，经国家文物鉴定组鉴定为一级文物。这一历史文物，成为元明时期宝山州的一个实证。此印鉴现收藏于丽江市博物院。

在民国以前，已存在了一千一百多年的宝山石头城并没有城墙、城门和烽火台、炮楼等防御设施，深锁在峻岭高峡间的这方人间，宛如世外桃源。民国初期，这里出现了匪患，村民常被迫躲进高山深箐，或渡江跑到宁蒗境内，土匪撤走才陆续回家。由村里一位名叫和绍先的绅士发起，石头城人从外地请来石匠，摊派工钱和伙食，动员了全村所有泥工木工和青壮劳力，从 1922 年农历四月直到 1926 年底，完成了上述防御设施，使这座古村落变成了一座易守难攻的防卫城堡。十年后的 1936 年春节伊始，又由村人和履枝发起，让出外卖零工的村人每人捐出六两银子，再次请来外地石匠，凭带回的三件钢具（镐、钎、锤），用了一年时间，把城堡内的主大道修凿成便于通行的石阶，并铺平了城西门外的道路和小广场，还立下了功德碑。

宝山石头城实际上分为内城与外城。内城即上述建筑在巨崖之上的核心保护区；外城则是在石头城内的建筑达到饱和之后，随着人口的增加而向城外扩张，顺着石头城下西面的山坡，由低向高发展而逐渐形成、与石头城比邻而居的聚落。因而，外城是内城的延展，成为文物保护单位石头城不可或缺的重要保护区；内城与外城周围的梯田、坡地、水渠、道路等范围，为缓冲保护区。

在宝山村委会所辖 3 个片村共 14 个村民小组中，克灵片村

从石头城眺望外城

（4个村民小组）、长丰片村（4个村民小组）因处于海拔较高地带，统称为"上宝山"；宝山片村的6个村民小组因临近金沙江，海拔较低，故称"下宝山"。

下宝山一组，为石头城的北面、相隔着宝山河深壑的姆牛课自然村；石头城的外城分为第二、三组，但有部分本居住内城、现亦属内城中的村民小组，唯因家庭人口增加迁至外城建房居住的人户，故外城的两个村民小组加之由内城迁来的人户，合计143户514人；石头城（内城）为第四、五、六组，三个组的现居人户合计108户388人。宝山片村（下宝山）这6个村民小组，由于地处河谷地带，气候干湿季节分明，温度变化不大，在宝山村委会和整个宝山乡，均属自然气候与农业生产条件较好、群众生活相对富足的村寨。

因而，完整意义的宝山石头城，系由内城和外城组成，共251户902人，纳西族人口占98%。

三

如今，宝山石头城已成为国家 5A 级玉龙雪山风景名胜区的一个有机组成部分，它同时还具有丰厚的历史人文景观。

首先，这里是纳西先民迁徙聚居的一处要地。属于古氐羌族群的纳西先民自先秦时期沿甘、青、川、滇民族走廊（社会学家费孝通先生所称"藏彝走廊"）渐次南下，最终聚居于滇西北金沙江流域，宝山一带正是纳西先民迁徙聚居中的一个主要区域、纳西文化腹地，孕育了古老的东巴文化与丰富的纳西民俗。由于高峡大江重峦的阻隔，这里千百年以来长期处于闭塞状态，只有古驿道与外界相通，因而更多保留了古纳西族的语言、服饰与东巴文化，以及民居建筑、节庆、祭祀、丧葬等传统习俗，是一处民族文化的富矿。

宝山石头城，纳西语称"拉伯鲁盘坞"。"拉伯"为今宝山乡一带的纳西语地名总称（江对岸以北的宁蒗县拉伯乡迄今保留了这一地名），"鲁"为石头，"盘"为白，"坞"为村寨，此语直译即"宝山白石寨"。这一称谓，与纳西族的白石崇拜有着天然的内在联系。

其次是语言上。纳西语大致以自玉龙县奉科三江口陡转而南的金沙江峡谷为界，分为以宁蒗永宁坝为代表（包括川西南木里、盐源等地）的东部方言区，以丽江坝为代表（包括丽江、永胜、香格里拉、维西、兰坪等地）的西部方言区。操西部方言区的人口占纳西族人口的绝大多数。西部方言区包括三种土语：大研镇土语、丽江坝土语、宝山州土语。丽江古城（原大研镇）是元代至今周边一带的政治、经济和文化中心，更多受到汉文化的影响,纳西语中的汉语借词最多,语音也随之有了不少变化。周围的丽江坝土语,便因接近大研古城,词汇和语音逐渐趋同于大研镇土语。而宝山州土语因远隔大研古城,与前两个土语相较,在语音(声母、韵母以及音调)、词汇上都有明显差别,更多地保留了原始、淳朴的古纳西语。如一个鸡蛋,前两个土语均称"埃姑抵旅",宝山州土语则称"阿物抵铺";你们、我们,前两个土语均称为"你咯""欧咯",宝山州土语则称"你布腊""欧布腊";炒菜的炒,前两个土语均读为"初",宝山州土语则读为"取";等等。

再次是习俗上。"纳西母毕若"(纳西是祭天的民族)——在这个古城堡中居住的大和、小和、木、李等四个家族,至今仍盛行纳西族最为古老、至为隆重的祭天仪式,祭署(自然神)、祭谷神等仪式,保留了最原始的纳西民族歌舞,延续着纳西族的东巴教信仰。历史上这里先后出过四十多位著名的东巴,被称为宝山派,一些人家至今收藏有东巴经书、东巴法器、神路图、卷轴画及汉文、纳西东巴文并用的官方文牍。1998年,在石头城附近出土了刻有东巴文的地契砖头,甚至民间红白大事的礼单、生产队

石头城中老年妇女头饰

时期登记工分都采用东巴文，清楚说明当地曾经广泛使用纳西东巴文。部分人家至今仍实行纳西族的火葬习俗。中老年妇女虽也穿戴纳西族独有的"披星戴月"羊皮披肩，一般只在民族节日或举行盛会时着装，平素间都背披适于劳作的"优扼"；头巾装饰则与其他地方的纳西族同胞明显不同。清嘉庆末

织土布

至道光初年来任丽江知府的山东寿光人王厚庆，以在"边夷之地"推行汉礼、"华风"为己任，在丽江纳西族中进行了服饰和婚姻、丧葬、祭祀之礼等一系列风俗改革，就因山高路远鞭长莫及，在他任期内的改革并没更多波及此地，可知宝山乡一带的妇女头饰最接近于古纳西族。

在古老的石臼上踩木碓加工粮食，在古色古香的纺车上纺毛线，在陈旧的机架上织麻布，是当地妇女惯常的家务活。这些传统的纺织，对于勤劳的纳西族妇女，是祖祖辈辈延续下来的穿戴之需，传统的民间工艺由此保留下来。那有节奏的踩碓声、悠悠自得的纺线织布声，直让人感受到山乡纳西族古朴、平静的生活。

节庆方面，除了春节、清明节、端午节、中秋节和重阳节等传统节日外，还有具鲜明地方民族特色的节日：农历二月间祭祖、

六月间"塔毕"、七月半"波敬"等三次祭祖节，农历二月八纳西族的三多节，三月节，农历四月新麦成熟、农历九月新谷成熟时都要举行的"拷克补"——庆丰收节，农历六月的火把节，以及农事忙毕、兼庆贺与犒劳耕牛的"洗牛脚"等。著名的民间歌曲，有"喂热热""喂美达"和独具当地特色的"拉伯谷气"等。舞蹈主要有"嘎磋"、葫芦舞、笛子舞等。

再次就是建筑的选址——这是比这座城堡的修造格局与房屋的民族风格更引人入胜之处。选址为何不建在这座巨崖下周围的平地、屋旁可以就近种植果木菜蔬、便于日常生活的土地上，而非要建造在这座陡峭难行的巨崖之上？村里的老人明确地说：既是为了集中居住、家家相互有个照应，也为防范匪患，但更主要的是由于这峡谷高坡间，可耕种的土地本来就少，为珍惜有限的耕地，才一开始就将村子建到了这座巨崖上。

还值得一提的是，聚居于此的纳西先民，经年复一年的辛勤劳作，将石头城四周的陡坡，凡能开垦之处都就地垒石，修成了层层梯田。而与外地的梯田相比，石头城的梯田又有着别具一格的自流灌溉系统——不是上田溢满后流到下田，而是在每层梯田旁边都修了暗渠，形成了一种由暗渠、水口形成的浇灌系统。堵住暗渠水口，水便流灌整层田块；水满之后打开暗渠水口，再堵上灌田水口，水便由暗渠流下，浇灌下层田块，不会冲刷田埂、产生夺肥现象。石头城梯田的这一独创，充分显示了石头城人的聪明才智以及他们所创造的农耕文明。千百年来，这里的梯田历久种植水稻、小麦、玉米、豆类，使石头城下原本瘠薄的陡坡，变成了金浪翻滚的粮仓；田地膏腴，气势极旺，风水绝佳，更使梯田环绕的石头城集雄奇和秀美于一体。5月麦熟，10月稻黄，麦海、稻浪环围着巨轮般的城堡,是宝山石头城最美的季节。

宝山石头城的自然风光与历史人文景观而外,近周还有其他丰富的旅游资源——北面高耸入云的太子关、西面牦牛岭之麓方圆百米的克灵溶洞、富有传奇色彩的"滴血求子洞"——此洞深约两米,内壁有一块红色的天然沉积岩体,形似女阴,一股泉水从"女阴"中喷射而出,色如乳汁,味微咸;声若妇女分娩呻吟,令人称奇。此当为原始生殖崇拜的遗迹喀斯特地貌景观。南面是逼临大江、磅礴雄浑的岩可渡山,山那面的吾木村在清末就有举办东巴文化传承的历史,与善于走出山外闯荡世界的石头城人相比,这里的东巴文化和各种传统习俗保持得更完好,2006年被丽江市文广局指定为东巴文化传承点,建立了吾木东巴传习院。东面金沙江对岸,则是如巨屏拔地、峭峰争奇的阿祖山。附近金沙江沿岸的多处古岩画,忽必烈率领蒙古大军征大理的渡江遗址革

冬日石头城下的梯田

从宁蒗境眺望石头城北面的太子关

囊渡与如今新建的革囊渡大桥——实际上，宝山石头城下也是当年蒙古大军的渡江遗址和驻扎地之一，亦与云南历史上这一重大事件紧密相连。还有近年随现代化大型水电站建成发电后形成、烟波荡漾的"高峡出平湖"景观。这些自然与历史人文景观，品位与知名度都高，同宝山石头城都是亟待开发的旅游胜地。

四

　　石头城所在的宝山乡，是全国唯一的纳西族自治县——玉龙纳西族自治县的一个边远山区乡，位于玉龙雪山的东北部，乡政府距县城106公里；南与大具乡、鸣音镇接壤，北与奉科镇毗邻，东与宁蒗县翠依乡隔江相望，西与香格里拉三坝乡相接。全乡面积431.8平方公里，下辖果乐、宝山、吾木、高寒、住古等5个村委会49个村民小组8923人，居住着纳西、普米、彝、傈僳、汉等民族。全乡林地面积 55.7 万亩，森林覆盖率达 86.1%，是玉龙县的第三大林区。乡辖内最高海拔 4376 米，最低海拔 1500 米，相对海拔高差达 2876 米，高寒山区—山区和半山区—河谷区并存，从高寒、冷凉、温凉到河谷热区的立体气候垂直分布。由于地理环境、气候和交通闭塞的历史因素，历来主要种植粮食作物（水稻、玉米、小麦、大麦、豆类等）及部分经济作物（烤烟、摸摸香、林果业等）和畜牧业，基本上都是第一产业。自然条件以及水利设施较好之地，群众生活能自给自足，基本上解决了温饱问题，但高海拔寒冷之地仍然处于贫困面广、贫困程度深、发展支撑不足、抵御自然灾害能力不高的状态。

宝山村委会面积 59.62 平方公里，占全乡的 13.8%；辖内山区面积占 80%，20% 为河谷阶地。村委会辖 3 个片村 14 个村民小组 660 户 2637 人，有 2992 亩耕地，人均仅 1.13 亩，而且坡度在 25 度以上的耕地占 40%，旱地面积占耕地面积的 25%。除粮食作物及部分经济作物，畜牧业主要饲养山羊、黄牛、生猪、马骡、土鸡等，这也是当地民众主要的经济来源。

石头城虽处于江边河谷区，有着较好的光热条件，但一方面气候干燥，全年降水量偏少（年平均气温 19℃，年降水量仅 600 毫米），加之水源有限，水资源利用率低。石头城人畜饮水、农田灌溉最主要的水源，是由西面高山流下、汇入金沙江的宝山河，但由于水利建设的基础设施不足，部分耕地仍靠雨水，属山区雨养农业，靠天吃饭的状况并未完全改变。另一方面耕地资源有限——现居石头城（内城和外城）的第二、三、四、五、六共五个村民小组，人均耕地面积不足 1.5 亩；梯田而外的坡地与轮歇地，土层瘠薄且多为白沙土、紫色土，有机质含量少，所种植粮食产量低；当地出产的梨子、石榴、橘子等水果仅只庭院中少量种植，桃子、核桃、芭蕉等，亦未形成果木产业；每户人家每年饲养几头生猪、宰杀一两头肥猪，圈养十来只土鸡，养羊的不多，不少人家自养的一两匹马，只为着提供家庭畜力运输，总体上也不能形成畜牧产业。全村十多头耕牛集中在几户人家饲养，农耕时节，由各户根据需要请工租牛。总的说来，石头城的经济仍是以农业生产为主的传统农业经济，而且仍处于粗放型经营阶段。2010年，人均生产粮食仅300公斤，人均纯收入仅2268元。石头城周围坡陡壑深的地形地貌，同已经见缝插针、十分密集的村落建筑，决定了石头城在今后一个很长时期内，不可能公路进村（由乡政府通达此地的现有公路，还只能到达石头城外城西面的山梁上），难以走发展农业机械化、农业生产集约化经营之路。近年来，石头城人常年出外打工的越来越多，最多时达567人，占石头城总人口的62.9%，另还有在外求学的60人，留家务农及老人儿童只占30%余。

再就是生态环境。石头城人自古注重与自然和谐的纳西族传统观念，遵循乡规民约。而历史上有一段较长时间把东巴教视为封建迷信，乡规民约淡化，生态观念和道德观念随之淡薄，环境遭到破坏，石头城以上近千米的山坡上，森林被砍伐殆尽，现在村民找一背柴要到十公里外的地方去砍，来回要大半天。

近年来，玉龙县在市规划局、发改委、旅发委的指导帮助下，作出了《玉龙县东部四乡镇旅游发展总体规划》（即大具、鸣音、宝山、奉科等四个乡镇），文本已通过了专家评审。宝山乡政府进而提出：以宝山石头城及果乐村委会的吾木"东巴文化村"为依托，全力建设"旅游宝山""文化宝山"和"生态宝山"。宝山石头城作为这一总体规划中的重点,又制定了《云南省第三批省级旅游特色村——宝山石头城项目实施规划》《玉龙县宝山乡石头城村保护与发展规划》,以旅游业的发展推动经济和社会发展,初步改变了此地单一农业经济的局面。2016 年,宝山乡共筹资 1457.17 万元,完成 31 个项目,其中直接涉及石头城的项目有 13 个:宝山村省级新农村建设项目;宝山村市级配套整村产业扶持项目;宝山乡 2016 年非贫困村贫困户产业扶持项目;下宝山蓄水池建设项目;"各抓开美"三面光水渠 2.4 公里;"明抓开美"三面光水渠 2 公里;宝山四组"额曾古"三面光水渠建设项目;投资 580 万元的宝山河小流域治理项目;投资 100 万元的宝山石头城特色村寨建设项目;投资 200 万元的宝山石头城传统村落保护发展项目(包括 2 个公共卫生间,长 1500 米的进城栈道,修建新的观景台并在原有观景台上加盖凉亭,新建刻有石头城简介、示意图的石质旅

恢复重建后的旧宝山州官廨

游指示牌);投资200万元的宝山石头城环境整治建设项目;投资15万元的宝山石头城村级活动场所建设项目;投资10万元的石头城文物管理所和文化图书馆;宝山石头城旅游接待中心暨旧宝山州官廨的恢复重建项目。

与此同时,宝山乡政府和宝山村委会在县的支持下,着力抓好交通基础设施建设。一是配合县交通局,完成了投资三千六百余万元的宝山乡政府至石头城三级公路改造项目的征地拆迁及路基工程。二是抓住金沙江中游库区航运基础设施建设的机遇,配合港航投资公司,积极开展宝山石头城码头建设。目前,宝山码头建设已完成60%。三是积极与上级对接,将金沙江沿线公路纳入"十三五"规划的盘子。四是26.4公里的水宝公路(水帘洞至宝山石头城)正由县交通局负责开展前期工作。

如上已付诸实施和规划中的诸多项目,以及由丽江市旅发委针对宝山村委会贫困户的"挂包帮"扶贫,本村配合北京农业大学、昆明理工大学等大专院校、广西玉米所等科研单位进行的"石头城参与式案例研究""乡土生物文化多样性及社区可持续发展"研究等,已对宝山石头城的农村经济、乡村旅游事业发展产生了显著的推动作用,石头城的基础设施建设得以加强,村民的生产和生活条件得到了改善、经济收入普遍提高,富余劳动力的就业得到了进一步解决。一篇旅游刊物的文章评说:"石头城的村民们不再安于过去了。他们放弃曾经与世不同的生活——农耕、捕鱼、淘金、雕凿石具,修复老宅,把住宅改成客栈,接待外来的好奇游客,做起了此前先辈们从未干过的活计——做生意。"农耕、捕鱼等并没放弃;即便当今的旅游大潮不波及到此,需要修复的老宅照样是要修复的,"安居"从来就是任何一个家庭自觉的

农家酒香

需求。说到"民以食为天"的吃粮问题,石头城人其实并不情愿跑到山外去买粮食再驮回家,他们要吃自己种的放心粮,喝自家酿制的纯粮酒,要用自己种的苞谷、瓜菜和田间青饲料喂养生态猪——他们已经由城里人、各地来此游客们的羡叹声中明白了生态食品的可贵,珍惜生我养我的这方净土。

引文中所说"做生意"的倒真越来越多了:一是把住宅改建为客栈,既为来到这里的游客提供了食宿便利,又增加了家庭收入。至2016年底,石头城(内城与外城)的民居客栈已有八家。这些客栈的设施虽然简朴,但均庭院清幽,窗明几净,被褥整洁,饭菜可口,而且收费合理。二是把临街巷的房屋改建为小卖部,或就以院内房屋设为小卖部,到2016年底,小卖部也已经有了八家,所进货物的品种均较齐备,给游客和村民提供了便利。"做生意"的目前主要是这两项。与此同时,村民中或开展养殖业(养猪、鸡、牛、羊、驴,或利用江水开展网箱养鱼),开展种植业(种辣木、摸摸香、油橄榄、山药、青枣、附子、滇重楼等),或操持技艺制作木雕、石雕及绘画出售,如石头城内唯一的一位玉龙县非物质文化遗产传承人木德胜即从事此业。

设在村民家堂屋中的小卖部

村民利用江水网箱养鱼

新农村建设、整村产业扶持和非贫困村贫困户产业扶持、公路及航运等交通基础设施建设、水利建设、生态建设与旅游业的开发、文物保护与民族历史文化的开发，等等，这一切现实努力，已使这座宁静古朴之"千年纳西古堡"越来越改变其长久以来单一的农业经济而偏安自足的局面。但人们在审视这个古村落的变化，并祝福这里的村民走向更美好明天的同时，也不能不看到：一方面是旅游业开发的迫切、新农村建设的大力推进，另一方面则须注重、切实保护这个古村落中传统的民俗文化、民族风情。这是因为旅游开发与商业化步伐的无序，会逐渐侵蚀、淡化这个村落的古朴面貌。

（本文成稿于 2017 年 3 月）

加强东巴文化传承 延续民族文化基因
——以玉龙县为例

和秀琼

东巴文化是纳西先民在长期的生产生活实践中获得的经验总结和智慧结晶,被视为人类珍贵的文化遗产,入选世界记忆遗产名录,其特有的魅力和特殊的研究价值正受到国内外学者的关注。然而由于历史和现实的原因,目前,东巴文化的传承与保护工作中还存在着一些问题和不足,笔者结合自己的调研和思考,特撰此文,希望能对东巴文化的传承与保护提供一些建议和参考。

一、玉龙县东巴文化传承与保护的基本情况

丽江成功走出了旅游与文化相结合的发展之路,而坚持以文化为根是实现一个民族生存和发展的精神动力和力量源泉。玉龙县作为全国唯一的纳西族自治县,多年来,各级党委、政府高度重视纳西东巴文化的传承与保护工作,坚持把做好纳西东巴文化的传承与保护工作作为塑造民族之魂、凝聚民族力量、振奋民族精神的重要手段,切实采取有力措施,抓好抓实。坚持把东巴文化的传承与保护工作作为"文化兴县"战略的核心内容,把打

造"纳西文化产业基地"和构建"展示纳西文化重要窗口"列为"十三五"规划的重要内容，切实加强组织领导、明确工作任务、工作重点和管理机制，加大资金投入，加快人才培养，为纳西东巴文化的传承与保护提供了坚强的组织保证。经过长期的实践和探索，全县在东巴文化的传承与保护工作中积累了丰富的经验，并取得了一定成绩。主要表现在以下方面：

1. 东巴文化的传承与保护工作基础不断夯实

重视对东巴古籍的收集、整理和翻译工作。早在20世纪60年代初，丽江县委、县政府及县政协就非常重视对东巴文化的保护，专门组织人员到民间收集了五千多册东巴经书和大量东巴法器，聘请著名东巴从事经书翻译，对东巴文化进行了抢救性的保护。"文革"结束后，创建了东巴文化研究机构，组织老东巴和专家学者抢救、整理、翻译和研究纳西族东巴文化，积二十年之功，终于完成了一百卷《纳西东巴古籍译注全集》，为东巴文化的传承与保护奠定了坚实的物质基础。

积极开展东巴古籍文献申报世界记忆遗产工作。2003年8月，东巴古籍文献成功入选《世界记忆遗产名录》，成为珍贵的世界记忆遗产。申遗的成功，使东巴文化名扬中外，引起世界各国学者的极大关注，掀起研究东巴文化的热潮，进一步强化了全社会对加强东巴文化保护的重要性的认识。

认真组织开展非物质文化遗产的申报工作，成立非物质文化遗产申报工作领导小组，成立非物质文化遗产保护中心，全面开展全县文物普查登记。到2011年，玉龙县已有两项非物质文化遗产入选省级保护名录，一项入选市级保护名录，并拟将纳西族三多节和玉湖纳西文化保护区推荐为国家级非物质文化遗产保护项目，把纳西族史诗《创世纪》、东巴造纸和铜器制作推荐为省级非物质文化遗产保护项目，现正开展项目申报前期工作。非物质文化遗产申报工作的广泛开展，为东巴文化提供了更有效、更广泛的保护。成立东巴文化学术研究机构，重视东巴文化研究，于1981年成立了丽江东巴研究室，1982年成立了丽江东巴文化博物馆，1995年该博物馆开办了东巴文化学校，广泛开展东巴文化学术研究、收藏和展示东巴文化古籍，做好东巴文化的传承等工作，充分发挥了东巴文化学术研究机构在保护工作中的重要作用。

加强立法，在法律层面上强化对东巴文化的保护。2001年3月10日召开的丽江纳西族自治县第十二届人民代表大会第四次会议审议通过了《云南丽江纳西族自治县东巴文化保护条例》，并经2005年6月1日云南省第九届人民代表大会常务委员会第二十二次会议正式批准，颁布实施了《云南省纳西族东巴文化保护条例》，为纳西东巴文化的传承与保护工作提供了法律保障。重视民间文化传习点、民间古乐会在东巴文化传承与保护中的重要作用，鼓励和支持民间东巴文化传习点和民间古乐会的发展。目前，在乡镇设有七个东巴文化传习点、一个民间古乐会，通过积极开展东巴文化传习和组织开展各种展演活动，有效促进了东巴文化在民间的传承与发展。设立东巴文化保护区，1998年，丽江县人民政府还把塔城乡等六个乡镇列为东巴文化保护区，对东巴文化传承点授牌，对原生态东巴文化给予了保护。

经过多年对东巴文化全面、系统、持续的保护和传承，一些纳西族村社的东巴文化生态得到了有效的保护，传统的东巴祭祀活动得到了一定程度的恢复、传承，如塔城乡暑明村、鲁甸乡新主村、太安乡天红村、宝山乡吾木村等地自20世纪90年代末以来开始恢复了传统的祭天、祭署（自然神）等仪式，并且一直坚持到现在，在这些纳西族聚居的村组，呈现出东巴文化与传统民俗相结合的发展趋势。特别是最近几年，在政府的主导下，传统的三多节（二月八）成为纳西族法定节日，并在节日期间组织一些大型的展演活动，且规模越来越大，群众参与度也越来越高。

2. 加大宣传力度，扩大东巴文化的影响力

以活动为载体，广泛宣传纳西东巴文化，先后成功举办两届国际性东巴艺术节和一系列学术活动，极大地鼓舞了很多尚存东巴的热情，激励了很多乡村开展东巴文化活动的热情，在不少村寨里，已经消失的不少与东巴文化密切相关的民俗活动得以复苏。此外，还在纪念红军长征50周年、抗日战争胜利40周年、丽江"2·3"地震一周年及人民政协成立60周年这些重大事件或重要活动期间，分别在丽江、昆明等地组织开展了以宣传纳西东巴文化为主旨的书画展，在更深程度、更广范围内宣传了东巴文化，进一步提高了东巴文化知名度。

做好全县民族文化的挖掘、整理和展览工作。玉龙对全县民族民间文化进行多次全面普查登记，对县图书馆珍藏的三千多卷东巴经书、两百多幅东巴画进行了认真的保存整理，并将其中的部分藏书送往北京参加国家珍贵古籍特展，在保护好民族文化珍贵古籍的同时，宣传了东巴文化。此外，在丽江旅游迅猛发展的背景下，媒体、政府、学者对东巴文化大力宣传，在一定程度上提升了东巴文化的知名度，加深了人们对东巴文化及民族文化的了解。

3. 重视和加强对东巴文化传承人的保护，暂时舒缓了东巴文化断层危机

积极开展对非物质文化遗产项目代表性传承人的申报和认证

工作，对各传承人给予定量生活补助。到2015年，玉龙县共有省、市和县级非物质文化遗产传承人212名，其中省级9人、市级56人、县级147人。在非物质文化遗产传承人中属于东巴的有66人，其中有省级5人、市级17人、县级44人，县财政每月对省级和市级非物质文化遗产传承人分别给予200元和100元的补助，党委政府的重视充分调动了东巴参与保护和传承民族文化的热忱。通过二十多年的努力，目前，东巴文化传承人的数量比二十世纪八九十年代有所增加，据统计，玉龙县现有东巴66人，东巴文化传承人的培养取得了明显的效果。

4. 着力加强文化保护载体建设

2003年区县分设后，玉龙县先后完成了县文化馆、县图书馆、县文物保护管理所、县民族歌舞团等建设项目，改建和完善了16个乡镇综合文化站建设，密集了工作网络，延伸了传承与保护工作范围。重视和加强文化人才队伍培养，切实提高干部职工文化素质，努力建立起了一支与东巴文化传承与保护工作基本适应的干部职工队伍。

5. 着力推进东巴文化学科人才体系建设

在各级政府部门的重视支持下，依托教育、研究部门，分批分期培训老师，并于2003、2004、2007年分三次培训教师，在教学实践中，培养出一批东巴文化传承的骨干。重视教材编写，郭大烈、郑卫东主编的《纳西族谚语》1998年11月出版；和力民编著的《纳西象形文字字帖》2002年出版；木琛编写的《纳西象形字东巴文》、和虹编写的《纳西象形字东巴文应用》、和继全、和宝林编写的《纳西族东巴古籍选读》2006年出版；郭大烈、杨一红主编的《纳西文化诵读本》2006年9月出版；和力民编著的《通俗东巴文》2007年出版；白沙乡完小、拉市乡完小也出版了东巴文化乡土教材。广泛开展东巴文化进课堂活动，2003 年，丽江县在全县小学一至四年级开设母语课和东巴文化课。古城区一中、玉龙县一中、丽江市一中也开设纳西文化、东巴文化的相关课程，东巴文化进学校、进课堂的广泛开展，极大地扩大了东巴文化知识的普及面。加强东巴文化人才体系建设，2002 年丽江县与云南民族大学合作开办了纳西族语言及东巴文化方向本科班，开设了"纳西族语言""纳西族文学概论""纳西族文化史""东巴文化概论"等课程。2003 年东巴文化研究院与西南师范大学（现为西南大学）汉语言古籍文献所共建中国少数民族语言文学（东巴象形文字方向）硕士点，2008 年开始招收此专业的博士研究生。丽江师专、云南大学旅游文化学院分别于 2004、2006 年开设了"丽江的历史与文化""纳西族简史""东巴文化概论""丽江旅游风情"等课程。可以说，东巴文化传承，已经走进了小学、中学、大学的课堂，并初步形成了小学—中学—大学专科—大学本科—硕士、博士研究生的学科人才培养体系。

6. 积极探索并努力实践旅游与文化相结合的发展之路，形成了以东巴文化为主的民族传统文化开发与保护相结合的"丽江模式"

以东巴文化为内容的旅游产品构成了丽江旅游市场的主打产品。以东巴宫、东巴谷、东巴王国、东巴万神园以及展示东巴文化为主的玉水寨、丽水金沙等旅游文化企业有效地利用东巴文化，获得了丰厚的经济效益。同时，企业也认识到东巴文化作为一种商品资源要素时，反过来也促进了对东巴文化资源的保护与传承，企业在东巴文化的保护与传承中起到了重要的推动作用。如丽江玉水寨生态旅游有限公司自成立以来，一直坚持"民族文化传承和保护与旅游发展相结合""以民族文化促旅游，以旅游反哺民族文化"的发展之路，着力加强东巴传人培养，先后在玉水寨接受过东巴文化学习培训半年以上的有43人，现仍在玉水寨的有21人（2015年数据）；坚持每年举办一届东巴会；倡议成立了东巴文化传承协会，并常年对其进行资助；切实加强东巴文化传承与保护硬件建设；强化东巴文化宣传；设立东巴文化保护区，积极探索企业参与民间东巴文化保护的有效途径；认真组织好东巴法事活动等，积极探索出了一条民族文化保护传承与旅游业相结合的成功之路，打造了民族文化保护、传承与旅游产业相结合的"玉水寨模式"，得到了各级党委政府和社会各界的充分肯定和普遍赞誉。

二、存在的问题和不足

通过调研和思考，我认为，经过多年的努力，东巴文化传承与保护工作基本形成了党委政府重视、民间积极参与、企业踊跃参加的良好局面。同时，我们也看到，目前的工作状况与东巴文化传承与保护工作所面临的新形势新任务相比，与人民群众的新期望相比仍有一定的差距，还有许多工作有待于进一步加强和改进，比如还存在以下问题和不足：

1. 东巴老龄化现象严重，且人数锐减，东巴后继乏人，面临人才链断代的窘境

东巴文化具有家庭血缘传承、家族村寨传承、师徒传承的显著特点，在东巴文化的传承与保护中东巴起到关键性作用。资料显示，20世纪40年代，纳西东巴约有1000人，约占纳西族

总人数的 1%，到 2000 年约有东巴 200 人，约占纳西族总人数的 0.08%，其中识东巴文的仅 30 人，并且都年事已高。另据统计，1999 年第一届中国丽江国际东巴文化艺术节时，丽江有 80 余名老东巴，到 2003 年第二届中国丽江国际东巴文化艺术节时，仅有 11 名老东巴尚在人世，而 2015 年，健在的老东巴仅有 4 人，老东巴人数逐年锐减。东巴文以提示性符号构成，即使全部掌握了东巴单字，仍无法读通东巴经，培养一名较成熟的东巴需要耳濡目染从师十几年甚至数十年的时间。据丽江市东巴文化传承协会的统计，到 2015 年玉龙县有东巴 66 人，其中 21 岁至 30 岁的有 22 人，31 岁至 40 岁的有 21 人，41 岁至 50 岁的有 5 人，51 岁至 60 岁的有 8 人，61 岁以上的有 10 人。东巴仪式有 100 多种，而在目前的东巴中，能掌握 50 种以上仪式的仅有 4 人，而年轻东巴接受培训的时间不长，尚不能独立开展东巴活动，在老东巴逐渐故去的情况下，东巴文化正处于急速消解的境地。一种文化的消失不可能再生也不可能复制，抢救东巴文化，加快年轻东巴的培养已刻不容缓。

2. 外来文化对东巴文化的冲击日渐明显，东巴文化传承与保护缺少必要的土壤和环境

随着互联网、电视、报纸的普及和全球化、市场化、现代化进程的加快，各种异质文化的渗透和传播，外来文化凭借其信息量的绝对优势，对本土进行文化覆盖，大有吞噬东巴文化的趋势。又由于东巴文化晦涩难懂，东巴文化对本民族青年的吸引力明显不足，青少年表现出对东巴文化的漠然和对外来大众文化的热衷与痴迷。加之多年来移风易俗，本土群众对东巴的需求日益下降，东巴逐渐淡出民众的生活需求，在一定程度上影响了东巴从事东巴活动和年轻人学习东巴文化的热情。

3. 党委政府在东巴文化传承与保护中的主导地位需进一步加强，主管部门的职能作用有待进一步发挥

目前制定的关于东巴文化传承与保护的中长期规划有待进一步完善，东巴文化的传承与保护工作缺乏相应的政策保障和资金支持；没有结合《云南省纳西族东巴文化保护条例》，制定出一整套行之有效、可操作性强的实施细则，使这部法律条文仅停留在法律名义上，尚未发挥出其应有的法律功效；对东巴文化市场缺乏有效的监管，东巴文化市场秩序较为混乱，受利益驱使，出现东巴文化表演化、庸俗化、商品化的趋势，甚至出现假借东巴之名欺骗游客、收敛钱财等恶劣现象，这些现象和行为严重败坏了东巴文化的品牌声誉，恶化了东巴文化的传承环境。

4. 东巴文化的保护与传承缺乏必要的资金支持，保护与传承工作后劲不足

学校传承存在形式化、表面化、应付式的状况，且经费落实、师资培养、课程地位、制度建设等方面存在严重不足。大多民间自发组织的东巴文化传习点经费短缺，处于有钱则传、无钱则散的状况，东巴文化传承整体上说仍处于起步阶段，离群众期盼和时代的要求仍有较大距离。作为世界记忆遗产重要内容的县图书馆馆藏的三千多册珍贵的东巴古籍文献因保护经费投入不足，保存措施简单，保护方式不完善，有毁失的危险。纳西东巴文化数字化保护传媒中心项目进展缓慢，用现代化手段加强对东巴文化的保护已刻不容缓。

三、意见建议

面对东巴文化传承与保护的窘境，我认为，加强东巴文化的传承与保护显得尤为重要和紧迫，针对目前存在的问题和不足，提出如下意见建议：

1. 强化对东巴文化传承与保护工作重要性的认识

（1）认真贯彻落实《云南省纳西族东巴文化保护条例》，尽快制定《云南省玉龙纳西族自治县纳西族东巴文化保护条例实施细则》，为东巴文化的传承与保护工作提供切实有效的法律保障。

（2）建议由玉龙县政府或文化主管部门牵头成立东巴文化专家评审机构，制定《纳西东巴文化规范化管理办法》，实行东巴文化知识产权鉴定、东巴资格认定、东巴等级认证、资质培训等，并逐步对东巴字画进行规范。

（3）建议由玉龙县委、县政府牵头，组织东巴文化研究机构、专家学者和职能部门，召开专题学术会议，研究和探讨东巴文化传承与保护相关事宜。县委、县政府尽快召开文化工作会议，出台《玉龙纳西族自治县关于加强文化体制改革和文化产业繁荣发展的意见》，为落实"文化兴县"战略作出部署安排。

2. 加大东巴文化队伍培养力度，筑牢传承与保护工作人才基础

落实全县人才发展规划，加强对东巴文化人才队伍的培养，建立长效机制，并在制度、资金等方面给予充分的保障。对有较大影响力或较高威望的东巴在申报国家、省、市、县级民族文化传承人时给予优先考虑。对达到一定水平、掌握一定技艺的老东巴给予定期生活补助，让其安心从事东巴文化的传承与整理等各项工作，提高省、市级非物质文化遗产传承人的生活补助，并将县级非物质文化遗产传承人生活补助列入县级财政预算，给予县级非物质文化遗产传承人适应的生活补助。出台相应的激励措施，对东巴文化方面有一技之长的年轻人，在升学、就业等方面给予实质性的照顾。依托国内外文化旅游研究机构、全市高校以及文化、教育、旅游等相关部门资源，进一步健全、完善人才培养体系，形成从小学到大学的东巴文化人才培养体系，使东巴文化保护、传承与学校教育有机结合，在教育体制上为东巴文化人才的培养提供有效的制度保障，为东巴文化的可持续发展提供有力的智力支持与人才支撑。

3. 着力培植东巴文化传承与保护的土壤和环境

（1）充分发挥政府职能部门的主导作用，积极实施东巴文化"五进"（进机关、进学校、进社区、进家庭、进农村）活动。

（2）鼓励和扶持民众有序恢复民俗民风活动，倡导本民族青年学好民族语言，学习东巴文化，懂得民族习俗。积极支持民间艺术团体、研究机构、社会组织参与民族文化的传承与保护工作。

（3）由政府引导民间社团、协会每年举办大型的东巴文化展示、展演和逐步恢复大型的民族节庆活动，极力渲染东巴文化气氛，使纳西民族感受到东巴文化特殊的文化情致和魅力，感觉到东巴文化是他们物质生活和精神生活所需，使民族文化深深植根于人民群众当中，着力培养东巴文化赖以生长发育的土壤和环境。

（4）依托丽江旅游大市场，不断规范东巴文化市场，使东巴在民风民俗恢复与旅游中直接受益，使东巴成为可以谋生的职业，甚至是令人羡慕的职业。

4. 积极申报国家级纳西文化生态保护区

根据全国建立国家级民族民间生态文化生态保护区，对非物质文化遗产丰富区域实施整体保护的有关部署，积极配合市委、市政府各项申报工作，争取把玉龙县申报为纳西文化生态保护区，为东巴文化的传承与保护工作争取更多的政策和资金支持。

5. 筹集资金，加大投入，完善设施，筑牢民族文化传承与保护的基石

（1）依托政府，联合各相关部门、企业、民间团体、学术界，协调国内外基金组织，多方集资，建立东巴文化保护与传承基金。同时，把民族民间文化保护经费列入地方财政预算，对从事民族文化传承与保护的机构和组织提供必要的资助和扶持。

（2）建议以北岳庙为中心，加强规划，把该区域打造成一个能承载纳西民族厚重历史，展现民族精神，寄托民族情感的圣地。并尽快招商引资或独立融资把这个片区建设成能够承办三多节、祭天、祭风、祭祀及旦美空坡等一系列大型民族文化节气活动的文化广场，使其成为类似古城木府这样既能弘扬、传承民族文化，又能创造社会效益、经济效益的综合型文化活动场所。

（3）依托县域内高校建设，加大投入，加快纳西东巴文化数字化保护传媒中心建设进程。

（4）积极筹措资金，完善县图书馆馆藏条件，配备相应的防潮、防火、防盗等设施，着力保护好珍贵的东巴古籍文献。

6. 充分发挥政府职能作用，为东巴文化的传承与保护工作提供坚实的组织保证

（1）加强对纳西东巴文化传承与保护工作的领导，完善纳西东巴文化保护中长期规划，并把黄山镇、白沙乡、拉市乡划为纳西东巴文化保护区，先试先行。

（2）结合全县打造"纳西文化产业基地"和构建"展示纳西文化重要窗口"的安排部署，加快东巴文化产品的开发利用，细化部门职责，加强调查研究，着力打造玉龙县特色文化品牌，促其尽快成为全县的支柱产业，切实提升县文化软实力。

（3）制定东巴文化保护与传承的教育教学体系，内容包括经费保障、教材编订使用、师资培养、教学计划、课程设置等，使学校教育成为东巴文化传承与保护的主要场所。

（4）落实文化监督部门责任，严厉打击非法盗用东巴名称、有损东巴名誉的行为，净化东巴文化市场。

（5）加大人才引进力度，招聘东巴文化相关专业大学生或民间具有较高东巴学识又有一定汉语言基础的东巴充实到县文化馆及乡镇文化站，有计划地对东巴文化遗产进行搜集、整理、翻译和出版，充分利用现代科技手段，对濒临消失的东巴文化进行恢复和抢救性的保护。

李畅远引水工程

达古若

在大具金宏村小米地梁子李畅远隧洞出口处的右侧竖立着一块"丽江实业家李公畅远纪念碑",记载了李畅远修建小米地引水工程的事迹和功德。

李畅远,丽江古城太史巷人,1926年春至1942年间,历时17年,耗尽了财力和物力,打通大具小米地与营盘芭莎竹之间长约百丈的砂砾梁隧洞,引来头台大沙河洪水和岩窝龙潭泉水,将小米地缺水荒地改造成米粮川。岩窝、小米地村民为纪念李畅远这一"有裨于后世,有泽于民生"的公德,在民国三十四年(1945)冬月,在隧洞出口处的右侧竖立了丽江实业家李公畅远纪念碑。碑文如下:

丽江实业家李公畅远纪念碑

有裨于后世,曰:功;有泽于民生,曰:德。惟功与德,谁不欲立?苟非其人,诚不易矣。大具小米地者,金沙江岸之一文平原也。自昔荒而不垦,垦而不治,是苦于无灌溉之水利也。旁有大河,为高岗所阻,流弃于江环地。居民皆无策以导修。李公畅远有鉴及此，于民国丙寅年春，毅然出而创修水利。通高岗，初则木仙架于洞，因砂石膨松，时有崩溃，易于石板，为一劳永逸计。闸大河，初亦下木马，为洪流所激坏。乃延远道技师，为孤注之一掷，大举筑成五级石磴，以为可以永固，年复一年，时有洪水冲石所破坏。是同约集崖瓦村居民完全拆毁，另筑高闸，使沙砾堆埋闸基得以巩固。屈指自丙寅至壬午，历十七年之辛苦经营，始克成功。噫！昔日之一岸荒地，今则变而为膏腴之田。如李公者，可为有裨于后世，有泽于民生也，是不可以不勒石而记其功与德！

杨杰升在《丽江文史资料》中《李畅远略事》记载：李畅远，"生于1877年，出生在书香门第，自幼受到家庭的严格而良好的教育，勤学好问、接受力强，到了青年时期，已具超人的应世学识和胆量，为人淳朴，处事勤俭，反对虚情假意，反对豪华奢侈，而胆识远大，胆略过人是其突出的特点。"年轻时李畅远从商，在大研镇有"继昌和"号商铺，经营山货药材和土杂，后来将生意扩大到缅甸，由于商品对路，讲究商业道德，生意有了很大的发展。资本的积累加上李畅远的知识和胆略，逐步使他走上了向实业发展之路。在"兴丽者在于兴实业"的思想指导下，他先后在甲子办铁厂，在黑水办纸厂，在三道弯牦牛坪办牛场，后来他看中了大具，并买下了小米地两百亩的高粱地。

大具岩窝龙潭，在乾隆《丽江府志略·山川略·水利》中有如此记载：大具龙泉，在城北一百数十里打鼓汛之西，水源甚旺，昔时土官曾于此筑渠，建流水桥，跨越山溪，可灌南岸一带高田，今久废。木氏土司此举在北面的岩窝和南面的小米地中间的岩窝河上留下了一个流传至今的地名"木卢做古"。小米地就是乾隆《丽江府志略》中"大具龙泉"对面的"南岸一带高田"。明代木氏土司为开发小米地，在岩窝与小米地之间的深峡中建造弧形木管，从岩窝龙潭引水至南面高坡小米地灌溉农田。弧形木管是砍伐木材，破成两半、挖通中间修成槽状后，再合拢来，缝隙用糯米汤、石灰和胶粘合，外围再用竹篾藤圈紧后建成流水桥引水。木卢已将水引到了小米地，但因其爆裂而失败，木氏土司开发小米地的愿望，只留下了一个纳西地名。

李畅远实施小米地引水工程建设，吸取昔日土司架设倒虹木管引水失败的教训，立足小米地的实际，抓住岩窝龙潭水位比小米地坝子高的特点，经过细致勘测，采用了在水位比小米地高的岩窝龙潭上筑坝、修塘、集水，再顺着岩窝到剌本的山脚修建水渠，将潭水引至剌本村汇入头台河，再打通营盘巴莎竹与小米地之间大砂梁隧洞，把岩窝龙潭水和头台河水引进小米地。营盘村巴莎竹与小米地之间的大砂梁有三百多米长，李畅远隧道的入口处在现今剌本村大桥边，出口在小米地坝子，呈东南、西北方向。在开挖隧洞的过程中，从隧道勘测、施工到开挖，李畅远凭着丰富的水利工作经验，用面盆、面板当水平仪测绘水平距离，并从鸣音拖良初、洪门一带请来了二三十名挖过金洞、具有挖洞经验的人当技师，带领民工用原始的条锄、板锄、手锤、钎子等工具开挖引水隧洞。为了方便通风、从洞中背砂子出来，加快进度，李畅远采用了两头掘进的方法，隧道每50至60米便开一个天窗。隧洞打通后，为防止水在沙砾中渗漏，水渠底部用石板铺底，两侧用五面石镶边，顶部的岩层松软处还用石板盖顶等方法，将岩窝龙潭水、头台河水引进了小米地。

引水工程结束后曾有人问李畅远用了多少粮食，他风趣地回答：粮食用了多少我记不清楚，倒是辣子面用了四石八斗，记得清清楚楚。一个民办工程，光当作佐料的辣子就用了四石八斗，可知此项工程耗去李畅远资产之巨。据李畅远的族人事后说，李畅远在此项工程中花去李氏家族的银元两万八千多。历时17年，李畅远修通了岩窝至小米地引水工程，木氏土司开发小米的愿望没有实现，但是李畅远做到了，他使小米地的荒土地种上了水稻、玉米、小麦、西瓜、甘蔗、棉花、花生、红薯等农作物，把荒沙地改造成了米粮川。

研究李畅远开发大具热坝的水利思想，从他在岩窝龙潭上筑堤、建塘、修集水的畅远湖，建长渠将畅远湖的水引到剌本村头台大河边，再于头台河中筑石坝立闸，将水引至巴莎竹接纳培良坝子的箭台河水资源，再流进李畅远隧洞的水利工程结构中，你就会看到李畅远的水利才智思想，一是极致体现水往低处流的自然现象，将北岸高坡上的岩窝龙潭水绕过百米高的岩窝河深峡，进入小米地；二是坚持与原住民无争的和谐理念，修建数公里长的沟渠，接纳剌本村岩窝龙潭、头台河、箭台河乃至整个大具坝子，将流进金沙江中去的剩余水资源又引进小米地。李畅远对开发小米地的贡献和他水利思想所呈现出的聪明智慧，得到了岩窝及大具原住民的尊重和敬佩。

弹指一挥间，75年过去了，如今岩窝和小米地合二为一更名为金宏村，原来31户100多人的小村，发展成有160多户600多人的一个大村，土地开发的利用1000多亩，李畅远水利工程已不能满足金宏村社会经济的发展。1972年，金宏村村民在党和国家的大力扶持下，在畅远湖上用直径 12 英寸（约合 30.5 厘米）的钢管，修建了一道 210 米长的倒弧形引水管，把岩窝龙潭的水引进了小米地；1987 年金宏村又在岩窝与小米地之间的深峡中，明代木氏土司"木卢做古"处，修建了一座钢混水泥大桥，并在"木卢做古"的原线路上，建设了一道直径 8 英寸（约合 20.3 厘米）、长 420 米的倒弧形引水管道，两个引水管道基本保证了金宏村的生产生活用水。李畅远引水工程投入使用后，1966 年"9·28"的大具地震，使其引水隧道受损严重，修复后又投入使用。1996 年"2·3"地震，引水隧道受到粉碎性的破坏，修复重建成本大，再加上玉龙雪山雪线后退，头台河、箭台河水量变小，旱季利用头台河、箭台河废弃水资源的消失等因素的影响，李畅远引水工程停止使用。20 年转瞬即逝，李畅远引水工程、李畅远隧道和李畅远的水利思想成了铭刻在大具的不朽历史。

参考文献

［1］祁有光：《李畅远引水隧道》，董学瑞编著：《大具风物志》，云南人民出版社 2017 年版。

［2］和绩真：《岩窝龙潭开发史》，《丽江文史》第 19 辑。

［3］杨树高：《倒峡翻浪自今古》等文，《魅力大具》，云南人民出版社 2011 年版。

纳西族祭天的文化功能及变迁
——以宝山乡吾木村为研究个案

杨鸿荣

祭天，纳西语叫"美布"，是丽江、中甸等地纳西族古老而又最隆重的节庆。民间流传"纳西祭天人"和"纳西以祭天为大"的俗语，充分表明了祭天在纳西民族心目中的重要位置。祭天有春祭和秋祭，并有一套完整的祭天规程和繁杂的仪式。春祭又称为大祭，在春节期间进行，是春节活动的主要内容。

秋祭在七月中旬举行，因而也叫七月祭天。元代李京的《云南志略》记载，纳西族"正月登山祭天，极严洁"。元明清的汉文史书中也有关于纳西族祭天的记载，说明纳西族祭天历史的久远。

据东巴经《祭天·崇邦飒》记载，祭天的由来与纳西族始祖崇仁利恩的传奇神话相关。崇仁利恩和衬红褒白命成婚后，因不懂祭天礼仪，三年没有生育，只好派使者回天上探听求问，才知其缘由。于是举行祭天礼仪，酬谢两位岳祖和母舅，才生了三个儿子（和志武《纳西学论集》）。但孩子长大后又不会说话，两人便再次行大祭天，之后三个儿子才说出三种不同的语言，后形成了藏、纳西、白三个民族，故纳西人认为祭天可以保佑子孙的繁衍、

纳西族祭天仪式现场

族群的强大，由此世代相沿成俗。

纳西族祭天仪式是东巴文化中诸多宗教仪式之一，国内外专家和学者对其有过一些研究和论述，如美国的洛克在《纳西人驱逐使人致病之恶鬼的仪式》(《国家地理》1924年第5期)中有关于纳西族祭天仪式开展形式、内容及禁忌的论述和分析。纳西族学者和志武通过对丽江下长水古许群体之祭天进行调查后，撰文《丽江下长水古许群体之祭天》(《纳西学论文集》)，对该祭天群祭天的神灵崇拜、代表物及其文化渊源和演变，祭天坛和牺牲、祭品、用器，内容和程序进行论述、分析和研究。纳西族学者木丽春对纳西族祭天仪式的历史文化背景、神权价值观、祭天仪规和具物具象内容进行研究和探讨(参见《纳西族文化通史》)。以上专家学者从历史、文化、宗教等方面对纳西族的祭天仪式进行一定的深入研究和探讨，并有了成果。

2011年至2012年,我连续两年对丽江宝山吾木行政村开展的纳西族祭天仪式,进行田野调查、参与、观察,并对祭天仪式主要的组织者李学信(吾木村委会书记)、东巴和茂椿[①]、东巴传承人和继先[②]及村民就吾木村恢复开展纳西族祭天仪式活动的相关情况进行了细致的访谈,运用现场录音、访谈笔记的手段进行记录并整理。经过分析研究,比较分析了吾木村恢复祭天仪式以来,在现代社会情况下,吾木祭天仪式体现的文化内涵、组织形式、社

吾木村鸟瞰

[①] 和茂椿,乳名和育林,法名都日,1936年生,是老东巴和光前之子,自幼随父学习东巴文化知识,16岁开始主持仪式,能主持多种东巴祭仪,还会建房、冶铁、制革、裁缝等多种传统手工技艺。1999年,组织民间东巴创建吾木村东巴传习院,担任首任院长,发动村民恢复传统祭天等东巴仪式活动,2000年到五峰完小任东巴文化课义教老师,2000年至今担任吾木村的祭天东巴。

[②] 和继先,1980年出生于吾木村,小学文化,系东巴世家后裔,能够主持丧葬、祭天等仪式,现任吾木村东巴传习院会计兼秘书长,从事社区传统文化的保护和传承工作,任五峰完小纳西文化课义教老师,同时在家生产传统东巴纸,已生产出多种规格的东巴纸,目前正着手创建传统的东巴造纸坊。

会功能、经济及创建文明、和谐村寨环境等方面，同时对纳西族祭天仪式这一文化的传承存在的问题进行反思。

一、宝山吾木村基本情况

吾木村位于云南省丽江市玉龙县宝山乡境内，距丽江城约120公里，距宝山乡政府13公里，东南与鸣音乡太河、东良村接壤，北与宁蒗县翠依乡翠玉村委会隔江相望，西与宝山乡果乐村相连。吾木地处四面环山的河谷地带，气候干热，年平均气温18—25℃，时令比丽江县城提前两三个月。

吾木村有耕地面积62415亩，人均实有耕地面积约4.6亩。村委会所在地吾木村海拔约2000米。当地有这样一句民谚："美女在塔城，帅哥在俄亚，良田在吾木"，足以说明吾木土壤肥沃，气候温暖，适宜各种粮食作物的种植，是丽江东部的重要产粮区之一。

吾木村民族成分以纳西族为主，其间有不少家族系外来汉族移民与当地纳西族融合而成。据统计，村内现有和、木、唐、李、瞿、刘、陈、蔡、朱、侯九个姓氏。汉族移民不断融合于当地纳西族的同时，汉文化也随着移民携带进来，成为吾木地方文化的组成部分。嘉庆年间，村民集资修建了山神庙，庙中塑有纳西族保护神三多神，以及汉族佛教、道教的地母、马王等神祇，后期加上了魁星像，村内红白二事，既有东巴主持的仪式，也有道士、和尚主持的道场仪式，由此形成了地方传统文化与汉族儒释道等多元文化共荣共生的文化格局。光绪九年（1884），吾木村始建汉文化义学馆，现有碑存于吾木东巴传习院旁和学湛家院内。

在历史上，纳西族氏族群曾分为禾、尤、术、梅四大氏族。现吾木村内氏族中仍保留着四个支系。术氏族有"喂若不"（We

sso bbuq）、"喂若高"（We sso gger）两支系；禾氏族有"枸喂儿"（Gge we jji）、"末伟儿"（Miq we jji）两支；梅氏族有"累不"（Lei bbv）一支；尤氏族有"阿荣"（Al ru）一支。这种四氏族同村的情况在其他纳西族社区较为罕见。①

二、吾木祭天仪式的历史传统及传承

吾木村地处偏僻，处于纳西族传统文化的腹地，以东巴大师辈出、东巴文化兴盛而闻名。一直到1949年以前，村子里一直传承着春节祭天、二月初八祭三多、二月份第一个属蛇的日子祭自然神、六月初一举行"塔补"祭祖、七月给土地除秽，七月半小祭天等传统东巴祭祀仪式，至今其传统根脉仍未断绝，村落的婚嫁、丧葬、岁时节日、人生礼仪、生产生活习俗等传统民俗仍得以较为完整的保留，村中保留有大量古老东巴经书、仪式法器、东巴绘画等珍贵文物，村周围留有金沙江岩画、殉情岩洞、墓葬石雕、古粮仓群、两户同墙，滴水穿堂，地楼建筑群、"化笃"建筑等大量历史文化遗迹。

1950年，宝山解放，祭天等活动中止。

1999年9月9日，和继泉、和茂椿、和福洋、和贵材、和那恒发起并成立吾木东巴传习院。开始时是以会员制的形式开展传习活动，当时以恢复纳西传统文化、传承民族伦理道德为建院宗旨，并恢复开展纳西传统祭天等仪式。

吾木村恢复祭天仪式初期是以东巴文化传习院组织自愿参加的会员，在村内一块空地开展祭天活动，祭天用的烧香炉是从村

---

① 参见和继先、和洁珍：《玉龙县宝山乡吾木文化生态旅游社区调查报告》（2009年）。

民家墙体中找出的先前使用的香炉，祭天用的"补丁"（大猪）由吾木村委会提供，会员每年交五元会费做零星开支。

2011年的祭天活动由开始时的45个会员逐渐发展到现在的111人，祭天场地从村内空地移到村上树林中，建成了祭台约60平方米及各崇窝（家族）围聚饮食、活动场所约400平方米。由于参加祭天仪式的人员大幅增加，祭天用的补丁由村委会提供转变为购买祭献宰杀后将肉分到各崇窝，购买费用由各崇窝分摊。

2012年经过吾木村东巴文化传习院及崇窝商议，祭天仪式的组织由吾木村的七个崇窝轮流组织，由于各崇窝争先恐后，相互协商后决定按崇窝入住吾木先后顺序轮流组织。祭天仪式由负责组织的崇窝聘请东巴、准备祭天用的补丁、鸡、酒、大香等祭品，邀请其他崇窝等祭天相关事宜，而其他崇窝自备祭献用的物品及饮食所需。这一组织形式的转变，是从村委会、协会参与组织，转变为各崇窝自发轮流组织，从而使仪式在组织形式上得到了有效保障，是民族

参加祭天的人们

文化自觉的一种体现，对民族群体仪式文化传承具有非常重要的意义。

三、吾木祭天仪式的内容及过程

2012年1月27日（农历正月初五），中午12时左右，在一阵鞭炮声中，东巴们拿着点好的明子、香及祭祀用品，四个纳西大汉抬着一百六十多斤重的祭牲猪，从吾木传习院出发前往祭天场。

吾木村的祭天场从大年初三就开始组织人员布置了，它安排在离村约两百米处的一片黄栗树林中，入口处临时搭建有进入祭天场的一道门，门两边的两块木板上贴着由东巴和继先书写的对联，横批则悬挂着一块纸板。

进入祭天场内，只见树林中随地势安排着大小不一的围坐场所，打扫得非常干净，每块场地都铺着厚厚的松毛。阳光从茂密的树林中穿透，斑驳地照射在祭天场地，使人眼花缭乱，又感觉到一丝神秘。从远处看整个祭天场，只见炊烟四起，只闻人语、不见人影。来得早的村民已经在忙着杀鸡、砍肉、洗菜、生火，准备着丰盛的餐饮。

祭天坛设在人们休闲场所的最上方，祭台前插着三根点燃的大香柱，一个石头做的香炉冒着缕缕青烟，里面烧着柏树皮、栗树枝。祭台上左右两边各插着一棵栗树，分别代表天父天母和天与地；中间是一棵柏树，代表人皇；还有前排的两棵小栗树，代表崇仁利恩夫妇，都是派专人到高山和岩头去砍伐的，都要放在固定的地方。神树下供着糯米粑粑、香肠、自酿的米酒等供品。村民将扛来祭献给神的活猪和公鸡敬放在祭台中间，祭坛上还插着一根开杈的木桩。

中午12时后,在一片鞭炮声中,祭天仪式开始了,东巴和茂椿、和继先坐在祭台前开始进行"凑数"(chel shul)仪式(清除污秽的仪式),吟诵相关经书。"凑"(chel,污秽或污染之意),"数",纳西话意为"布补"。相传"凑"主要是由各种"此"(鬼,ceeq)传到人间来的,纳西人将这些鬼分为很多类。由于东巴祭司保持着与神灵的联系,掌握着与鬼怪打交道的知识和力量,所以将所有不健康、不吉利的事物通过这一"凑数"仪式打发出去,以祈风调雨顺、老少安康、万事如意。

近一个小时的"凑数"仪式后,主祭东巴安排祭献牲猪、牲鸡,然后东巴开始吟诵《祭天·献牲经》;有些年长者手持燃香,立于祭台侧敬听诵经。东巴和继先将祭于祭台上的公鸡宰杀,将鸡血滴抹在祭台前、树枝等地方,并将宰杀后的鸡头夹在祭台前开杈的木桩上进行敬献;轮着今年主祭的家族中的五六个壮年青

献牲仪式

东巴诵读经书

祭牲后人们祭神祈福

年在祭天台下方一块空地上开始杀祭天牲猪,经过宰杀、刮毛、开膛破肚,东巴将猪的胆囊挂在祭台左边象征的黄栗树男祖先上,猪肾挂在祭台中间象征母舅祖先的柏树上,猪脾脏挂在祭台右边象征女祖先的黄栗树上,宰杀后的猪肉分到各个家族中。①

祭献完祭牲后,各家族成员由本族族长组织,按家族内辈分及年龄大小顺序,每人手持三炷燃香,轮流到祭台前进行祭拜仪式,磕拜时将本炷香分别插在三棵神树前,并许下今年的愿望。一位老东巴立于祭台右面不断地为前来磕拜的人们祝愿:"愿老人健康长寿,愿小孩健康快乐成长,学习进步,年轻有情人终成眷属,做生意的恭喜发财。"整个祭祀场香火旺盛、青烟弥漫,热闹非凡。

祭拜仪式结束后,各个家族成员在铺好松毛的场地准备以烧烤为主的午餐。参加祭天仪式的约280人分别以家族为单位,根据老人、青壮年、妇女、小孩的人数情况,席地而坐,各场地中间摆满糕点、糖果、水果、饮料,现煎的自制饵块、米灌肠,糯米粑粑、自酿白酒等可口食物,有的家族来人比较多,带来在家中杀好的猪进行烧烤,食物非常丰盛。

午餐结束后,各家族老人席地而坐,忆古谈今,怀旧迎新。外出打工的、在外学习的青年也围坐在树林中闲谈、相互交流、问候、祝愿。有些年轻人三五成群地玩"三打一""斗地主"扑克。小孩们则在场地周围嬉戏玩耍,共享节日之乐。

当我们还在侃侃而谈之时,年轻的妇女们已经做好了饭,祭祀活动进入"哈实"(向神灵敬献食物之意)仪式。东巴将煮熟的

---

① 2011年前宰杀牺牲补丁祭献后将猪肉分到各家族食用,2012年春节祭天的牺牲补丁由组织祭天的家族准备,祭献宰杀后自己家族食用,食用不完的分到各家庭,其他家族食品由他们自行承担相应费用。

猪头、猪尾献在祭台上,一时鞭炮齐鸣,东巴开始吟诵《祭天·熟饭经》,参加仪式的村民仍由本族族长带领,手持燃香到祭台前,拿着做好的食物,依次虔诚地祭献在祭台前,祈佑风调雨顺、五谷丰登、六畜兴旺、家庭和睦。东巴立于祭台右面不断地为前来祈福磕拜的人们祈福。

仪式结束后,大家回到各自场地,年轻的妇女已将煮好的火锅抬上来,火锅内煮着猪肉、鸡肉,以及家中自制的豆腐、粉丝等,还有自家种的各种蔬菜,大家杯中斟满美酒,相互祝愿:"迪或本,库市或市比比老老又或(意为大家在新年健康长寿、万事如意之意)。"各个家族代表手拿美酒,走家串户,相互祝愿,其乐融融。夕阳西下,醉意已浓,大家收拾餐具祭品,陆续离开祭天场。剩余的饭菜要集中在家族中一户人家作为聚餐,晚餐后村里组织了打跳活动。打跳结束已是十一点多,祭天活动才宣告结束。

四、吾木村祭天仪式的文化功能与变迁

祭天不仅是东巴文化的重要内容,也是纳西族族群认同的文化表征,历史上一直有"纳西祭天人""纳西以祭天为大"之说。然时过境迁,当下祭天仪式的文化发生了诸多变化。这种文化变迁既有现代化冲击背景下作出的传统再造,也有祭天的主体——民众的文化自觉的自主继承与创新。

从它的组织形式来看,原来的祭天仪式是以家族为单位进行的,不同家族的祭天时间、场地都是不同的,原来参加祭天仪式的主体是以父系世系群家族为单位组成,突出了本家族内部的认同与团结。现在的祭天虽在一定程度上保留了家族祭天的传统,

但已由原来单一家族祭天演变为村内不同家族联合祭天的形式，祭天功能也由强调原来单一家族内部的认同与团结演变为村为单位的认同与团结，从而在使祭天功能单元扩大化的同时，也提升了祭天的文化功能。这种联合祭天在内部保留了不同家族间的良性竞争，同时增强了村落的共同荣誉感。

从经济方面来看，改变了原来共用一头祭天猪的传统做法。原来因经济条件所限，祭祀用的猪传统是由各家族轮流饲养，基本上满足了以家族为单位的祭天所需，20世纪90年代恢复祭天后，由于由原来的以家族为单位的方式改变为村落为单位的集体祭天，七个家族共用一头猪，明显不够用，因每个家族的人数不同，出现了分配祭天猪时的诸多难题，人数少的勉强够用，人数多的只能说是象征性的，好多都要重新杀一头猪。经过改革，现在变成了家族轮流当主值祭天的形式，祭天猪由轮值家族自己承担，其他家族根据内部实际情况进行购买，从而最大限度地照顾了不同家族的实际情况。这种内部改革避免了村内不同家族之间因分配不均带来的隐性矛盾，同时保障了不同家族间的相互监督与激励，从而保证了祭天仪式的可持续。

从祭天禁忌来看，传统的祭天仪式禁止妇女进入祭天场地，也禁止她们听仪式中的诵经；对家族中有不良记录、不轨行为者、得不洁疾病死者家庭、不属于家族的成员都严令禁止参加。在20世纪90年代祭天仪式恢复后，由于时代发生了巨大变化，这些禁忌都不再存在。现在，妇女能够进入祭天场，只是回避从祭天场门内进入；也不再强调外来者与不洁者等苛刻条件。尤其是妇女在祭天过程中扮演了重要的角色，一方面她们承担大量的搬运炊饮用具、食物，生火、做饭等服务工作，另一方面，她们可以听东巴咏诵各种经文，到祭台前磕拜、许愿，接受东巴祭司的祝福。

从社会功能来看，祭天已经超越了强化家族内部认同的单一功能，它在加强村落认同、改变村风、移风易俗、保护生态环境、创建文明和谐村寨等方面发挥着越来越重要的作用。在祭天等传统仪式中，东巴念经，讲述纳西族古老的历史、神话，强调人与自然、人与人、人与社会要和谐共处；全村人在祭台前毕恭毕敬，庄严肃穆，这对参加仪式的年轻人也是一种传统历史教育，使他们从中感受体验到传统的悠久与光荣，从而使民族文化传统得以传承延续；不同家族济济一堂，男女老少其乐融融，形成了一个开放、融合、和谐的文化场。这对提升村落的文化认同感，消除不同家族、不同家庭、不同年龄间的矛盾有着积极的作用。经吾木村委会李学信书记介绍，吾木村没有吸、贩毒人员，没有因违法乱纪而服刑人员，大家遵守国家法律、法规、乡规民约，村委会工作越来越好开展。

五、吾木村祭天存在的问题及思考

吾木村为开展纳西传统东巴文化传承方面作出了积极的贡献，但仍与其他民族文化传承一样，存在文化传承的危机，主要体现在：

（1）地方文化抢救、传承经费困难，无力对一些历史文化遗迹进行有效保护，村内保留着许多富有地方特色的文化遗产，如金沙江岩画、殉情岩洞、墓葬石雕、古粮仓群、两户同墙、滴水穿堂，地楼建筑群、"化笃"建筑，这些珍贵的文化遗产多处于自生自灭的状态，而民间歌舞、工艺技能、口头传统等非物质文化遗产的流失更是触目惊心。

（2）民族文化的相应教学条件、设施落后；新一代人对传统文化的保护意识淡薄。

（3）民间文化传承人和传统技艺传承人的社会地位偏低，缺乏自觉学习传统文化及掌握传统东巴仪式活动知识的传承人。

（4）东巴文化传承危机仍未解除。从祭天仪式看，主要由和茂椿与和继先一老一少主持。和茂椿年事已高，原与他一同主持仪式的另外一个老东巴因中风已不能参加仪式。如果这些老人去世，村内能够主持东巴祭天仪式的只有和继先一人，一个人主持这么庞大的祭天仪式，显然心有余而力不足。

显然，这些问题的解决已经超出了吾木村自身的能力。作为一个典型的纳西族传统村落，传统文化在这里仍能得以传承延续，更多是借助了传统的沉淀以及村内文化精英的文化自觉，虽有外来的一些补助、支持，但仍只是杯水车薪。吾木村的传统文化传承仍在路上，前程仍隐伏着不可预测的艰难险阻，希望能有更多的有识之士、社会力量共同关注、参与，使这一纳西古村落的传统可持续发展下去，毕竟这样典型的纳西古村已为数不多。

浅谈大具民俗

董学瑞

大具位于玉龙雪山北麓金沙江虎跳涧畔，东接鸣音，南与白沙相连，西南隔玉龙雪山与龙蟠毗邻，西与迪庆州香格里拉县三坝乡隔江相望，面积450平方公里。乡政府所在地营盘离县城84公里，到下虎跳峡5公里。辖头台、培良、白麦3个村委会，31个村民小组，2011年底有农户2035户7471人，其中纳西族1420户5758人，占总人口的77%。其中，纳西族人口比例占95%的纳西族村寨就有金江，头台一、二、四、五村，上白麦一、二村，肯配古，新鲜落，里落，上里都一、二村，下里都，卡子一、二村，树底，高寨和补古足等18个村。走进大具的纳西族村寨，那独特的地理环境、悠久的历史和丰富的民族文化会使你眼前一亮。

大具与东巴圣地白地的历史渊源

香格里拉县三坝纳西族自治乡的白地被纳西族誉为东巴圣地，是东巴教的发源地。东巴经记载，玉龙县东部的纳西族从贡嘎岭开始迁徙经楼头（永宁）过白地后，一部分定居在白地，一部分继续往前迁徙，过了金沙江后就定居在金沙江畔美丽的富饶大具坝子里。大具古地名叫"达古""大匦""打鼓"。"大匦"之名存在于北宋建隆元年（960）至南宋宝祐年间的大理国剑川节度前期和大理国成纪镇善巨郡后期，大理国在大具设立大匦寨，那时其在丽江的建置仅有三赕、九赕。大匦寨相当于县级机构，辖今天的大具、大东、鸣音、宝山、奉科及迪庆香格里拉县的哈巴、白地、东坝、洛吉、宁蒗县的拉伯、永宁和四川甘孜州木里县的俄亚、无量河等地。元世祖忽必烈南征大理，从奉科革囊渡江破大匦后，至元十四年（1277）以大匦寨七处设立宝山县，至元十六年升为宝山州。有了稳定的社会秩序，有了良好的社会发展环境，纳西族地区的社会生产力得到了快速发展，东巴教也有了良好的发展空间。东巴教徒中的杰出人物，被后世东巴奉为神明的香格里拉（中甸）三坝乡白地的阿明什罗等人，利用"森究鲁究"东巴象形文字撰写东巴经书，并广泛采集民间的各种古老神话、历史传说、诗歌谚谣，大量吸收汉、藏宗教文化，改造和充实原有的口诵经，编写成系统的东巴经书，传播东巴教，逐渐在纳西族地区广泛流传，形成了以白地阿明什罗为代表的纳西东巴文化，在阿明什罗和众弟子的共同努力下，东巴文字、东巴经书、东巴教有了很大的发展，同时在东巴经书中留下了"大具东巴始祖祭伟勒"的记载。伟勒，是大东巴阿明什罗的徒弟，参与了古老神话、历史传说、诗歌谚谣的采集，并用象形文字把它们撰写成东巴经书，是东巴文化的创始人之一。白地与大具一江之隔，并在相当长的历史时期属大匦和宝山州管辖，至今两地之间开亲成婚之列数不胜数。据对头台里罗片区的送魂路线的考证，头台村委会的里落村是大具最早的纳西族村寨之一，始祖叫伟噶，六百多年前从白地迁到大具定居，是个大东巴。如今，伟噶的后裔已发展到里罗，上里都一、二村，下里都和头台一村等五个村组。他们的送魂路线是从上、下里都送到里罗，再送到岩窝，到里肯撒高吾（金沙江渡口），再到本习寨、勒托丁（两地皆为三坝乡江边村委会），到恩土湾（白地）后，再沿途送回到贡嘎雪山。又如上白麦一、二村，肯配古、新鲜罗、金江等村的纳西族，他们的送魂路线是先送到摆音吾（今鸣音村），再到拉汝、拉白、花衣、住古（今宝山乡境内），过金沙江渡口到恩土湾后，再合为一路送回到贡嘎雪山。血缘、亲缘和共同的宗教信仰，使大具成了东巴文化向丽江发展的重要中转站。东巴文化发源于白地，发展在丽江，与白地一江之隔的大具，是东巴文化向丽江发展壮大的摇篮。

民间木雕和东巴的"文房四宝"

在房屋的建筑装修方面，鹭鸶采莲、鹰立芍药、松鹤同春、喜鹊迎梅、金鸡报晓、孔雀开屏和松竹梅兰为内容的四季博古民间木雕，是纳西族装修三方一照壁房屋六合门的主要内容。大具乡的上下里都、卡子、树底这些村寨，大部分男人都会雕刻四季博古，大具解放前后这些四季博古木雕大部分销售到丽江。

有东巴象形文字和东巴经书，还需要东巴纸、东巴笔、东巴墨、东巴颜料。大具的东巴造纸技术源远流长，在老六区五个乡镇中大具乡生产的东巴纸又被称为"打鼓纸"，这种纸质地厚实，光滑耐磨，且能防腐防蛀。大具的纳西村寨会制作东巴纸的村寨很多，如白麦村的肯配古、岩窝，头台村的上、下里都等村组都会制作。肯配古就是一个古老的东巴造纸村寨，这个村的和圣文（已故）家就是东巴造纸的世家。和圣文的祖上不但是大东巴，还是造东巴纸的行家，世代相传至今已十五代。这祖传家业在二十世纪的六七十年代一度中断，但到八十年代又被第十四代传人和圣文再接香火，他重建作坊、恢复生产。和圣文去世后造纸技术传给了儿子和志国和女儿和志秀。又如上里都村的大东巴和国耀用的东巴纸都是自己制作的。大具东巴墨，取照明用的松明燃烧后集中在上方火罩上的黑烟尘，再用皮革熬制成的明胶拌和，加上牛羊的胆汁后晾干加工制成。东巴颜料采用山中的矿物质和绿色植物，碾碎过滤后熬制而成。竹笔在大具更是随手可得。虽然当时大具交通闭塞物资匮乏，但是自产的"文房四宝"，使东巴们如鱼得水。他们为共同的信仰，共同的崇拜，共同的追求，"手握金鹿送来的竹笔，沐浴百鸟带来的灵感，面对粗糙的树皮，用劳动的智慧，观星月圆曲之势，察兽形鸟迹之象，搏集众美，合而为字"。东巴文化也在大具里落、肯配古、新鲜罗、上白麦、上里都、下里都、卡子、树底、补古足、头台、文都、高寨、金江、岩窝、培当和峨眉之这些纳西族村落中得到迅速发展，到二十世纪的三四十年代，这里出现了"村村有东巴、户户有经书、家家有法器"的盛况，同时，也在老六区形成了以大具、鸣音为核心的一个东巴文化圈。1945年农历三月，在第六区保安队队长杨作霖的组织下，大具、宝山、鸣音、奉科等地的二百五十多个大东巴，在鸣音村举行了规模盛大的超度抗战阵亡将士亡灵的祭祀仪式，仅大具乡参会的东巴就有八十多人，其中弹经班（即纳西古乐）就有二十多人。时年34岁的大具树底村东巴和寿宝参加了祭祀仪式，他在仪式上读经、写经、绘画、扎纸和作东巴舞，特别是不看经书的边诵经、边写经，而且诵和写完全相同的绝技，得到来自各地大东巴的赞叹和好评，于是和寿宝被称为大东巴。大具是一片浸透了东巴文化的土地，仅在近代百多年的历史中，就出过英旦、英高、够黑、嘛塔、增寿、共塔、牛黑、和叔宝、和学增、和修林、尹林森等诸多大东巴，在六区片久负盛名。至今，无论走进哪一个纳西村寨，千年长就的祭天神树无村不有，各个家族的祭天坛无处不有，《创世纪》和东巴神话是孩子成长的摇篮，一日三餐"阿普阿祖·绰"虔诚的祝福至今仍在念颂，东巴经书、东巴神路图、东巴万年历、东巴舞谱、东巴画谱和东巴造纸等文化瑰宝仍在这里广为流传。

祭天仪式中的"鲁补格多树"

祭天是纳西族最大、最隆重的祭祀仪式，每年大具乡的祭天仪式是在正月的初三、初四、初五、初八和七月十四日举行，祭祀内容与其他地方大致相同，不同的是多一个"鲁补格多树"的祭祀仪式。如大具乡头台村委会的卡子村就有一个"鲁补格多树"的祭天仪式。卡子村有104户486人，每年举行祭天仪式都要杀猪，一年杀三头，正月的初五、初八和七月十四等祭日各杀一头，猪由农户轮流喂养。

卡子村的祭天从正月初三开始。初三这天，轮到值祭的村民和村中去年有儿子出生人家的男人，早饭后就来到祭天的地方，清除杂物，烧清香整理祭台，做好祭祀的准备工作。

初四祭天的仪式是"鲁补格多树"。"鲁补格多树"的祭祀含义是，将去年村中出生的"纳若"（纳西儿子）由爷爷抱上，父亲则端上三牲祭品，请上大东巴，走上家族的祭天台。然后爷爷烧燃千年火，父亲点燃万年香，供上三牲祭品，于是，大东巴诵经，小东巴吹号，祈福天上的"母古母阿美"和家族的"阿普阿祖"，保佑"纳若鲁补"快快长大，赐他智慧给他力量，让他长成连翻九十九座大山，连跨七十七条深涧也不知劳累的纳西汉子；长成身负传宗接代、肩扛村落繁荣民族兴旺的顶天立地的纳西汉子。

　　大具是丽江木氏土司出入白地到达其开办在东陆房、俄亚的龙达河银厂的重要中转地之一，同时大具富庶，是宝山州的主要粮食生产地和丽江府的粮仓，又设有州建置，是历代各部落统治阶级的争夺焦点。大具也就成为丽江府东部的兵防要塞。在《古今图书集成·丽江兵制考》中说：大具鹤丽镇把总防汛兵丁一百名，清朝的兵防中，丽江府设十七个汛塘，大具为"打鼓汛，分卡子塘"。《光绪丽江府志》中也有记载："打古汛，鹤丽镇左分防汛外委把总一员，守兵二十名。设卡子塘，系打古汛兵丁分设。"卡子是大具通往丽江的重要关隘卡口之一。有利益，有驻兵，就有战争。乾隆《丽江府志略》中说："天顺四年（1460），刁日卜他同男阿俗，劫掠宝山州，被木钦平定。"木氏十一世知府阿地阿习木钦宦谱中记载："又六年，宝山州白地等处，被蕃贼劫掠，奉文征讨，生擒贼首。"木氏十二世知府阿习阿牙木泰宦谱中记载："成化二十一年（1485），阿加南八侵犯白甸［地］诸寨，亲领兵追击，斩首五级，贼大溃。二十三年，寇又大犯，复整兵鏖战于山哈巴江口（大具金沙江渡口）。"李修在《云南通志》卷五中说："废宝山州，在府治东二百四十五里，洪武十六年建，后因吐蕃出没，被焚。""鏖战""平定""焚""废"，历史文献简单的六个字的记载，道出了当年各民族统治阶级为争夺大具而发生的战争之惨烈。卡子村地势独特，向北居高临下，对大具坝子和香格里拉县的永壳坝子及金沙江渡口一览无余，是最佳的瞭望台，村北面的下方又是有一千多米高、坡度近七十度的陡坡，是一个绝好的天然军事要塞，地理条件、历史原因和民族渊源，派生出祭天内容中独特的"鲁补格多树"祭祀仪式。"鲁补格多树"的祭祀仪式,千年火烧燃万年香缭绕,在悲壮高昂的牛角号声中,充分展示了纳西民族几千年来在生存、发展、壮大历史中的不屈精神。

初五,杀猪,全村男人集中在祭天坛,大祭。

化为礼仪图腾的木、石崇拜

木、石是大具纳西族祭祀礼仪和生活中的图腾。大具但凡东巴做祭祀活动,必找一块洁净的石头代表"东鲁",几根松枝或木牌代表"本色",在祭祀活动中,用祭米撒神石,用牛羊猪鸡四牲鲜血点染神石、松枝、木牌,用人类心目中最尊贵的祭品"三牲"来祭奠祖先。如大具纳西族农户的大门口两旁,家家各竖一石做门神,用"东"来镇鬼辟邪保平安。大具纳西族祭祀祖先的活动与"木"分不开。老人去世时,东巴超荐死者的神主木偶用松枝代表,东巴颂毕超度经后,在松枝上用刀刻划眼、嘴,然后用新麻布包好,放到祖先迁徙过来方向的特定岩洞中。改土归流后,受汉文化的影响,坝区和附近山区的纳西族也在祖房中立祖先牌位,老人去世、东巴超荐死者之后,孝家有几个儿子就做几块木制牌位,书写或刻上逝者的姓名,东巴祭祀之后,好友将其牌位驮负于儿子们肩脖之上,各自背负回家置之阁楼上的祖先牌位旁。

俗话说"纳西美布第",在大具纳西族的祭祀活动中,最大的是"美布"(祭天)。祭天的场所必须生长着古老的大树,头台、峨眉之、卡子、白麦、里落、上里都、下里都等纳西族村寨的祭天场所,都生长着古木。在祭天活动中,黄栗木代表天神天母,竖在祭坛的左右,柏木代表帝王立在中间,柏木后面立一棵小松树,代表将帅和战神。大具纳西族对木、石的崇拜,还反映在其他方面。如祖房的"天柱"（美都）是木；家神箩（素都）中放小圆石代表家神是石；山区农村的进山路口有"呷尼古"，意为安放劳累的地方，过往的行人每人要捡一块石头或采一树枝压在上面，也将一天的劳累安放在这里，久而久之"呷尼古"就形成一个大石堆。以前，纳西族实行火葬，改土归流实行土葬后，在各个家族墓地的后方，都竖一块石头，代表山神，每年春节清明时上坟扫墓，必须先祭山神，然后才祭奠祖先。每年春节的正月初一到初三的清晨，大具纳西族家家都要用"除傩祭"去秽。除傩祭是将三个洁净的河卵石，放进火塘或灶洞中，用洁净的木柴火烧红后，放进一块干净的瓦片中，上面盖上折来的柏树、紫油和松树枝叶，再用净水浇淋，使其激起一股炙热的雾气，主人便端着它从祖房开始，逐一挨二地熏完所有的房间（包括畜圈），用除傩祭熏去去年的秽气，以求新的一年里人畜平安。

民族歌舞

位于金沙江畔的大具，自古以来就是纳西、汉、藏、彝、苗等多民族聚居的经济、文化交融区，居住在此的各个民族自古就喜爱歌舞，是一方被民族歌舞浸透了的热土，被誉为"文化民族、文化之乡"。

这里的每一个村寨都把对历史的缅怀、对幸福的向往、对明天的追求融进了歌舞之中，把歌唱生活、歌唱幸福、歌唱明天当作生活的永远主题。村民在长期的生产劳动和社会实践中，创造了许多内容丰富、形式多样的民间歌舞、民间打跳。营盘村跳麒麟、凤凰舞，头台一、二、四、五村则跳牦牛舞，金江村又跳狮子舞，方圆五里，娱乐却各有春秋。民歌中有家喻户晓、脍炙人口的"游悲""相会调""猎歌",也有叙事和抒情形式的"谷凄""喂玛达",更有集诗、歌、舞为一体的被称为"活着的音乐化石"的"哦热热"。在营盘、金江、培当、头台有弹经班演奏纳西古乐,在大具流传的以葫芦笙、筚篥和笛子为伴奏的舞乐就有72种,还有以大沟头汉族村为代表的"咿约妹"江边小调等,各个民族的文化在大具都得到发展。

麒麟、凤凰是大具营盘村人民的吉祥动物,新春表演麒麟、凤凰舞,以祈求、预示新的一年中吉祥如意、风调雨顺、国泰民安。

流行于大具营盘村的麒麟、凤凰舞是以麟、凤为主的大型民间舞蹈剧目。演员有跳麒麟的二人,一人舞麟头、一人舞麟身,舞凤凰一人,演崴州爸、崴州美的二人,耍云的男女幼童各十人,四方举鱼、蛙灯台灯者四人,舞蹈音乐由锣鼓伴奏,伴奏者六人。表演场地是广场或院坝,表演时在广场或院坝中间摆一张四方桌,观众围在四周观看。麒麟、凤凰舞蹈中所用的道具,如麟头,凤凰、灯道具,全部由专门的艺人用竹子编成,然后糊上纸张后,用不同的颜料绘制上各种图案和花纹即成。流传至今,编制麒麟、凤凰骨架用的竹片改用了铁丝,裱糊麒麟、凤凰外身也不再用纸,而改用布了,云灯以前用自制的蜡烛照明,现在改用电池小灯泡。每年的腊月间,灯会就组织舞蹈人员进行训练,正月初七开灯,正月十五结束。于是每年正月初七的晚上,村中的老年活动中心就会锣鼓齐鸣、华灯齐放、爆竹声声,一年一度的麒麟凤凰舞表演便开始了。

阿普寿星崴州爸、崴州美是麒麟、凤凰舞中的主要配角。他们戴着面具:崴州爸宽宽的脸孔,有一缕雪白的胡子,是一个仁慈的白发老人；崴州美一副慈祥的面孔，穿一身纳西族服饰，身背一个小竹篮。舞蹈中他们以监管各类禽兽的身份出现。与纳西族传说中的管天地日月星辰、自然现象的阿普相同，崴州爸手里提着一根拐杖，拐杖上部是一对龙角并刻上龙须，底部包有一节金属的东西，崴州美身背一个小竹篮，体现纳西族妇女的勤劳与智慧。拐杖人称神杖，用这根神杖可以驱除恶神、帮助善神、保护吉祥的动物。锣鼓敲响后，随着崴州爸的出场，舞蹈开始了。崴州爸和崴州美一方面是配合麒麟、凤凰的表演，同时也保护跳麒麟、凤凰舞蹈人员的安全，因为有些动作，如麒麟、凤凰攀登四方桌时，难度较大且危险；另一方面也起着调节演出气氛的作用。

舞蹈开场，首先是二十个手提云灯的男女童上场，用各种花样动作耍云灯绕场一周后，排成一行邀请麒麟、凤凰登场，彩云南现、麟凤呈祥。

第二场是麒麟独舞。麒麟头部特别大，两只大眼珠，一对角。角上贴一张"丰"字条，颈上戴一个大响铃，麟身粗壮，背上有各种花纹，肚皮底下是长长的黄毛，尾长一尺左右，从头至尾全用麻线绕住，不使演员露面。麒麟上场后，依照伴奏的锣鼓声翩翩起舞，不时摇头张嘴，每走一步铃声咚咚作响，并边舞边拜四方。舞麟头和麟身的两个人，配合紧密步伐紧凑，一前一后、一上一下、左腾右挪的舞步犹如一个整体。扮演麟身的演员力气要特别大，因为表演中他要举着扮演麒麟头部的演员，面向四周观众拜四方，并跳上高八十厘米的四方桌。

第三场凤凰独舞。凤凰全身五彩斑斓，颈长约三尺，可以收缩、上下左右摆动。尾巴和翅膀边缘镶有绿色的绸布，套在演员身上，从舞台的边缘徐徐地边演边接近四方桌，并在崴州爸的帮助下登上四方桌，在四方桌上用各种灵巧的动作向四周观众点头朝拜祝贺，表演结束后又在崴州爸的帮助下走下四方桌。

第四场是麒麟和凤凰同场共舞，这是整场演出的高潮。在这场演出中，麒麟随着剧情的需要，要跳上四方桌，麟头仰面朝天，望着月亮和星星，这就叫麒麟望月。凤凰头部上下左右摆动，张着翅膀徘徊在麒麟身边，展示着麟凤呈祥、国泰民安的意境，反映着纳西人民愿望——风调雨顺，五谷丰登，人民生活一年比一年好。麒麟、凤凰舞在正月初七的晚上演出一场后，人们就会纷纷来邀请灯会去家中跳麒麟、凤凰舞，其间有高龄老人的家庭优先。演出时，邀请演出的家庭为麒麟挂红，包红包。

格故鲁

"格故鲁"是纳西语，译成汉语特指纳西族的火炕。格故鲁火炕高出地面两尺左右，此处的"格"为火炕上边，"故鲁"指的火炕上火塘的里方，位置在神龛的对面或旁边，神龛的两侧只能是老人或是客人坐。格故鲁在纳西人民的生活中占有很高的地位，它集纳西人家做饭取暖、接客待物、饮食议事、休闲就寝、育儿家教等众多功能于一身，是纳西族祖房中最重要的生活设施。

纳西族的祖房多数是平房，祖房一般三间，一侧格故鲁，建格故鲁的一边一般会向前延伸到院坝屋檐滴水的檐槛边，而且祖房中的格故鲁一般都面对大门，格故鲁面对院心的板壁上都有一道梭门窗户，便于男主人观察大门以内的一切动静。格故鲁的大小规格以祖房房间跨度大小来定，建造原则是格故鲁上应够供一家人取暖。建造时取房间中间位置，砌一个约四尺的四方形土基墩作为火塘，墩高一尺八左右。火塘支砌好后，紧靠四方形土墩抖好床架，与火塘紧密连接起来，然后用方批加榫将木围架上固定在祖房的山墙前檐柱和前檐柱上，另两方固定在前京柱和前檐柱上。火塘正前方，是女主人操持家务的地方，一根约五尺高的围墩木架的柱头，旧时在柱头上置一块石板或一个大瓦钵，纳西语叫"米张"，专供照明用。另一个柱头连接一根横木与京柱相接，它在纳西语中叫"摆左"，专用来挂衣物被子。床架的上方铺成牢固的固定铺板，方便人们在格故鲁上活动。

格故鲁上放着神龛，神龛纳西语称"大"。神龛是宽约一米、高约一米五的木柜。底层设抽屉，中间留两扇小门，里面又分二层，上方摆放祖先牌位。神龛固定在格故鲁的山墙角边，正面和上方摆放的祖先牌位的方向，有一个不能改变的规矩，就是只能顺着祖房挂方檩条。神龛门和祖先牌位正对"若妆"，即男主人睡觉的地方，另一侧是女主人休息的床。神龛里通常放有烟、酒、糖、茶、酥油、糌粑之类的食品，其中祖先牌位最为神圣，逢年过节更是香火不断，神龛自身一般不雕龙刻凤，木饰雕刻多为"万不断""串枝莲""万年青"等，牌位两侧会贴"金炉不断千年火 玉盏长明万岁灯"等楹联。建造格故鲁一般要请东巴或村中有名望的人，选一个好日子，修建时要在火塘中央埋一个盛有碎银、茶米之类的用红布裹着的小碗，以预示家中的日子永远红火。火塘的大小直径一尺五左右，周边用薄石板铺平，以便耐磨好打扫卫生。火塘中架铸铁大三脚，大三脚与火塘直径尺寸相称，约重三十斤。旧时有些人家买不起铁铸三脚，就在火塘上安放上三个呈三角形的锅庄石代替铁铸三脚。三脚的安放有一定的规矩，要求一只脚的位置要正对神龛，在这支正对神龛的三角入火塘之处，需设置一个长宽约为三寸见方的小祭台,纳西语中叫"瓦楞补"。

格故鲁火塘中一年四季只能烧"干净"的柴,烧火时,柴头沿妇女做饭操作的一方顺着烧进火塘,柴头必须向着"若妆"。火塘里一天二十四小时要有火,晚上临睡觉前还要埋下柴块,让其不熄灭,以示家庭平安长寿、六畜兴旺、五谷丰登,日子像火一样红红火火。格故鲁的床上,一般铺竹席或毡子,男床是家中爷爷和有权威的男人专座,一般只坐男人,座位论资排辈,小孩可以随便;女床是女人的专座,客随主便。格故鲁是一家人交流生产生活经验,发布家庭号令,商定儿女婚姻大事,处理长辈善后等最庄严的地方。一家人一日三餐都在格故鲁上吃,人多时格故鲁上坐不下,就安排客人、老人、小孩和男人在格故鲁上坐着吃,媳妇和女儿则只能站在地上靠着格故鲁吃饭。格故鲁的做饭操作边正对纳西大灶,相距五六尺,方便家庭主妇照顾两边操作家务。

过去,纳西族以多子多福为荣,所以在婚姻仪式上祝福的吉利话中,最常用、最响亮的祝福语就是:"格故鲁,花勒主古没主又贺!"意思就是愿你们的儿女挤满格故鲁,连小猫都没有坐的地方。格故鲁是纳西族人民寄予人丁兴旺的希望之地。

家人对格故鲁是虔诚的,每天清晨火塘上茶壶里的水开了,罐罐茶煨好了,火炕上的老人做的第一件事,就是向神龛上的祖先牌位上香、敬茶,然后一声"阿普阿祖·绰达绰",向祖先道上虔诚的祝福之后,大家方能进食。

家人对格故鲁是孝顺的,格故鲁上的神龛的两侧只能是家中的老人或是尊贵的客人就座,祭祀祖先纳西族的规矩是"没体思尼绰""没字思尼绰",意思就是要在"没有开始喝茶、没有开始喝酒、没有开始吃饭"时要先敬祖先。就是平常一天三顿饭,第一杯茶、第一盅酒、第一碗饭都要端给老人。

格故鲁是神圣的,格故鲁的火塘边的座位,优先落座的只能是老人、客人;格故鲁的火塘上可以煮肉、做饭,做人们食用的东西,不能做牛、马、猪食;家中的猫可以上格故鲁,狗却不能上。格故鲁是纳西族家庭最为温暖舒适的"星级"宾馆,是纳西族生活、休闲、议事最庄严的地方,更是纳西族儿女健康成长、增长知识、通晓人情世故的摇篮。

石头城的茶马文化

阿 布

宝山石头城地处茶马古道滇川（康）线北支线要冲，是丽江这个茶马重镇的重要组成部分，所以茶马文化也是宝山石头城历史文化的重要组成部分，是祖祖辈辈的宝山人挥之不去的记忆。随着现代交通的出现，茶马古道早已完成了它的历史使命，渐行渐远，但在宝山石头城，茶马文化仍如丝如缕地延续着。

石头城的马

纳西族育马养马、买马卖马和役马的历史，几乎都与石头城有着密切的联系，东巴经典故事《马和献驮马的来历》就产生于此。从纳西先民南徙到此，成为"纳西先民南迁路上的中转站，束尤氏族进入云南的第一个聚居点之一"时起，不论是原始的牧猎为主的阶段，还是定居农牧的阶段，骡马都与石头城的人如影相随、相依相伴。据有关资料，茶马古道时期，特别是"二战"中后期，活跃在滇藏线、滇川线上的马帮，就有十数个规模较大的马帮，如丽江马帮、鹤庆马帮、中甸马帮、永胜马帮、腾冲马帮等。宝山石头城可以说是丽江马的主产地之一，这里出产的骡马，在茶马古道时期曾是北上藏区、南下茶山的马帮洪流中的一部分。丽江马帮中的骡马，有不少就来自宝山，特别是走上滇川线北支线的马帮，即由丽江经宝山、奉科，渡金沙江过永宁、木里而达康定的马帮，大多是规模较小的马帮，而在这些马帮中又以宝山骡马为主力。与上述大马帮不同的是，到了20世纪中后期，随着滇藏公路和川藏公路的通车，大马帮迅速解散；滇川线南支线，即由丽江经金龙铁索桥至永胜到川西南的茶马古道，也随着1982年丽（江）永（胜）公路的通车而成为历史；可北支线所经地区，由于长期不通公路，这些规模较小的马帮仍在山路上踢踏，"山间铃响马帮来"的风景线仍在继续，直至20世纪末。从这个意义上来讲，滇川线茶马古道的北支线与滇藏线茶马古道相比则整整后延了半个世纪。

马是石头城人的好朋友，是不可须臾离开的宝贝。石头城人善待骡马，在它的吃喝住宿上尽量提供舒适的环境、便利的条件；骡马对石头城人极其忠诚。一年四季，石头城人的春播夏锄秋收冬藏，离不开骡马的吃苦耐劳和任劳任怨。骡马是石头城人的坐骑，村里办红事，骡马驮着新娘兴高采烈落夫家；村上的人去世，骡马驮着遗体将其身连同灵魂一道送回祖先居住地。从古到今，石头城人不论日常生活的油盐柴米酱醋茶，还是起房盖屋用的木料土坯、沙石砖块的运输，没有一样离得了骡马；从古到今，石头城人出门远行去求学、去打工、去做生意，没有一样离得了骡马。

20世纪50年代，为了支援西藏平叛，人民政府曾组织了若干个支前马帮队伍，宝山人和其他兄弟民族同胞的马帮一起，又一次走上了滇藏线茶马古道，为祖国边疆的安定团结和经济发展尽了力。

二十世纪的六七十年代，这里产的骡马曾备受祖国内地客商的青睐，因而成为石头城地带又一个养马卖马的辉煌时期。何也？因为这里处处草山草坡，这里的人们又有积累千年的养马经验，骡马膘肥体壮卖相好。更重要的是宝山石头城一带是典型的横断山区，山高谷深，这里的骡马从出生起就练就了一身上得高山、下得深谷的本领。一句话，这里的骡马具备了丽江马几乎所有的优点。所以丽江每年的农历三月和七月两次骡马交流会上，内地的辽西、豫西、大别山乃至华北等地的客商都要大量购买宝山的骡马，届时这里还会出现别处难得一见的情景，那就是宝山人成群结队地赶着骡马去丽江赶交流会，可谓"急忙忙赶着骡马去，美滋滋怀揣钞票归"。

还是这一时期，这里的交通与过去相比也有了一些改变，一是过去的险道逐渐变宽变平，二是从县城到乡政府已通了马车。于是，县里为保障山区人民的物资供应而组织了一个挂靠在县交通局的民间运输社，这个运输社既有骡马又有马车，从县城到乡政府的路段由马车运输，而由乡政府到各个大队的由马帮运输，从而保障了人民群众的物资需求。从茶马古道的历史深处走来宝山骡马，在新的历史时期又为计划经济贡献了力量。

现在，公路已经通到离城不远的地方，金沙江航运已经开始，宝山石头城的交通已大有改观，长途运输已大为方便，但内城和外城的短途运输仍要靠人马驿道，仍要靠宝山人的好朋友骡马。直到今天，骡马仍然是最重要的役畜，打柴驮料要使它，送肥收粮要使它，建房时的沙石水泥等都要用骡马来驮运。据2016年的统计，石头城的骡马约有90匹，其中绝大部分为驯顺的骟马，是石头城人民的得力帮手。

石头城的茶

石头城本不产茶，但这里的人们喜欢喝茶，是茶马古道带给他们这个习惯，是马帮从茶山运来了茶叶。他们同云南的其他少数民族一样，喜欢喝罐罐茶。做法是：在火塘里把水烧开，有的还喜欢烧上一小坨兰坪产的锅盐。把小陶罐子烤烫，然后将粑粑茶（饼茶）放入，焙香，冲入开水，气泡翻滚，吱吱作响。待罐中"风平浪静"即可倒入杯中饮用，过浓则加点开水，有的还喜欢加点烧红的锅盐喝盐茶。

新中国成立后，有一段时间茶叶青黄不接，茶叶这生活必需品断了档，喝惯了茶的石头城的人们只得从山上采来槲类植物的叶子煮了代茶喝，以解燃眉。20世纪60年代末，石头城一带也试种过茶树，终因"水土不服"，只得作罢。

石头城的人

石头城从古到今都是一个地少人多的地方，所以在茶马古道兴盛时期，石头城的男子大多都有闯荡江湖的经历并引以为豪。宝山石头城的人家，多少都有一两匹骡马，他们赶着丽江马，或与人合伙组成丽江马帮，北上藏区、南下茶山，或沿着滇川线北支线，渡金沙、过永宁、走康定。有的人家联合起来"拼帮"跑生意，聊补无盐之炊。李绍清则有15匹骡马组成的马帮，南下下关昆明，北上川康藏，做茶叶和盐巴生意而富甲一方。如还健在的李茂源老人（88岁）、和直勉老人（85岁）、和耀东老人（78岁）等，有的在茶马古道时期跑过马帮，有的在新中国成立后赶过马车，有的是西藏平叛支前马帮的积极分子。

石头城的道

过去，不论是石头城内的村道还是出村的大道，或土路，或石板路，或在基岩上稍加敲凿而成的路，一是基本都不设台阶，二是铺的石板不求整齐，都考虑了马帮行走特别是负重马帮行走

石头城高低不平的街道

的需要，石头城里村道上不时出现的马蹄窝，清晰地记录着茶马古道这一远去了的历史，而近数十年来的路面硬化和敷设台阶主要是考虑了人的需要，特别是游客的需要，这样一来，虽然方便了骡马的主人们和游客们，却苦了石头城的骡马们。

石头城的梯田文化和仙人掌文化

杨金山

梯田文化是宝山石头城一道亮丽的风景线。人们把家园建在巨石上,把生活开垦到了巨石之外的土地上。他们不畏艰险,运用当地现成的石头,修筑石级梯田,从峡谷深处层层修筑,直达距河谷两三千米的高坡。有了这些错落有致的梯田,才使得宝山石头城周围这一片本来贫瘠的土地变成了冬春绿油油、夏秋金灿

远眺宝山石头城的梯田

灿的米粮仓。这里的地形地貌可以说是坡度大、石头多、土壤少、肥力低，石头城人民就是利用智慧的头脑和勤劳的双手垒造梯田，兴建水利，种植水稻、小麦、玉米等，形成层层梯田环绕着巨石。5月麦熟，10月稻黄，金黄的麦海稻浪托举着巨轮般的石城，是宝山石头城最美的季节。

请看宝山石头城富有地方特色的梯田文化三部曲：

整地。这里多的是石头，少的是土壤，他们把大石头用来筑坝垒埂，小石头用来垫底平地，实在用不了的就一篮篮背出去，又从远处背来一篮篮生土熟土倒到地里，土层厚达三四十厘米，薄的也有二十几厘米。

肥田。为了增加梯田的肥力，石头城的人们主要以三种方式肥田。一是从山上的树林里扒来腐殖土和树叶改土肥田；二是利用家养牲畜粪便肥田；第三种方式也许是石头城独有的——有连片土地人家干脆把畜厩建在地旁，颇似北方产煤区建的坑口电站，就地积肥就地施用。不怕被人盗走牲畜吗？不必担心，因为这里的人们古风犹存，路不拾遗。

理渠。最让人叫绝的是石头城梯田的灌溉系统。要种庄稼就要灌溉。在许多地方，梯田的灌溉是根据水满则溢的道理上满下流，一丘田灌满了，水再自流到下一丘。这种灌溉方式有利有弊。好处是既省了工又省了灌渠，但弊端也不少。一是费时——上一丘田灌不满，水就流不到下一丘田，如果田块有渗漏就更费时，在水量大的地方尤其不划算；二是水肥流失——上满下流时，自然就有水肥的向下流失，特别是一坡梯田级数较多时，愈是上边的流失愈多；三是造成庄稼的产量和成熟期的差异——由于水肥流失，愈是上边的田块产量愈低，愈是上边的田块成熟期愈延后，最下边田块的庄稼已是籽粒饱满，谦虚地低下了头，最上边田块的庄稼还在高傲地挺立着。宝山石头城明沟暗渠式的灌溉系统巧妙地解决了这些问题，人们修的明渠在田边从上面延伸而下，直达最低的田块，在每一丘田边都留有水口，水量大时多丘田可同时灌溉，水量小时可你先我后而又互不干扰地灌溉。

石头城的耕地也是寸土寸金，为了增加耕地和便于耕作，暗渠应运而生——坡度较大的地方，在上一丘田旁往深处用石头修上斜坡暗渠直通下一丘田的水口，盖上石板盖上土，这样，既方便了上一丘田的耕作和节约了耕地，又不影响下一丘田的灌溉，可谓一举两得，这种暗渠还有宝山才有的纳西语名——活口。

宝山石头城梯田和红河哈尼梯田（已于2013年6月22日在第37届世界遗产大会上列入世界遗产名录）都是梯田文化景观，二者都是同一个藏缅语族的人民"雕琢"而成的山水田园风景画，都已有一千多年的悠久历史，直到今天还在为民族的生息繁衍做着贡献，但二者又各有特点、各具风采。

哈尼梯田以水作为主，宝山梯田以旱作为主。

哈尼梯田是以土文化为主要特征，宝山梯田是以石文化为主要特征。

哈尼梯田是满坡梯田，规模宏大，宝山梯田则是见缝插针，规模和田块都小，前者是大家闺秀，后者是小家碧玉。

哈尼梯田是温热湿润气候环境下哈尼人民的杰作，宝山梯田是干热河谷气候环境下纳西人民的杰作。

哈尼梯田的灌溉系统主要是明渠和上满下流，宝山梯田的灌溉系统是明渠暗沟兼备，田块独立灌溉，互不影响。

宝山梯田，养育了宝山人，成就了宝山人。

俗话说一方水土养一方人，说的是一个地方的自然养育了这个地方的人们，仙人掌之于宝山人的关系尤其是这样。

仙人掌是石头城一带的优势植物，有的地方是一株株一丛丛，星星点点，有的地方是一坡坡一片片，蔚为壮观。它装点着山坡沟谷，装点着田园村舍，是石头城的重要景观，也是宝山人养猪的饲料来源之一。就其秉性来说，且不说只要有立锥之地，它就能够生长，只要有极少的水分，它就能茁壮成长，也不说它的造型之美和昙花一现之美，更不说它的保水固土，它那坚韧不拔的性格，耐旱耐贫的习性，只求奉献不求索取的精神，是宝山人性格习性和精神的真实写照。

仙人掌对宝山人的奉献和宝山人的仙人掌情结还不止这些。

仙人掌是药。仙人掌有多种药效，宝山人有病离不开它，比如患了腮腺炎，用石头把它捣成浆敷在腮边就可以痊愈。支气管哮喘，可去皮去刺，水煎后加蜂蜜而服。有了创伤，就用它胶状的分泌物敷上，止痛止血生肌，胃出血时用它冲服也能迅速止血。

仙人掌是漆。纳西族是一个爱美会美的民族，即使在生活困苦的年代也在寻找美创造美。过去，宝山人用仙人掌搽拭过的建筑和家具，就像上了清光漆。办教育制黑板，把烟炱和仙人掌的浆搅和后搽木板，黑板又黑又亮。

仙人掌是兵。石头城的三面是悬崖，立着或挂着一丛丛的仙人掌，让匪盗或望而却步，或如芒刺在背。在石头城的保卫战中，仙人掌是障碍鹿砦，阻滞了敌人的进攻，黑夜乃至月夜里，仙人掌影影绰绰成疑兵，竟让敌人不敢贸然攻城。

仙人掌是救命粮。仙人果可是个好东西，成熟了，既可去皮食用，也可熬糖。青黄不接的时节又是牲口的好饲料。在宝山人一千多年的生存繁衍历史中有过多次饥荒，还是靠仙人掌的蛋白质、维生素、卡路里救了命、度了荒。

石头城的种子文化

木文川　杨金山

种子是生命的开始和延续。农耕文明始于先祖农人对种子的驯化和栽种，种子的多样性意味着多样性的生命和多样性的选择。这是人类共同的生物文化遗产和财富，也是人类面向未来推动创新和应对外部变化的立足点和重要基础。

云南素以"植物王国"而享誉世界，以丰富的生物和民族多样性、生态文化景观的多样性和珍贵的生物文化遗产为特色，宝山石头城的种子文化是其中之一。

石头城海拔1720米，周边山高谷深，最高是太子关主峰，海拔3505米，最低是金沙江水面，海拔1504米，气候属亚热带干热河谷气候，年温差小，日温差大。森林主要分布在2700米以上的山地，森林覆盖率约38%，主要树种有云南松、云杉、冷杉、红豆杉等，常见的动物有猴子、野猪、林麝、斑羚、小熊猫、雉、穿山甲等。耕地坡度在36度以上，有梯田1026亩、旱地96亩，人均耕地1.26亩，主产水稻、小麦、玉米、高粱、黄豆、蚕豆等农作物。

石头城这个纳西族的古老家园由6个村民小组组成，生活着220户纳西家庭，有一个传承近1400年的梯田和灌溉系统，20多种主粮作物和180余种地方作物及野生近缘品种,是一个生物多样性热区。

2000年起,中国科学院农业政策研究中心和行动研究小组以广西为起点,在西南三省开始尝试一项"非主流"发展模式的探索,从小农生产者生计发展视角对农民种子系统进行分析及研究,并以参与式选育种(PPB)的互补合作模式,打破了农家种子资源和公共育种机构技术研究的真空状态。就地选育当地品种资源,同时,也保护着提供品种茁壮生长的生态圈,与天然种子银行和科学家种子银行互为补充,相得益彰。

2013年12月,参与式项目组在石头城组织了一次国际交流研讨会,在石头城的传统农耕文化系统面前,本着就地种子选育和知识共享的有效机制,保护农民的种子权益并维护国家的种子主权为目标,北京梁漱溟乡村建设中心、中国科学院农业政策研究中心和第三世界网络达成了合作共识,发起了全国农民就地种子选育和共享网络——农民种子网络。这几年,随着农户对多样性认识的提高,已开始自觉地收集、保存当地农作物老品种,进行品种资源收集登记,记录并保存地方遗传资源,为以后的开发利用做好记录创造条件。

2014年,始于2005年广西PPB项目的成果——玉米桂糯2006杂交品种进入宝山石头城,经过数十次的田间交流指导,石头城的农民育种家迅速成长并取得了喜人的成绩。首位参与合作的农民育种家张秀云试种秘鲁引进的两个品种,父本总产量23.5市斤,母本总产量4.7市斤,杂交种总产量25.2市斤。

2015年,桂糯2006杂交品种的制种人由一名扩展为四名,均为女性,玉米PPB试验则大幅增至六个方面:

（1）桂糯 2006 制种 2015 年杂交种总产量 154.4 市斤；（2）桂糯 2006 提纯复壮；（3）四项历时五年的玉米品种改良试验；（4）2015 年桂糯 2006 亲本繁殖，父本和母本总产量分别为 61.4 市斤和 84 市斤；（5）四项适应性繁种；（6）八项适应性鉴定。

2015 年，一是为了保持濒临消失的本地黄豆品种和选择适合当地的品种，农民种子网络在五个项目社区进行了黄豆地方品种的就地保持和参与式选种试验，为了使试验效益最大化，鉴定各参与试验品种的地方适应性、经济性状、增产潜力、稳产性、抗逆性以及其他重要品种特性，石头城的两名负责人在海拔相差 300 米的田块里进行 31 个品种的适应性试验。二是尝试反季种植桂糯 2006 杂交玉米已经获得成功。三是于当年 9 月将传统玉米种子向农民种子网络和国际山地原住民网络交流会推出。四是李瑞珍登记了石头城社区资源登记表 2 份，张秀云登记了母牛科社区资源登记表 8 份。

2016 年 5 月，宝山石头城种子银行展示正式建成，种子银行展示设在宝山州府，有 7 个展柜，分门别类地陈列着石头城老品种、石头城老菜种、石头城中草药、丽江本地植物、PPB 试验品种、参与式品种选择（PVS）黄豆品种、种子网络交换展示的品种，总计 108 个品种，包括石头城的水稻、玉米、高粱、南瓜、黄瓜等本地品种 69 个、PVS 黄豆试验品种 22 个和 PPB 试验品种 17 个。另外，种子银行还展示着中国科学院昆明植物研究所丽江高山植物园布置的"玉龙雪山植物垂直分布概况图"，分设一个丽江本地植物的展柜，陈列着 25 个本地植物品种。

石头城行记
——记玉龙县2016年"千年古寨 灵毓宝山"石头城采风活动

和凤琼

有人说,爱上一座城,是因为城里住着一个人。石头城不是城,而是一块天然的大石头,石头城里住着的不是一个人,而是108户纳西人家。而我们爱上这座城,是起源于纳西族祖先赐予我们的血脉缘分。

缘分就像天空上的云朵,距离再远,若注定相遇,便会相逢。2016年7月,我陪同云南大学的一位教授到石头城考察,这是我第五次到石头城。

7月的石头城,隐藏在群山的怀抱中,聚集着从纯净的天空中倾洒下来的太阳的火焰,分外炎热。晚上,我们坐在和志刚家的院子里,谈论着关于我们祖先几千年来留下的足迹与记忆。满天的星星在头顶闪烁,清脆的蝉鸣响彻了整个山谷,教授是一个极易动情于美妙山水的人,再加上被纯朴的民风所感动,文人之气随之而发,真情外露,与村民们言谈甚欢。我们也被教授的激情感染,于是谈起了我们丽江的作家,谈起作品,谈着谈着,在座的和峰乡长就聊起了丽江诗人鲁若迪基,还背诵起他那首关于1958年的诗。乡长说,他读过鲁若迪基的诗,却没见过他的人。一时兴起,我说,等石头城下满坡的苞谷丰收的时候,我组织一次采风活动。乡长一听,也激动起来,说这么奇特的石头城,如果能有丽江文人来看一看,写一写,一定会被更多的人所知晓。就这样,我们定下了宝山石头城的十月之约。

一路歌做伴

金秋十月,是丽江最美的季节,碧空如洗,秋水如练,层林尽染。这样的季节,所有沉睡的激情都会激奋起来。

经过两个多月的积极筹备,我们的石头城之约在如诗如画的深秋终于成行。

2016年10月27日八点半,我们从丽江县城出发,四十位丽江最具有代表性的文学界人士,其中有国家空政歌舞团一级演员、中国戏剧协会会员、中国音乐家协会会员、中国音乐家协会合唱联盟领事、纳西族著名歌唱家孙少兰,云南省作家协会副主席、市文联党组书记、著名诗人鲁若迪基,省作家协会会员、丽江市社科联主席和文平,丽江市文联副主席、丽江市音乐家协会主席李承翰,丽江师专副校长和克纯,省作协理事、市作协秘书长陈洪金,国家一级作曲家、玉龙县音乐舞蹈协会会长、丽江市民间艺人学会会长和文光,丽江多元文化开发促进会常务副会长、作家章丽生,丽江边屯文化研究会理事、著名摄影家、作家罗开华,中国文学艺术评论家协会会员、中国比较文学学会会员、中国少数民族文学学会会员、丽江师专教授周文英,省作协会员、诗人、《丽江日报》旅游周刊主任编辑赵晓梅,还有丽江《壹读》杂志社的编辑木祥、何顺学、李惠文,以及丽江市、县作家协会的会员等。我们分坐在三辆中巴车上,带着秋天的激情,带着向往,向着秋色正浓的玉龙雪山,向着神往的石头城挺进。

玉龙雪山在我们的正前方,一抬眼,那神圣的晶莹便屹立眼前。山顶上有一层浓云笼罩着,虽然少了丽江秋天那一抹鲜翠欲滴的蓝,但大家的心情却分外怡然,因为玉龙雪山已经消瘦了很长的时间,山上要下雪了,那是自然神的恩赐。

我跟鲁若迪基、和文平、陈洪金等市里的几位著名作家诗人同坐一辆车,大家都是非常洒脱的性情中人,再加上多才多艺且随处都可成为舞台的和文光老师,整个车厢里都洋溢着热闹的气氛。有人提议,这么美的一段旅程,不能没有歌声,于是,大家提议唱歌,由和文光老师担任主持,车载话筒依次在每个人的手中传递,大家唱云南民歌,也唱纳西族的调子,有人唱雄壮的军歌,也有温婉的情歌。李承翰老师既是诗人也是纳西族有名的歌手,提起他的艺名"人狼格",可谓无人不知、无人不爱。和文平、鲁若迪基、陈洪金都是闻名丽江的青年才俊,多才多艺,他们或深情或幽默或激昂的歌声,伴随着一路的秋色。

不觉已至玉龙雪山下,绕过蓝月谷,弯弯曲曲的山路上,居然飘起了一层雾,飘浮的雾笼罩着远处的山,近处路边的木楞子房,飘飘渺渺中,一切都变得很虚幻。雾笼罩着前方的路,只能见到五米远的距离,气氛有一小点紧张,开车的师傅是石头城人,人很开朗,他笑着说,不用担心,这样的山路自己走了很多。他还说他刚刚参加了市里的开车技术竞赛,得了一等奖,我们都对他竖起了大拇指。

这样的情景下，很容易让人想起往事，尤其是路边原生态的木楞子房，让我们的思绪回到了很久以前。陈洪金向来以幽默著称，当大家都沉浸在回忆中的时候，他浑厚的男中音悠悠在车厢里响起……

大家恍然大悟，他是在用永胜方言来朗诵鲁若迪基的诗，他那浓浓的乡音逗乐了大家，受他的启发，和文光老师也将这首诗翻译成了纳西语，一人汉语，一人永胜方言，一人纳西语，南腔北调，在哈哈大笑之余，不由得感慨我们美丽中国文化之博大，各地语言之丰富。

过了鸣音镇，公路就变得分外狭窄，四面高山耸立，山下沟壑纵深，偶见路下几户人家，将木房建于山坡之上，四周梯田叠叠层层，看着就像一幅张扬着曲线的风景画，但想想那披着羊皮披肩的女主人，要将架着庄稼的沉重的背架，一步一步，背上山坡上的家，不知会有多艰辛，心中便涌上无法抑制的悲悯。

因为山路弯弯，再加上正在修路，或有车在狭路相逢，阻碍了我们的行程，到宝山乡政府的时候，已经是12点过，大家都已饥肠辘辘。幸好一路上，都有秋景相随，心情还是怡然。路过村庄时，见有农人赶着牲口，背着成熟的庄稼走在路边，大家都是从农村出来的人，这样的情景总能勾起一些隐藏在内心深处许久未开启的温暖，沉浸在儿时的时光，便忘了时间，忘了饥饿。

下午一点半，车子绕过山梁，一条碧蓝的河从两座高山之间冲了出来，像一根玉带飘在了群山之底。

宝山石头城，这个大家一直向往着的目的地，这个在我们的祖先最早居住的地方，这个被称为"鲁盘坞"的神奇的村寨，这个在我的祖母口中演绎过无数传奇的古堡，终于呈现在了我们面前。

鲁盘坞,像一只巨鹰,静立于群山万仞之间,守护着千年的光阴。

千年古炮台与千年石寨

我们采风团的成员,加上玉龙县歌舞团的演员,近六十人,而石头城里吃住条件有限,我们就分在三户农家里吃午饭。坐在石头城旁的农家小院,望着对面的千年巨石,感受着从西面的山梁上吹下来的风,吃着农家自产的菜肴,大家只觉得这是天下第一的美餐。

匆匆吃了午饭,大家便开始参观石头城。

宝山石头城,纳西语叫"拉伯鲁盘坞","拉伯"为宝山古称,"鲁盘坞"为白石寨。宝山石头城,被誉为"危岩上的城堡",是一个极具历史文化价值和奇特地质地貌的古村落,"百户人家一石头"是石头城最鲜明的特征。

石头城颠覆了我们关于城的理念,这是一座借助大自然的鬼斧神工,融合了纳西先民无上智慧的奇特之城。虽号称城,其实只是建造于石头上的一个古老的纳西族村寨。石头城分为内城与外城,内城为居住于巨石之上的村庄,外城为新城,随着城内人口的增多,城里已经住不下,就有部分村民分家时搬迁到城外,慢慢形成现在的外城。

石头城位于四面环山的河谷中,东面为蜿蜒曲折的进村之路,因为地势陡峭,很难找到一块平地,几年前,车子只能通到石头城上面两三公里的地方,从下车到城里,还要走很长的路。如果行李带得多了,自己无法运到村里,只能请石头城里的老乡用马驮,然虽空身而行,依然走得气喘吁吁。现在,车子已经直接到达离村寨只有几百米远的地方，下了车，下一段坡，便到了外城，走过门前有小河流水、院内有鸡鸣狗吠的几户农家，石头城的大门便显现出来。自古华山一条路，而要进入石头城，只有一道门。

有人说，只要进入石头城，所有的东西都是石头做的，除了人和牲畜。一到城门，这里充满了灵气的石头便开始跟我们对话。门口有一排长条石，时值午休，村里的老人正坐于大树下的条石上，老人们都穿戴着传统的纳西族服饰，白发苍苍的老祖母裹着灰黑色的头布，耳朵上坠着从祖上传承下来的翠绿色的玉耳环，在初秋的阳光下闪着隐隐的光泽。老祖父们背靠着石头，抽着长长的烟锅，一张张慈祥的脸在阵阵的青烟中隐隐现现。这样的情景，总能勾起我们幼时的记忆。我记得，在二十世纪七八十年代，在我的家乡，也有这样一群老人，他们坐在村口，话着家常。现在，村口的老人都已做了古，正在渐老的村人，再也没有谁坐在村口，也很少有人披着七星羊披，穿着灰色的长衫。看着如此温暖的一幅画，大家开始拿出相机开始拍照。在离城门最近的地方，我见到一位老妇人，她已经很老了，远离着伙伴，自己一个人睡在条石上，闭着眼睛，神情安宁。我走过去，拍了一张相片，按动快门的声音，惊扰了她，她见到我将镜头对准她，朝着我们直摆手说不要拍她。虽然不忍心让如此美丽的画面就这样消失，更不忍惊扰她，我便将镜头对准了石门。

石头城只有东面和西面两道门，东面的门是从石壁上开凿而成的，面朝南方。左面是一堵悬崖，岩石上长着巨大的仙人掌和冲天的刺蓬。右面为悬崖峭壁，别说是人，连猴子都上不去，进了石门，便是石寨。村寨依石而建，东低西高，西边如高昂之头,东边如镇守之尾,头迎东山日,尾连长江水。村里只有一条狭窄的石板路穿村而过,从入口到村尾,都是下坡路。进了城门,因为石路狭窄,大家就分批行动,有些人往下走,有些人则往上爬。

当我逗留在门前拍照的时候,有些行动迅速的年轻人已经爬到了炮台,正兴奋地朝着我们挥手。我跟着乡文化站的和春林站长向着城顶爬上去,他是石头城的人,熟知这里的一草一木,一砖一瓦,一路上都在关照我们。我记得我第一次来石头城是在2003年,那时我还在妇联工作,石板路两边都是石头房子,没有任何现代建筑的痕迹,排污是石头城的一大难题,路边流淌着畜圈里排出的粪水,有一股非常浓烈的刺鼻味道。现在,石头房子经过改造,已经修成了好几家客栈,路上已经装上了排污管道,变得整洁干净,却也少了十多年前那一种古朴的感觉。

从石头城门到炮台,只有近百米的坡路,当我们爬到上面的时候,已经有好多人在上面。炮台位于巨石的正头顶,除了一个出口,四面被土石砌成了约一米高的城墙,站在墙脚的台阶上,四周的情况一目了然。石头城的地势真可谓大自然的鬼斧神工刻意雕琢而成。石头城所在的这块天然巨石,从众山怀抱的河谷中突兀而出,南面为通往宝山州府至丽江之路,山山相连,北面为闻名丽江的太子关,古时有民谣称:"拉伯太子关,伸手摸着天,鸟飞十八天,人走三个月,猴子爬坡淌眼泪",足见太子关的险峻。东面是雄伟高大的阿祖山,阿祖意为祖母,从炮台上望去,阿祖山静立于江对岸,山体伟岸、庄重而包容,就像我们那端坐于古屋中的老祖母,依偎于她的怀抱,让我们感受到无比的安宁和温暖。我想,正因为有了太子关的险峻,阿祖山的庇护,石头城才能在几千年的历史沧桑中毫发无损，风貌依旧。

炮台上的朋友们已经沉浸在一个远离着城市、穿越回历史的世界里。正值青春年少的和剑猛、和嘉胤、李志文等几个小伙子，他们站在城墙边，从城墙上望着远处，眼里带着惊奇，洋溢着冲动神情的脸庞，透露着他们正在穿越回某场战争时的激荡……看着他们，我的眼前突然出现了这样一个场景：一阵尖锐的牛角号响起，铺天盖地的吼叫声从四面八方传来，无数骑着马的土匪从山上风驰而至，马蹄踏过地里的庄稼，跨过篱笆，朝着石头城冲过来。城墙上，几十个汉子，手里拿着弩弓，脚下堆满了从江边背上来的鹅卵石，他们的眼里燃烧着仇恨的火焰，也交织着捍卫家园的视死如归之心。马蹄声越来越近，土匪们凶悍的脸已经清晰可见，城墙上的勇士，他们的心悬了起来，一场生死之战即将开始……

收回心绪，我独行于这几百平方米的炮台，记载着峥嵘岁月的炮台，每一寸地都是一段历史，从炮台上往下看，每一个角度都能延伸出一个故事。鲁若迪基、和文平、李承翰、陈洪金、木祥、何顺学，他们是丽江优秀的作家，是一群用心感受着生活，用不一样的情感在感怀着历史的人。他们远离着同伴，独自站在炮台上，向远处观望着。十月的风，拂过他们深思的脸，也拂过他们平静的心，想必在思绪里掀起了巨大的波浪。采风回来后，陈洪金传给我一首名为《半空中的太子关或者追忆》的诗，在诗中写下了他当时的心情：

  我试图忘记历史和现实之间的距离／我试图忘记故土与异乡之间的差距／我试图忘记壮士与少女之间的爱情／我试

图忘记远去与归来之间的年轮/我试图忘记清水与刀锋之间的对抗/我试图忘记荣耀与屈辱之间的判词/太子关在一个正午让我的内心巨流滔天

"为什么要在这块大石头上建立家园?"尽管这个问题已经被无数人猜想或者问起,但我们还是忍不住再一次问了。

"大家看看四周的山,我们纳西族先民最早来到这里的时候,四周的山上森林茂密,无数的野兽在林里出没,如果没有这块大石头,人早就被野兽撕吃了,更不用说养牲畜。所以,据考证,最初将山寨建在这里是为了防止野兽,到了后来,野兽渐渐少了,土匪却来村里打劫,附近的几个村寨都深受其害。土匪杀人放火,无恶不作,乡亲们都闻之变色。听到土匪来了,大家只能逃到山上,家里被土匪抢劫一空。只有这个石头城上的几户人家,三面都是绝壁,土匪上不来,大家守着唯一的城门,用箭射,用石头砸,土匪进不到村里,只好空手而回。"……同行的和春林站长向我们讲述着石头城的历史。

大家一边听着和春林站长的讲解,一边向下走去。

从炮台下来,就是一路下坡,石头城的空间非常有限,108户人家全都依石而建,户户相连。也没有多余的空间建造房屋,纳西先民就充分发挥自己的聪明才智,将一块石头的作用发挥到了极致,他们砸石建石房、石灶、石锅、石瓢、石碗,还砸了石床,也建了石磨,开出了石路。

走进了石头城,等于走进了一个石头的世界。

走在石路上,随时可见石头城的老乡,他们或背着粮架,或牵着牛马,因路狭窄,我们便紧贴着石墙,让老乡们先过。偶见几位老年人，女的穿着老式的纳西服装，头上裹着头布，男的腰上别着长长的烟袋，见到我们都露出笑脸，还热情地向我们问好，让我们到家里坐。老人们的笑脸映衬着石头城千年的灵韵，我们不停地感受着来自灵魂的震颤，大家不停地按动着手中相机的快门，却没有谁能够将那一瞬间的感觉留住。

"谁家在酿酒？"巷子里，飘出了一阵诱人的酒香，毫无预警地勾出了我们的欲望。对酒"敏感"的几位文友，已经忍不住四处张望。

"进来坐吧，远方来的朋友。"热情的男主人已经打开了房门。院子里，高高的酒甑子里正冒出腾腾的热气，刚刚蒸出来的苞谷酒顺着竹管滴进了酒罐里，香气四溢。主人倒了满满的一碗酒递给我们，大家尝了一口，只觉着一阵醇香从舌尖一路滑到了胃里，每个毛孔都舒展开了。

"好酒！好酒！"善于品酒的同伴已经大声地赞了起来。

"我们酿酒用的都是本地的老品种苞谷，蒸出来的酒香，喝多了也不伤身体。"男主人显得非常高兴，他自豪地诉说着，脸红扑扑的，想必自己先尝了头酒。

谢过主人，我们继续顺着石路往下走。大家一路听和春林站长的讲说，一边惊奇地看着一座座造型各异的房屋，还有小院子里正悠闲散步的家禽，大家的相机里已经装满了各种各样奇形怪状的东西。和春林站长说石头城里还基本上保留着古时流传下来的习俗，纳西先民因敬畏神灵、敬畏自然、敬畏祖先而衍生出来的一整套礼数，都依然烙印在每一位居民的心里，所以这里的民风极为纯朴，人与人之间的情感极为浓郁。

一路下坡，我们便走到了巨石之尾。穿过巷子的拐角，阿祖山便突兀地出现在我们眼前，那么近，那么高大。那孕育了云贵高原的长江，静静地，依偎着阿祖山，在我们的脚下滚滚向南奔流而去。山脚下，层层的梯田，从村子一直延伸到江边，土地是红褐色的，地里的玉米、稻谷，却一片金黄，映衬着蓝天、碧水、青山，一幅绝美的人间仙境图就这样一下子在我们的眼前展开。

站在观景台上，十月的江风从脸颊上吹过，在耳边沙沙作响。忽然间，我眼前出现了铺天盖地的猎猎战旗。这一片宁静的土地，曾经也是一个古战场。公元1253年忽必烈率军南下，横渡金沙江，驻扎在石头城，然后一路南下，完成了讨伐西南平定大理国的伟业。金戈铁马，从这一片长满了金黄色庄稼的土地上踏过，来到江边。历史沉浮，有人功成名就，有人尸骨无存，在漫长的岁月中已经化作尘埃，而因这段历史留下的太子关等地名的由来，"元跨革囊"的典故依然在此千年流传。

这一路走来，石头城里居住的人家，因现代文明的不断入侵，房子的布局、建造房屋的材料都有很大改变，许多就地而砸就的石具，因笨重而逐渐被其他轻便的工具所替代。甚至于石屋，也渐渐改变了原来的模样。一路上，大家看到原来的石墙已经被空心砖所代替，最有民族特色的青瓦，也抵不过石棉瓦、彩钢瓦方便，而城里的村民，都希望能改善自己的居住条件。我们都在担忧，如果再不加以保护，石头城最有特色的建筑将因现代文明的侵蚀而逐渐消失。

和春林站长将我们领到了一座木房里，称为木房，其实只有房架是木头做的，其他都是由石头建成。里面有石床、石凳、石灶、石锅，还有石磨，人与石，完全浑然一体。我知道这所房子是乡政府特意保留下来的，等同于石头城的一座小型展览馆。前一次来石头城的时候,是跟我们的王卫东副主席一起来的,他曾经在宝山乡担任六年的乡党委书记,了解这里的文化,也熟知这里的风土人情,在当地人民中也有极高的声望。他是一个热衷于民族文化的传承和保护的人,为了保护好石头城,曾经做了诸多的努力,只是因缺乏经费,只能尽力做群众的工作,尽量让当地居民使用传统的材料来建造房屋。经多方协调,他才把这座房屋完整地保存了下来,让每一个来石头城的人,都能看到古时民居的面貌。我想,这是一个心里装着民族文化的为官者,是他的努力为石头城人民留下的一份最珍贵的财产。

"喝吧,这是山泉水,好喝呢。"和春林站长舀了一碗水传给我们,大家接过来喝了。一路下来,我们早就全身冒汗,喉咙干渴,泉水清冽甘甜,一碗喝下去,只觉得每个毛孔都舒畅了起来。

"这水是从哪里来的?这是一块大石头,里面不可能有水。"大家都觉得不可思议。

"这是泉水,是从石缝里流出来的。石头城的人们就靠这水,不然住在大石头上,离四周的山和脚下的江水,还隔着好几公里的路,不用说养牲畜,连人都活不下来。"和春林站长说。大家想想也是,怪不得每家每户,都有一个大石缸,有些还满满地蓄着水。

"这石头城真是神奇,好多东西都难以想象。不知道这一块大石头下面,到底还埋藏着多少未解之谜呢!"这虽是打趣,但大家的心里,确实存着这样的想法。

"大家说的没错,我们这石头城底下,可能真的藏着一些好东西。给大家讲一则轶事吧,我也是听村里的人讲述的。1997 年'2·3'大地震的时候,石头城裂开了一条缝,有一户人家的猪从裂缝中掉了下去。没几秒钟,这条缝又缝合了,有人还听到了猪在石头底下惨叫的声音。"突然听到了这样一件轶事,大家的想象力一下了就被激发了起来。你一言我一语,讲述着自己听到的奇闻怪事。听着这些奇闻,我突然有一种感触,这个神秘莫测的世界,总有一些事情无法用常理来推测,也无法用科学来解释,但它就这么存在着,谜一样的存在着,直到被人们忘记。

一路走,一路说,不知不觉中,我们又看见了石门。在石头城的城门,大家留下了一张合影,画面中有一张张沉浸于历史的脸,还有躺在门前的一只好奇的狗。

石头城的作家之声

公元 1253 年,忽必烈率中路军经四川过大渡河挥师南下南征大理国,分别在金沙江的蒙古渡和宝山境内乘羊皮革囊和筏子横渡,驻扎在宝山石头城。1254 年,蒙古军在石鼓设察罕章管民官,宝山属之。1277 年宝山属丽江路宝山县,1279 年宝山县升为宝山州,辖今大东、大具、鸣音、奉科、宝山及香格里拉县的三坝、白地、东坝等地。据传,宝山州府应该设立在石头城,此说法是否属实,尚需进一步的考证。不过,在宝山石头城,确实有称为宝山州州府的遗址,只是历经岁月沧桑,遗址已侵蚀严重。当地政府远知灼见,经向相关部门协调,已将宝山州州府进行了修复,虽无府衙坐镇,但青瓦飞檐,极具古典特色。

我们就是在宝山州府召开了座谈会,州府在外城,与巨石咫尺相望。

大家陆陆续续归来,宝山乡政府的李主任及县歌舞团的纳若、和国军已经布置好会场。此次采风活动,宝山乡政府及石头城的村"两委"都给予了极大的支持,而深受丽江人民喜爱的纳西族青年歌手和国军，也是这次活动主要的负责人之一。开始筹备活动之时，他听到我们要到石头城采风，便热情地参与了我们整个活动的筹划和组织。

宝山乡有着深厚的文化底蕴，历届政府都极为重视文化的保护与传承。当大家回到州府，乡领导都等候已久。同在一块土地上，或早相识，或久闻其名，一相见，已如故。再则刚刚感受过石头城带给我们的震撼，大家都显得非常的兴奋，围坐在四周，相谈甚欢。

座谈会是非正式的，因为大家都是格局之外的人，少了一些程序，却多了几分随意。作为此次采风活动的发起人，我将大家进行了相互介绍。等我介绍到孙少兰大校的时候，引起了大家的特别关注。因为她是纳西族最自豪的演员，是江姐的扮演者，也是一位杰出的文艺人才。大多数人只是在电视上见过她。而孙少兰这次能来参加我们的采风活动，也是机缘巧合，是纳若的功劳。我听纳若说，得知我们组织了这样一次采风活动，刚好在丽江的孙老师便爽快地答应了其邀请。我也是第一次见到孙少兰老师，她已年近六十，但看起来还是那么年轻。特别是她脸上那如沐春风的笑容，以及深印于骨子里的纳西人的平和礼让，让我对她有了特别的亲近之感。她的腿患有严重的风湿病，走路有点拐，很多人劝她别去石头城了，上上下下不方便，但是她依然坚持前往，也拒绝了搀扶她的人。她说她要自己走，必须自己走。我想，于她而言，这是一次神圣的修行。如果一个虔诚的佛教徒，他跪拜一生，敬的是心中的佛，求的是众生的安，那我想孙老师这一次，修的是她与自己的祖先灵魂相通的一次缘。其实，不只是她，我们每一个人都是如此。

宝山乡吾木村的和继先老师，他不仅是一个东巴，还是一个喜欢写作的人，他用手中的笔，将宝山神秘和深厚的人文资源，通过和剑猛的"丽江文艺"微信公众平台、"丽江文化"、"玉龙文艺"等媒体，展现给所有人。这次活动，本想请他组织一场东巴仪式，让大家感受一下纳西族古老的祭祀氛围，但因本地隆重的"楚毕"（冬季祭祀的日子）还有一些时日，而一位严谨的东巴自有他坚持的法度，所以，我们只能心存遗憾。和继先老师在会上的发言，后来全部转化成一篇文章，那就是《秘境宝山》。

这一次采风活动，除了市里的著名作家之外，就是玉龙县文学协会的会员，其中有对史书颇有研究的董学瑞、年建生、石刘栋几位前辈之外，也有一批年轻的文学爱好者，如和剑猛是"丽江文艺"公众平台的主编，李志文曾创作过剧本，散文和诗也非常有特色，和嘉胤是最年轻的诗人，他写的古诗词，曾在各个微信平台上发表，还有陈玉琴、和传好、和贵华等，都是年轻而又文采风流的青年才俊，也是最有激情的人，发言的时候，他们年轻的脸庞上洋溢着激动的光晕。我相信，在他们的心里，这一次石头城之行，会成为铭刻于心的记忆。

一直很淡定地行走于充满诱惑的城市，一直固执地守候着内心宁静的这些丽江市的作家，在千年的光阴积淀出来的石头城里，每一个人的心开始萌动，就像有一股神秘的力量从这块土地上快速升腾，猛烈地撞击着心脏，于是，作家、诗人、评论家全都不见了，坐在宝山州府院子里的，只是一群用直白的语言，表达着自己内心感受的人，这些直白，没有修饰，没有技巧，只有实实在在的爱与不爱，只有真真切切的舍与不舍。也许，这样的语言，这样的情感，才是人性的回归，才是每一个作家写作的最高境界，才是每一部作品最永恒的价值。

言犹未尽，而太阳已西沉。短短的两个小时，无法讲述这块土地历经的千年历史，也无法去回味大自然与先祖智慧带给我们的震撼，千言万语，只能化作笔下的文字。

就在那一刻，我心里有了一个念头，我们的《玉龙文艺》一定要出一期专刊，记下这一次难忘的宝山之旅，也记下我们的心情。

也许在今后，我们中的很多人，都会再次来到石头城，但是，再也不会是同样的人，同样的心情。

夜幕降临了，今晚，注定是一个激情之夜，注定是我们这一生中最难忘的夜晚。

真情激荡的石头城之夜

石头城的天空是纯净的，仿佛未曾沾染尘世的任何色彩。

10月的夜晚，石头城的空气中飘荡着丰收与喜悦。

头顶，满天的星光，见证着2016年10月27日夜，在宝山石头城发生的故事。

我相信，今晚的星星是兴奋的，今晚发生的故事与它见证过的无数个夜晚的故事不一样。

宝山州州府里，灯火通明，玉龙县歌舞团"惠民演出"的横幅醒目可见，四周到处挤满了从四面八方赶来的村民。石头城附近，都是崎岖的山路，村与村之间，又隔得很远，没有车，只能步行，没有路灯，只能打着手电，或借着星光而来，时值农忙，老乡们已经劳累了一天，晚上还兴致勃勃观看演出，实属不易。

本以为今晚的演出，只会有石头城里的乡亲观看，会是我们一场自娱自乐的演出，没想到，一下子来了这么多的乡亲，看着他们，我们的心都充溢着满满的感动。

玉龙县歌舞团的演员们早已准备就绪。这次演出，于他们而言，也应该是一次特别的经历。一切都不是刻意的安排，而是缘分早已注定。那几天，玉龙县歌舞团在全县的每个乡镇进行每年一次的惠民演出，宝山乡也在其中之列。

纳若是玉龙县歌舞团的演员，也是县音乐舞蹈协会的秘书长，我跟他联系，咨询宝山乡的非遗传承人的情况。他听说全市著名的文化人都来石头城采风，便向团长说明情况，将原定于白天的演出更改到了晚上，演出地点也由原来的乡政府所在地改在了石头城，这就意味着我们的演员们还要继续奔波几十公里的山路，意味着所有的设备都要人背马驮到演出地点，意味着所有人都无法好好吃一顿饭，意味着所有的计划都要临时更改，但是，没有人说一句怨言，一切都已准备到最好。

当我们吃好晚饭，从各自的住所出来的时候，广场上已经是人声鼎沸。

没有过多的客套，也没有华丽的开场，在纳若纯正的西部纳西语的问候声中，我们的演出开始。玉龙县歌舞团的演员是有限的，但我们的队伍，都是既能写又能唱的知名人士，如李承翰老师，如和文光老师，都是在丽江耳熟能详的民族歌唱家，还有李志文等年轻人，也在传承纳西族古老的民歌。

我们的作家们，他们曾经在全国乃至世界各地的知名剧院，听过歌剧，看过舞剧，也欣赏过著名歌唱家的演唱，看过无数高大上的演出。但是，只有今晚，他们坐在四面通风的空地上，在最简陋的舞台上，听着我们最熟悉的歌，这里，没有鲜花，没有闪烁的灯光,更没有铺天盖地的欢呼声。这里,只有千年前,从遥远的北方,跋山涉水一路迁徙而来,觅到自己理想家园后,在那里垦田种地,延绵子嗣,过着与世无争、自给自足生活的亲人们,他们不会说赞美的话,只能使劲地拍着自己的手,开心地笑着,那么纯朴,那么自然。

我们都被这样的舞台和笑脸感动了,鲁若迪基拿着话筒,深情地说:"我的家就在这座阿祖山的背后,我从来没有翻过这座山,不知道山背后有这么好的地方。如果当初知道,我一定会背着干粮,翻过山来,唱着情歌,让一些故事发生。"这个像山一样高大而实在的男人,他是一个诗人,他的每一首诗里,都有他割舍不断的故土和亲人,有他无法抑制的情怀和思念。这一晚,他用歌声与诗歌,表达出了宝山石头城给予他的爱与感动。

当纳若大声地问四周的乡亲们想听谁的歌时,人群中响起了一个名字:李承翰!李承翰!人狼格!人狼格!

李承翰老师的歌,充满着智慧的魔力。一首《劝世歌》,让多少人迷途知返;一首《木天王》,激起了多少人的豪情壮志。这一晚,他唱了一首很深情的歌——《雪山下的帐篷》,他说,那是他很久很久以前创作的一首歌,这首歌中,有许多让他难以忘怀的记忆,而这样的夜晚,勾起了他藏在心里深处的记忆。

和文平老师是一个谦虚内敛的人,他把火一样的热情深藏于平静的外表之下,只有被点燃的时候,他的情感才会像熔岩一样喷发出来。他唱了一首摩梭情歌——《来了就是朋友》。来了,就是朋友,无论出生贵贱,无论身份高低,只要情谊在彼此的心中流淌,只要我们的心为这片古老而多情的土地震颤着,只要我们的泪水为毕生难忘的夜晚而淌下,只要我们开始为什么而活着,活着有什么意义的思考，只要我们不想再纠结于被禁锢的人性，想追随着远古的呼唤，去回归野性的时候，我们就是朋友，心意相通的朋友。

孙少兰老师出场了，她穿着一身军装，如挺立于悬崖上的一棵青松，也如一朵盛放在雪地里的红梅。她是人们心中的"江姐"，是大伙敬仰的英雄。一曲天籁般的《红梅赞》之后，全场的观众居然忘记了鼓掌。直到有人带头，全场才响起了雷鸣般的掌声。

还有周卫平、李志文，还有很多人，他们站在舞台上，用自己的心唱出了内心的情感。这时候，演唱的技巧与形式已经不重要，音质与内容也不重要，重要的是，我们已经完全融入了这片深情的土地，融入了这群为我们的到来而开心大笑的老乡。

星沉月落，已至深夜，石头城的上空，激情未散。《纳西三部曲》响起来了，全场开始沸腾，所有的人都站起来，大家围成一个大圆圈，跳起了舞。手牵着手，脚跟着脚，每个人的脸上都带着快乐的笑容。粗犷的舞步落在地上，沉睡中的鸟被惊飞了，月亮也惊醒了，夜风开始欢快地唱着情歌。

看着欢腾的人群，我的眼眶突然被泪水浸湿了。上千年了，生活在这片土地上的亲人们，他们经受着生存的磨难，也感受着生活的快乐。他们在这里祭祀、祷告、劳作、恋爱、生子，快乐、忧伤、死去，伴随着东巴智者的喃喃经语，在古老的情歌声中，踏着虔诚的舞步，度过了多少个这样难忘的夜晚。若他们的灵魂还安眠于这里，一定可以感受到此刻的快乐与感动，我相信他们也是笑着的，至少，他们的子孙们，再也不用忍受着寒冷与饥饿，去驱赶凶猛的野兽和残忍的土匪。

演出结束了，我们坐在石头城客栈的院子里，头顶着夜空，将杯中的酒斟满，也将我们的情谊斟满。

如果说刚才我们用自己的歌声与舞步表达着内心的情感，现在，我们的心情全部化作了诗歌与烈酒。我们都醉了，不是酒醉，是心醉，是情醉，一遍又一遍，大声地朗诵着《一九五八》，朗诵着《将进酒》，也朗诵着刚刚想到的诗句，其实，那不是诗，是我们来自内心深处的话语。是那像巨石一样裸露于月光之下的，去了修饰的本心。

今夜，注定无眠。今夜，绝无仅有。

我们不说再见

当朝阳的第一缕柔光照在阿祖山上的时候，我们走上了回程的路。

站在石头城对面的观景台上，我回望着朝阳中的石头城，一片神奇的光，静静地包裹着这块神奇的巨石。

我记得，前一次我来石头城的时候，这里坐着几个老妇人，她们戴着古老的头饰，穿着老式的纳西服装，每人手里都拿着一根木头雕刻出来的拐杖，面朝石头城，围在一起，头对着头，在倾听什么。对我们的到来，似乎毫无知觉，因为她们正在听其中的一个老姐妹讲述着一件很有趣的事情，她们布满皱纹的脸上，挂着非常开心的笑容。看着这几个老妇人，再看看她们身后的石头城，那古老的房子，那劳作了一辈子的田野，在我的眼前，化作了一幅绝美的画。风吹过脸颊，有一丝凉意，我才发现自己已经泪流满面。那一刻，我突然有了一种感悟：当一个人老了，老得哪都去不了的时候，能够坐在故乡村口的大树下，看着子孙在村口来来往往，跟儿时的伙伴一起回忆年轻时候的事，感受着时光慢慢地在我们的眼前流逝，那一个人的一生，真的没什么遗憾的了。

现在，观景台上，只有空空的几块石头，和那一棵孤独的大树。风吹过，呼呼作响，近似呜咽。

再一次，我跟石头城作别。

我们的伙伴，还有人在城头，举着相机，依依不舍地再一次将晨光中的石头城摄入自己的镜头。

"嗨——"城上的人在呼。

"嗨——"城下的人在应。

这一呼一应，穿透了群山，穿透了晨雾中的层层梯田，氤氲的半空下，那飘荡着炊烟的村庄，开始慢慢苏醒。

石头城醒了，村子醒了，石板路上，开始响起了马铃声，乡亲们又开始了繁忙的一天。而我们，也要回去了，离开石头城，回到属于我们的地方。

旅程再美好，也有结束的一天。只是，我们不想说再见，与一段千年的时光作别，与一次灵魂的对话作别，真的需要很长的时间和很大的勇气。

车子启动了，大家都变得沉默。连最善于活跃气氛的陈洪金，也开始闭着眼睛，沉浸在自己的世界里。

两个多小时之后，我们到达了金稞农庄，那是我们回程中的又一个目的地。这是一个生态农庄，也可以说是一个高原生态养殖基地。

在那里，我们又召开了一个座谈会，所有采风人员再一次谈了自己在石头城的种种感受。短短一个多小时的座谈，无法表达所有人的心情，但大家在这块土地上留下的深情厚谊，我想会永存在每个人的心里。

暮色中，我们的车子再次开动，群山在我们的车窗里退去，慢慢地隐进了夜色。

从雪山下来，我们又见到了熟悉的城市。丽江城的灯光灿若星河，连着浩渺的天空，也连着我们不忍说再见的心情。

归来后的短短几天，我便陆续收到了参加这次采风活动的所有老师的作品，都是关于石头城的。看着这些文字，每个字里都浸透着一份深情，一份感悟，读着这些文章，我的耳旁，又响起了猎猎号角，响起了"哦热热"，响起了石头城里的母亲呼唤儿女回家吃饭的声音，也响起了千年时光飞逝的声音。

眼前，是一张张熟悉的脸，他们是良师，也是益友。我们以三多神的旨意，以文学的名义，共同守护着神灵赐予我们的家园——丽江，还有，住进心里的一座城，那座城叫石头城。

祖先和神灵同居的故土
——油米纪行

和继先

油米之行，故事从这里开始。

三江口，在纳西东巴经里称为"ruq ggu ku"，意为夏渡口。纳西东巴经记载的"ceel ggu ku"意为冬渡口，那是革囊渡口。两个渡口用在不同的季节。冬季水流量小，可以在"ggu ku mei"大渡口渡江，故名为冬渡口；夏季江水暴涨，大渡口江面变宽，故在三江口渡江，所以被称为夏渡口。小时候曾听过村里的马锅头讲，在马帮渡江运粮的年代，来回总是借助水流的自然力量。水洛河的水流量虽不如金沙江大，但水流落差大，水洛河能把金沙江的水拦腰冲断，自古马帮和渡客总会利用水势渡江。高峡出平湖后往日那江水奔腾咆哮、气势磅礴的自然壮观景象已经不复存在。

渡口这边的村子纳西语叫"余课"，意为放牧绵羊的地方，属于玉龙县奉科镇。对面坡地上的村子纳西语叫"吉厄诗"，大意为水牛死的地方，属于宁蒗县拉伯乡的托甸村。相传古时候有人受木里官府派遣，前往永宁牵一头水牛回来，时值炎热的夏天，水牛受不住金沙江河谷的高热死在此地。牵水牛的人为了躲避官府的追责，便定居于此，为了纪念此事，故将地名称为"吉厄诗"。两个小山村隔江相望，都能听见对面的鸡鸣犬吠。

一片碧波荡漾的平湖，人车分船而渡，几分钟就到达了对岸，省去了延续千年的革囊漂流的艰辛。这里是纳西民族迁徙途中的一个重要关隘。随水洛河溯流而上，是纳西民族重要的迁徙路线。

水洛河是流经云南境内江段的名称，纳西语称为"shu jjiq"（术吉），在四川境内又称为无量河，一个带着浓浓的佛教气息名字的河流。当地纳西人称为"sherq jjiq"，有人说是长河之意，也有人说是此河上游汇聚了七条河故而称之。此外还有"冲天河"等名称。油米村就在此河边上，是一个纳西族村子。

无量河流域，关岭重重，江河奔泻。这里不仅是古代多种民族文化的发祥地，藏、纳、彝、汉、傈僳、普米、摩梭等族群的文化在这里共存共荣、交相辉映，形成了中国文化多样性的天然宝库，是古华夏民族语言文字的富矿之一。这里不仅有着丰富多彩的民族文化和生物多样性遗存，还处于"鸡鸣三省五县"的特殊地理位置，是西南地区的一个历代兵家必争之地。历史上曾有多种政权和势力在此犬牙交错。

油米是一个仍在使用着古老的纳西星历的古村落，过年比丽江一带早一个月左右。回乡过年的人很多，大包小包的年货铺满了沙滩。

几辆过来接回乡人的面包车停在码头的公路尽头，横七竖八的摩托车穿插在面包车的队伍中。

船一靠岸，坐在公路边的人陆续下来帮忙搬东西。付过每人十元的船费，我们坐上村长安排过来接我们的皮卡车。里面只能坐人，把行李往后兜一扔车子开始调头，驶进水洛河流域。沿江处处是险峰岩关，车子必须绕道到加泽大峡谷。

新挖的公路上扬起阵阵尘土，车子进入了加泽大山的怀抱。司机告诉我们到油米估计还要二个小时左右，问我们是早上几点从丽江出发的。交流后得知，司机来得较早，已经在渡口等了我们三个多小时。从三江口往加泽的公路在施工，不时有挖机挖土石方造成堵路，只能耐心地等待。原本说的两个小时的路程五点过才到加泽村委会。出了加泽村委所在地，公路变得更加难走，皮卡车在坑坑洼洼的土石路面上像青蛙般的蹦跶着！

穿过阵阵松林，道道沟涧，终于在六点过时来到油米虎头山（当地纳西人称为"拉窝主"。"拉"为虎，"窝"在汝卡语中意为头，"主"为山之意）和象山（当地纳西语称"ggv gv dee"，因为从油米村看山体极像一头昂首奔向东方的大象，故名为"象山"）。夕阳的余晖透过远山上的云朵，给虎头山腹地的层层梯田镀上一层如纱的金黄；无量河犹如一条从天际飘来的玉带，泛着道道白色的浪花蜿蜒曲折地飘落在群山的深处！

山的外面全是山，山的里面也都是山，层层叠叠。

过了垭口就到了加泽村委会的加祖村，加祖是一个丽江解放后移民到此的一个汉族村。司机告诉我们这里拥有油米最好的良田，相传是丽江木氏土司所开垦。村头还有一个"达尼知补"（意为木土司的土制碉堡）。路边陡峭的山坡上，从沟底用石头垒砌的梯田层层叠叠地伸向山头的蓝天，青青的麦苗和刚开着白色小花的蚕豆随风泛着层层的绿波。成群的喜鹊在梯田上嬉戏着，不时从车窗边掠过，传来一串串爽朗的鸣叫声。

绕过几道回头弯，车子很快就走出了加祖村，油米村就一览无余地出现在视野中。一片高低错落的土掌房碉楼静静地矗立在

远眺油米村

无量河边的山包上,炊烟氤氲。屋顶的玉米在飘荡的青烟中若隐若现地拼出变幻无穷的彩色。四周梯田阵阵,豆麦青青。一丛丛的黄果和柑橘点缀其中,宛如一树树开满金花玉叶的仙树。它们似乎在张扬地告诉路过的人们丰收早已来到过这里。几个人赶紧请司机停车,拿出相机拍摄渐入暮色的油米村。

走出车子,一股从无量河吹来的清风迎面扑来,给车马劳顿了一天的人们带来一股沁人心脾的清凉舒爽。静静的河谷,仿佛早已进入了静音的模式,只有被微风吹走的相机的快门声在空旷的山谷中轻声回荡。司机催我们上车,说村长已经打来好几次电话了。于是大家都恋恋不舍地回到车上,下坡的车速很快,十几分钟就来到了村口,司机告诉我们这里已经是公路的尽头了。从车上取下行李发现有几瓶酒已经在颠簸的旅途中打碎了,酒水浸透了纸箱和行李,大家都连声说着"倒酒有喜!"村长夫人来村口接我们。做过简单的介绍之后,一行人踏着柔软的暮色走进村长家。

　　宝荣村长去山上砍过节用的青松枝还没有回来，我们被十分热情地请进屋里。

　　油米的纳西民居的布局基本上和俄亚等地的民居相同，有两层的也有一层的。主屋的格局是按纳西族古老的青蛙八格图定位，两间合用的祖屋共用九根柱子，八根柱子定位在八格中的八个方位，又按九宫运行的方法，有一根柱子落在房子的中心。这也是房子最重要的一根柱子，纳西语称"mee dvl rerq"，意为撑天柱。柱子上套着山竹编就的花眼竹套，纳西语为"mee dv jjiq"，意为撑天柱的衣服。竹套上插着一年里各种民俗祭祀活动中代表祖先神灵赐予的吉祥物（赐福泽）的树枝，还有筷笼、勺子等家什。柱子顶部横搭着一个两尺余的坛子，是主人用来供奉胜利神和生命神的地方。进门的右侧是火炕，霸气的三个铁三角上架着三口大蒸锅，让满屋充溢着阵阵香味。紧挨着火炕的两个大床连接处立着一个巨型的祖先神龛，顶上供奉着佑护主人家的诸神和祖先，黄铜的香炉和花瓶在闪闪的油灯光中散发着华贵而又不失温馨的光芒，整个神龛显得十分庄严而神圣。

　　火炕上飘舞的柴火燃烧着的是主人家火红的日子和好客的热情。与火炕相对的一边是饮用的水缸和橱柜，似乎无意中已经形成围着撑天柱的阴阳（水火）相配。在火塘的上方留有一个一米多的方形出烟洞，中间挂着用木头做的熏物架，形成上天下地的布局。唯一有所改动的是俄亚的母房后墙留有防盗匪的逃生暗门，这里却改成了采光用的固定木窗。千百年来一代代的无量河流域纳西人就生活在这样富有古老民族文化哲学而又有条不紊的传统民居中，厚实的墙体和土压屋顶的碉楼，在过去匪患成灾的岁月中不仅有着防匪防盗的功能，而且针对炎热的河谷气候因地制宜，冬暖夏凉。

熊熊燃烧的炕火几乎盖住了鹅黄的灯光，放下行李，主人请我们坐上铺满藏绒的炕床上。村长的老父亲杨扎实东巴热情地招呼着我们。

因为曾和杨东巴一起应邀参加在2011年清华百年校庆，所以与其早已成为朋友、师生的关系。时隔几年又在油米重见，彼此都觉得倍感亲切。杨东巴要我坐在他旁边，我们两人旁若无人地互道着平安，互相询问着彼此的家长里短。

刚坐下，杨东巴的两个儿媳就给我们端上青稞炒面、油炸米皮、黄果等，飘香的酥油茶热气腾腾，琥珀色的苏里玛酒泛着温润的光影，纯草药酒曲酿制纳西自产酒飘着草药自然的清香。一道紧跟着一道，每个碗都盛放在小碟中弓着身子，双手齐齐地捧到每个人的手里。炕上顿时摆满了一排排的碗碟。看着眼前的情景，在一切从简、流行一次性餐具和自助餐饮的现实社会中，还能享受如此庄重而高雅的待客之礼，我想这或许是人们常说的"礼失求诸野"吧！我暗暗地惊叹着如此高雅的待客礼数是怎么一丝不苟地保留在这深山中的纳西小山村里。在接下来的时间里，不论家里客人多少，每人三套六个碗碟，多时达上百个的茶碗，每天几轮客人餐具，杨东巴两个儿媳都不厌其烦地用自制的草木灰土碱水又洗又漂。每一次上茶水，酒水都保持着干净卫生。在油米村几乎所有家庭餐具的洗涤都不用市场里买来的化学洗涤用品。这一点与其他多数农村比起来显得特别的难得。

宝荣村长一回来就郑重地给家人介绍着项目组的每一个人，也向我们简单介绍了一家人的情况。招呼我们上座吃饭，一家人非常热情。飘香的美酒、土鸡、香肠、灌猪脚、猪膘肉、吹猪肝等等，满桌尽是肉。

吃过晚饭，大家先到楼上开了一个小会，计划未来几天的调查工作、人员分工，等等。约一个小时的会议一结束，大家便回到炕上继续着每人"三件套"的酒茶水，围着温暖的火塘继续聊天。

一直以来对"油米"这个地名的理解是有油有米的地方，一个超有人间烟火味的富庶之地。坐在杨东巴的身边，我有点迫不及待地问起了油米的地名缘由。杨东巴回答，这只是汉字的谐音地名。"油"其实已经与真实的地名发音有很大的差异。无量河流域的汝卡语中（ya ya，是坦诚相见、精诚团结的意思），"油米"也就是一个团结而著称的村子之意。杨东巴就以地名为延伸给我们讲述起了地名的由来和油米杨氏家族与村子的关系。"杨家本不姓杨，是纳西古氏族'尤'氏后裔。相传来自一个叫'里刷尤嘎拉'

油米村街景

的地方。至今已无人能指认此地具体在什么地方。"

"杨"姓只是后来确定汉字姓氏时因近音而借用,从此就变为了杨姓。先祖的名字也均为纳西语,无姓氏,只有在各种东巴文字记录的祭祖等经书的谱系中才有"尤"之古姓。杨家的第一个先祖相传来自次瓦村,位于无量河东岸油米村的下游,在永宁土司第十世祖阿铨在位的年间(约 1610—1635 年)。来到油米已经有 13 代,约 300 年。最早到油米的始祖是被当时的永宁府派到此地戍边守渡的。杨家在油米到现在已经发展到了 47 户,是村子里最大的家族。杨氏在几百年间还有部分族人迁徙到了洛吉河流域(今香格里拉县洛吉乡),有的甚至已经远迁到丽江鲁甸一带。油米村还有姓石的一支来自洛吉河流域。石氏与三坝乡东坝的习氏原为一个族群,"石"与"习"都是一个"西"(xi,意为"人")的汝卡古氏族后裔。现成为不同的姓氏是因不同地方的汉字姓氏确定方案的差异。阿姓是油米村第三大家族,到油米有五六代,来自永宁,先居托甸后迁入油米村,与永宁府的阿氏同为一姓氏。关于永宁的阿姓来源曾在书上看过,不过与杨东巴的解释却出入很大。阿氏纳西语原为"nguaq"(无法汉字标音——作者注),在油米阿氏东巴阿古塔家的祭祖送魂经书中则以"wa"(数字五的发音——作者注)记录了原本的纳西语的家族姓氏。而此族群迁徙路线自楼头(今永宁坝),有的迁到玉龙县奉科、宝山乡辖内成为汝卡支系的王氏一族,有的迁至金沙江流域的宁蒗县翠玉乡的下岩可村和尼丁村等。

无量河流域是古代纳西族的重要迁徙路线。其中靠无量河东岸的村子均为汝卡村落。自四川省木里县的依吉乡、树巴、争伍、吉普、油米、树枝、次瓦、布落、色色落、吉厄诗、拉伯均为汝卡村子。这是古代迁徙路上留下的纳西族汝卡古村落，连同永宁及其周边的纳西族形成古代纳西民族迁徙路上的"东路军"，在三江口至革囊渡一带渡江进入奉科宝山，辗转鸣音、大东进入丽江东坝。而中路则随无量河流域西岸进洛吉河流域，以香格里拉县三坝、洛吉为主要集散地，在此渡江进入大具乡，过牦牛坪、黑白水进入丽江。无量河西岸的纳西村洛吉上去依次是俄碧、宜丁、开瓦、俄亚，多为明朝时期从丽江移民的戍边军队的后裔。上至依吉、俄亚，下到拉伯、东坝间的纳西迁徙路线，大到村落名考，小至族群渊源，杨东巴如数家珍。

在谈话中，我们不时说到"汝卡"，杨东巴又郑重地向我们讲解关于"摩梭"和"汝卡"的关系。告诉我们无量河的纳西人都自称"摩素"，连加泽境内的汉族也是这样称呼他们。不过与泸沽湖的摩梭不同，汝卡语中"摩"为天、"素"是人的意思，连起来

油米村外景

就是"天的子民"之意。"汝卡"是学术界对无量河、金沙江流域原住纳西族的他称。纳西族自古就对高山和河谷不同区域的纳西语口音有所区分。"rer"为河谷地带;"ko"卡,发音之用。"汝卡"一词其实指的是操河谷地带口音的纳西人。高山区域的纳西语口音则称为"goq ko";意为高山地带的发音,也称为"hei ko"。这大概是东西部不同方言族群支系的语言文化差异。

一家人除了宝荣村长父子陪我们聊天,都各自忙着过年的事情。杨东巴的徒弟,其实也是堂弟杨玛佐和东巴的小舅农布大叔,因为都是邻居,也过来聊天。农布大叔是个超有文艺范的民间歌手,只要一张口尽是诗词歌调,走到哪里都能引来阵阵的笑声和掌声。主人一家在各自的忙碌中,不时地放下手中的活给我们的碗里倒酒。大伙围着明明灭灭的火塘,无边地闲聊着,都早已忘却了一天的车马劳顿,直到宝荣村长请我们回房休息。

油米的夜静得出奇。透过窗户,只见满天的繁星犹如一顶镶满珍珠的墨缎毡篷,包容着无量河静静的冬夜。半夜迷迷糊糊中似乎听见远山传来阵阵松涛,低压着嗓门轻声呜咽着。无量河唱着摇篮曲一夜未眠。虫声呢喃中,趁着苏理玛酒的后劲我们很快进入了梦乡。

腊月的无量河,清晨还略有寒意。阳光暖融融地洒在静静的河谷中。麦苗尖头上挂着晶莹的露珠,村庄氤氲在靛蓝色的炊烟中,偶有喜鹊越过田野飞落到屋后的核桃枝丫上,扑腾着白色的翅膀给祥和宁静的农家小院送来串串清脆的"财——财"声。

油米村依山傍水,北靠虎头山,南临无量河。南面的树枝黑崖子连着东面的象山,最后连接虎头山主峰。西北面由虎头山西拖的宝剑峰,连接神龙坡,一直到无量河边,与江对面木里县俄碧村的岩壁山形成通往木里境内的天然石门关，石门关与南面树枝黑崖子石门关两关相对。形成了以无量河为底的大三角地域。加祖、油米、树枝就分别坐落在三个角落里，静享着同一片蓝天白云。

吃过早餐，团队成员按昨天晚上的分工，到不同东巴和村民家采访。新年临近，村民也差不多进入了"达瓦纳西怒"（意为"腊月忙疯了"）的状态。人们都忙着各自的事情，而我们也在走村串户的采访调研中度过了一天。走在村子里总有人十分热情地请我们去家里坐。

油米的除夕异常忙碌。首先是要对房前屋后进行一场大扫除。无量河流域的汝卡人过春节没有贴对联的习俗，不过每年都要更换屋顶上代表胜利神的青松枝和代表吉祥祝福的新年经幡。特别是代表胜利神的旗帜"嘎腾嘎巴"必须年年更新。古老的汝卡人延续了古代纳西族崇勇尚武的精神，每个家族都有各自崇拜的英雄图腾，杨东巴家崇拜的图腾是老虎。杨东巴已经提前在一块约一平方米的长方形红布上，用墨水画了一只张爪舞牙的老虎以备更换。经幡上的文字和图案要到杨东巴的弟弟杨文国老师家拓印，杨老师家保存了两块祖传的经幡图案活字印刷版，于是我们跟着杨宝荣村长一起去拓印新年的经幡。杨老师家里已经有很

杨东巴家崇拜的图腾图案

多村民在排队印刷经幡了,村长给大家准备了墨水,几个人开始分工合作,有的剪裁彩纸,有的刷墨水,各负其责地操作着古老的雕版印刷。把雕版放在桌子上,涂刷上墨水,然后把剪裁好的彩纸铺上去用一个玉米芯芯来回滚压几遍,一张印有藏文图案的经幡就出来了。当我们问到经幡上的文字和图案的意思,几个年轻的村民都答不出来,都说这是节日吉祥的祝福语。宝荣村长告诉我们,听老人讲以前有东巴文字的经幡雕版,后来遭到了破坏,只留下了这套藏文的雕版。村长还告诉我们,杨东巴已经请藏族的朋友把雕版的内容释读出来,翻译成东巴文字。宝荣村长的弟弟去鹤庆学成了木雕的手艺,正准备早日把雕版改成东巴文。

这里还保留着纳西族古老的过年礼俗。

东巴的小儿子从山上砍来清香木树枝、杜鹃枝叶等。无量河流域的纳西人祭奉"神利神"("gga biuq",音嘎补)。东巴家的礼俗更加复杂,一年到头的家庭祭祀,还要准备新年的习俗礼仪。

东巴文字的藏文经幡雕版

杨东巴家中屋顶经坛房里的神坛

午饭一过,杨扎实东巴就带着小儿子在屋顶的经坛房里布置神坛。纳西东巴的多神崇拜和自然崇拜在这里依然十分浓厚。屋顶有经幡和代表胜利神的"嘎巴"(代表胜利神的旗帜)。日影偏西,家家户户的屋顶都换上了新的经幡和彩旗,微风吹过,彩色的经幡随风飘动,给深藏在大山深处的小山村带来了浓浓的节日喜气。

宝荣村长兄弟俩抬出一只约五尺长的琵琶肉,拿来一把大钊刀把猪头钊下来供在神龛柜下的灶神坐处。接着从脖子开始每四个手指的宽度打一个记号,然后照着记号用钊刀整齐地

切成一圈圈的琵琶肉

切成一圈圈,给几位长者拜年就要备好几份。两个儿媳从早到晚几乎没有休息一下的时间,她们磨豆腐、煎米皮、杀鸡宰羊……忙着准备丰盛的年夜饭。

吃过除了肉还是肉的年夜饭,东巴两父子开始捏面偶,在屋顶的经坛前和一大盆炒面,捏制不同神灵面偶制作祭坛,在黄铜的酥油灯里填满酥油。我们几个人打开摄像机和录音笔,屏住呼吸记录每一个面偶的制作。

腊月的寒风呼啸着吹过土撑房的屋顶,每个人的面前放着一个碗,因为冷,都装上了自产酒。很快,一个个活灵活现、憨态可掬的东巴面偶不断地从杨东巴的手中出来,点上酥油安置到白天做好的神坛里。碗里的酒很快明显下降,东巴转过头来不断往旁边的出烟口里给儿媳喊话,让她们拿酒上来,几个人屏着气不停地又画又记。听着远处的呜咽的江流声,漆黑的夜幕繁星灿灿。杨东巴一边捏面偶,一边不时向天空指点着告诉儿子纳西族二十八星宿的运转规律和方位。东巴捏完盆里的最后一个面偶,

杨东巴捏制的面偶

放进插满柏树枝的神寨里，之后儿子会让诸神各就各位，然后便是等待着凌晨的祭拜。时间已经晚十点有余。一伙人都坐回炕上，不约而同地展开冻僵的手指烤火。同时又是一轮每人"三件套"的酒茶水。柴火飘舞的炕上，除夕的猪头肉飘出阵阵诱人的香味。东巴家的仪式比普通人家多，不过还要等待。

在油米村，凡是男人都必须学会烧天香、除秽等家庭的东巴仪式。很多年轻人都来到东巴家，学习烧天香和除秽的东巴经书。杨东巴的大徒弟阿公塔东巴，二徒弟杨玛佐、农布大叔、杨文国老师和儿子杨宝东，杨老师在县教育局工作，儿子刚大学毕业回来，他们都因为念不熟经书过来学大年初一《烧天香》经书。几个人在一起一遍遍地诵读着经书，遇到读不出来的地方，杨东巴就坐在对面不断地解释着。杨老师学得非常认真。临近凌晨，杨东巴吩咐儿子把经坛里的油灯点起来。宝荣村长也起来帮忙除秽，古老的土碉房里传出悠扬的白海螺声，清脆的黄铜扁铃摇响出与神灵息息相通的音符，神龛柜上神灯闪闪。除夕是一年的总结，必须要对全年所做的东巴仪式进行脱责仪式。然后就祭祀东巴世家世代东巴先祖的威灵，迎请佑护主人这一家的诸神，给诸神点油灯，献上净水等。几个仪式做完需要两个多小时，整个过程中杨东巴不用任何经书，凭记忆吟诵完所有的经书。

油米的除夕是一个不眠的夜晚，捞出猪头把肉剔出来，留着嘴巴上的肉。猪嘴巴要留着初十祭河神那天才能吃，无量河流域富含丰富的沙金，靠水吃水，千百年来喷薄不停的无量河是油米人的又一衣食父母。滔滔江水总会不停地带来沙金留在两岸的河床上。开春后人们就会去河边祭祀河神，祈求大自然赐予财富。

杨东巴提醒我们早点休息，因为新年的第一天是要听着公鸡

杨东巴的两个孙子吹响白海螺

的鸣声起床的,我们之中有几个分工还要去杨东巴的女儿家参加凌晨四点举行的成人礼。刚睡下不久便听到东巴的法鼓响起,看看时间刚三点过,我们也起床了。此时杨东巴已经在屋顶的经坛前烧起了天香。

浓烟滚滚,清香木树枝燃烧的味道弥漫着整个院落,悠扬的白海螺声划破寂静的夜空。在杨东巴抑扬顿挫的诵经声中,无量河流域的纳西人迎来了吉祥喜庆的新年。

按传统的习俗,听到杨东巴家的白海螺响起后,其他的村民才能跟随其后烧香迎新年。阵阵的白海螺声、各种东巴器具的响声与远处摇曳的树枝响遥相呼应,漆黑的夜幕繁星灿灿,村子里火把飞舞,感觉整个无量河都沸腾了。迎新年的天香烧完,东方开始了鱼肚发白,启明星升起,众人回到屋里,开始给房子院落除秽,杨东巴开始准备去水源处给自然署神烧香。外面仍然伸手不见五指,杨东巴的两个孙子也起了,跟着大人前往出水的泉眼处祭拜自然的神灵。油米村的人畜饮水是几户人家共用一个临近的山泉,杨东巴家就与邻居的农布大叔和杨玛佐东巴等六七户共用一股在村子东面的山泉水,离家有五六百米。泉眼在一丛茂密的青岗林中,这里建有一个两米多高的烧香塔。塔上挂满了五颜六色的经幡。邻居们不约而同地来到泉眼处祭拜自然神,烧香磕头祈求大自然在新的一年里赐给人们幸福平安,东巴的两个孙子吹起白海螺,众人拜完自然神。

此时天已大亮,村子里炊烟袅袅。空气中飘荡着浓浓的节日味道。杨东巴的徒弟最早带着猪膘肉、酒、茶来给他拜年。杨东巴把酒、茶等礼物献给祖先神灵,徒弟们向他磕头拜年,他则给徒弟的额头上抹酥油,并回祝徒弟在新的一年里学有所成、健康平安。杨东巴的外孙女也在母亲的陪同下来给外公外婆拜年。因为杨东巴家的过年习俗仪式太丰富,我们几个人抽不开身去拍摄记录东巴外孙女的十三岁穿裙子成人礼,见了面才知道他们竟等了整整一早上,大家都十分不好意思。在她给外公外婆拜年出来,我们项目组的老师就在她外婆屋门口给孩子照相留念。

吃过早餐,油米新年的头件事就是到山上烧香祭拜山神。这是无量河流域纳西人的传统,山神不仅是佑护人们的神灵,在远古民族迁徙的部落联盟时期,山上

刚参加完成人礼的杨东巴的十三岁的外孙女

的烧香塔是不同部落和族群间的领地界碑。对大山的子民而言，大山是赐予人们财富、保护人们幸福健康的保护神。全村人都必须参加祭神。山神塔在村子北面的虎头山上，离村一公里多，杨东巴叫儿子备马前往，并带上东巴法器、供品等等。杨东巴告诉我们，因为脚有痛风，平日里已经很少上山了，不过今天还是去主持仪式，这毕竟是全村参与的大仪式。前去祭拜山神的村民陆陆续续地出发了，山林间顿时铜铃叮当。邻近藏区的纳西族村落每逢节日男人们都喜欢穿上华丽的藏装，骡马也披上五颜六色的藏绒。

彩色的经幡随风飘扬。山神塔在公路的回头湾上，也有年轻人骑着摩托车，低音炮的音乐飘过阵阵松林，上百人围着山神塔，更换塔上的经幡把五谷洒向山神，塔上浓烟冲天，海螺呜咽。人们虔诚地祭拜山神，接受着自然神灵的佑护，在淳朴的民俗礼仪中洗礼着一个个凡尘的灵魂。祭拜完毕，人们拿出各自的糖果和美酒相互敬酒相互祝福。

在油米村，节日的美酒喝出的都是诗人的味道。农布叔牵着"白龙马"，手里拿着古彩瓷的酒杯，过来给东巴们敬酒。朱红的藏袍扫着一路尘土，歌声轻盈地飘来："哈达连起颗颗心，愿有情的人儿都能千里共婵娟……"灵山圣水养育的人们，是祖先和神灵的宠儿。人们唱着节日的赞歌，一路洒满欢笑。

回到家中人们开始请春客，油米的三大家族都有各自的请客日子。先是从石氏家族开始的，村里的老人都请被到石农布大叔家，宽大的炕床上坐满了身着绸缎长衫的老人，柴火熊熊，青烟飘荡，每个人的面前都摆着"三件套"的酒茶碗。新年的赞歌随之飘起："长者坐高处，不用挂神像；幼者站低处，不用插鲜花……"新年里老人们在接受着族人尊敬和热情的款待中不停地诵唱着包含民族伦理道德和民族精神的民歌,传颂祖先的丰功伟绩。给炕上的老人们磕头祝拜,老人们都要回复祝福语,祝福语很有内涵。农布叔的外孙女刚好十三岁的成人礼,由她的父亲陪着来拜年,农布叔把她带来的猪膘肉供奉在炕头的神龛柜下,拿出酒在炕头烧天香,将外孙女带来的酒肉等礼品敬献给祖先神灵。油米没有给压岁钱的习俗,农布大叔从神龛柜上取出早就准备好的哈达,亲手系在外孙女的脖子上。

老人点起周边名山大川的名字向自然祈求寿岁福泽赐给孩子,大山大河养育的无量河流域汝卡人,山河不仅是给他们提供衣食的自然父母,也是无所不能的神灵。

给长辈拜年是油米春节的一个重要内容,同村的要在初一拜完,远处的亲戚和长辈要到初三,过去要备马去,在山高谷深的

农布叔给外孙女系上哈达送上祝福

加泽大峡谷里骡马自古是重要的交通工具。外面亲戚多的家庭拜年的礼物就要准备一匹马，还要准备一匹自己骑的，如今公路通进了村子，年轻人把拜年的礼物拴在摩托车上，再远的山路都能一天来回。

宝荣村长的奶奶已经年近九十，我们几个人陪他一起前去拜年，进屋刚上炕入座杨村长的舅爷也过来给老姐拜年。杨村长的舅爷是油米有名的民歌手，当地人称他"小巫"。红白喜事都缺不了他的歌声，虽然已经年过七旬，却依然红光满面。虽然姐弟两个都上了年纪，舅爷还是认真地给老姐磕头拜寿，老姐也从炕头的箧盒里取出酥油抹在老弟的额上，口中念念有词地说着古老而吉祥的新年祝词。老姐伸出手拉老弟上炕，老弟又请老姐往里坐，两老人相互礼让着，老姐心疼弟弟非要弟弟上坐，弟弟却表示节日非同平常必须要坚持老幼辈分的排列，最后终于在老姐以两性的传统尊卑观念为理由，在近乎恳求地拉扯中把弟弟拉上炕头。杨村长的三叔倒酒给老人并热情介绍我们彼此认识。大家热情地邀请舅爷来一段节日的赞歌。舅爷借着几分醉意端起苏理玛，歌声随着缭绕的柴烟在古老的碉楼中如吟如诉地飘荡起来："丰收的美酒，盛满银碗，银碗也高兴，银碗也泛起。美酒泛起银色的花朵，双手齐齐把银碗给客人，手也高兴，希望客人也高兴……"

欢笑之后，还是欢笑，人们都沉浸在节日的欢乐中。

汝卡人的新年分外隆重。走在碉楼间的小巷里总有村民连拉带拽地把你引进屋里，进行一番热情的款待。杨家人多，刚在三叔家吃完，与三叔仅隔一堵木板的堂姐早就候在门口请大家过去。路上，我们见到人们手里提着用构树皮捆成一束束的香肠、猪膘肉，这是无量河流域汝卡人的过年习俗。这份热闹，是除旧迎新之时每户人家都会给村里的老人送去节日的问候和祝福。

回到杨东巴家,宝荣村长和几个年轻人在准备着篝火晚会。石农布大叔家的院子里一时聚满了全村的老少,每个人都身着节日的盛装,农布叔的一曲竹笛点燃了油米新年夜的气氛。

按杨东巴的说法,油米也是个盛产美

着节日盛装的男子

人的地方,被土司府派去守边的将士后裔仍然保持了古代纳西武士的身材和相貌基因。杨家人的身材在无量河流域至今还保留了"长脚杆"一说。男人有的穿着绸料的长衫,有的则穿着藏族的楚巴,头戴白毡帽和藏族的金边帽。

女的统一的穿着扫着地面的白色长裙。彩绸面料的斜襟上衣配着飘扬的五彩腰带,用黑色丝线盘织的头饰点装着朵朵花儿和珍珠,衬托着一张张如山花般自然纯美的俏脸,高挑的身材在篝火的映衬下变得更加的修长婀娜。打跳非常起劲,农布叔的竹笛一曲跟着一曲,跳到尽兴时人们随着竹笛的音点变化,配起阵阵的欢呼声和歌唱声,响彻着无量河边静静的山村夜空。

一曲高潮随之后也引来众人异口同声随和: la o rhu gv ngv bba

着节日盛装的女子

围着篝火打跳的女子

bbaq, zheel sheeq we loq hai bba bbaq, mee see ree jjeq jju, ddee jer tee ga mu, teeq me goq mei lei ta juq. 虎头山上开银花，黄土村（油米）里开金花。摩素的家里有美酒，请喝一杯，请喝一杯。没有喝醉不要回……

众人在随歌声的节拍跳起时，农布叔也得到了稍微喘口气的机会，打跳进行到很晚。年长的陆续回家后，年轻人开始用摩托车上的低音炮播放高音乐，身着鲜艳民族服装的年轻人在手电筒的闪光灯中扭动身体展示着从外面带回的文化。随着篝火的燃尽，累了一天的人们陆续回家休息，热闹了一天的小山村在无量河悠悠的摇篮曲中进入梦乡，回归往日的静谧。

阿氏家族的请客日子快到了，阿公塔东巴提前邀请大家去他家休息一天。阿东巴家住在村子的东南边，房子下面是青青的麦田，可以远眺滚滚远去的无量河，于是请求阿东巴安排我们到屋顶上休息。爬上屋顶刚安顿好，东巴的儿子便给我们送来酒茶水和水果、米皮等。在暖融融的阳光下我们一伙人围坐在屋顶闲聊着。因为笔者和阿公塔东巴是2008年丽江东巴文化强化培训班的同学，不过无论东巴知识还是年龄，阿东巴都是我的师兄。因为相隔太远且我们各自一直为生活忙碌着，平日里很少联系，不过此时在他们一家的热情招待下，无拘无束的我感觉回到了自己的家。阿东巴不厌其烦地回答着项目组几位老师的问题，不断给我们讲述着关于油米、无量河的故事。到下午因事不能与项目组一起来的石头城书记和村长也来到了油米村。

直到日影偏西，我们才从屋顶下来，因为晚上有一个家庭的东巴仪式。此时阿东巴开始准备着，儿媳和两个孩子在为丰盛的晚餐忙碌着。阿东巴拿出东巴经书给我们看，那是用木板夹着一摞摞的用牛皮绳捆扎起来的东巴经书。阿东巴写了一手好字，每一本经书都写得工工整整，他告诉我们这几年为多个研究机构和高等院校的图书馆抄写了两三千本东巴经书，长时间的东巴经的手抄练就了越来越好的书法，只要有休息时间就不停地抄经书，有些单位给的劳务报酬也不错，只是感觉视力明显下降了不少。阿东巴拿出一本彩色《东巴舞谱》给我们欣赏。阿东巴的《东巴舞谱》和丽江的东巴舞谱有很大的差异，内容都是把每一种舞蹈的所有动作变化记录，没有文字的叙述说明，一招一式都直接画出来，涂上鲜艳的颜色显得更加原始古朴，这是他照着老经书传抄下来的。《东巴舞谱》里的每一个舞蹈阿东巴都能跳，有些舞蹈的学习不能在家练习，通常是师傅带着徒弟到野外学出来的。之后他又给我们讲述了另外一本阿家独有的东巴经书，书名叫"gga cherl zerq"（意为"数胜利神的年代数"），记录了汝卡先祖"mee ssee ceiq ssee"（意为"十个天之子民"）古代族群支系的领地。阿东巴告诉我们汝卡的东巴经里没有《创世纪》（coq bber tv），但记录了十个远古时代的古族群部落不畏艰险开拓疆域的历史传说。"阿"姓和"石"姓都是在此经书里有记载的汝卡古族群。闲谈中，阿东巴的家人做好了丰盛的晚餐，阿东巴起身回屋开始晚饭前的点油灯、烧香等仪式。众人被请上炕边吃边聊，吃过晚饭已是满天星斗，谢过阿东巴一家，我们打着手电筒返回村长家。

整个节日期间，人们都沉浸在幸福欢乐之中。宝荣村长建议大家去河边野餐。无量河边的汝卡人至今还保留了羊皮革囊渡江的技艺，大家都想趁这机会一睹在古代传说中用革囊渡江的麽些勇士的风采，所以我们还要求邀请几个水性好的人同去。

"zhee mi dee"（意为"大沙滩"）渡口就在油米和俄碧村之间

的石门关旁,从油米村往西沿神龙坡下到河边需要一个多小时的路程。无量河从虎头山和俄碧山夹缝中的石门关,河水被神龙坡下的神马石拦住,形成了一段水流相对缓和的河段。据杨文国老师讲述,在这里还有一条可通过马帮的沿河马路,从渡口往西进入木里县,当地人称为"纳西道路"。也有村民告诉我们,这里就是电视剧《木府风云》里木氏土司开金矿的真实地点。沿途有几处村民的庄房,有的已经废弃,留下关牲口的圈舍和随意砌成的围墙。阿东巴告诉我们,现在公路已经从加泽通到木里境内,古渡口的来往日益凋敝,下到江边的路被荒草盖住。我们几个人一路往回拍照,深深陶醉于无量河的美景,结果被远远地落在半山上。之后我们只能一路找着宝荣村长留下的记号来到河边的沙滩上。阿东巴是油米村出色的水手,在等待我们的时候,身上早已绑上羊皮革囊,准备表演浮水渡江。宝荣村长和堂弟杨宝东早已生好火,准备做饭。阿东巴准备就绪,看见我们纷纷拿出相机,便展开双臂走进河里,羊皮革囊托起他的上半身。在大家的惊呼

阿东巴演示革囊渡水

声中，阿东巴很快到达了河对岸。回来时阿东巴为了给我们更多的拍照时间逆水浮回，隆冬的无量河水冰凉刺骨，一个来回阿东巴浑身冻得直发抖。上岸后，阿东巴坐在河边的一块石头上给我们讲述用革囊渡江的技巧：皮囊必须是完整无缺，渡江浮水的革囊必须要和水手的体形相配，人还要随时掌握好充气的力度，在无量河用革囊浮水是一件充满危险的事。休息片刻，阿东巴又为我们游了一个来回。看着他被河水冻得发紫的身体，大家都很心疼。阿东巴给我们讲述学浮水的往事，孩童放羊时经常偷来家里的羊皮革囊到古渡口浮水。因为调皮，经常受到大人的批评。但在这个过程中孩子们也慢慢地变成了渡口上的新一代水手。

　　阳光暖暖地照在江边的沙滩上，大家都拿起各自的酒碗寻找阴凉的地方。头顶的一线蓝天不时有绒毛般的白云飘过，河水冲击在河中凸立的石头上，泛着白色的浪花。活泼而洁净，充满着自然的灵气。

　　此时，杨宝山他们给大家做好了饭，鲜红的火腿肉和香肠在绿得冒泡的青菜中翻滚，用微火烤熟的罗锅饭的锅巴带着柴火味的清香。

　　吃过午饭，日影早已偏西，阿东巴告诉我们在离渡口不远的地方，有一处龙口洞，在过去闹土匪的岁月里，只要一有风吹草动，男人就要出丁守疆，而妇孺老人则背上家产到洞里避难。

　　阳光扫过碉楼群上袅袅的炊烟，在远山的衬映下，仿佛人都已经融入了这幅充满人间烟火的巨画之中。在对着村子的山坡上休息时，阿东巴告诉我们他这几年很少浮水了，刚才游了两个来回，现在还是觉得小腿肚有点酸疼。他还给我们讲起在两个孩子读书的时候，浮水帮人运货带人的经历。有一年有马帮要过渡口，找到阿东巴帮忙过渡。时值盛夏，河面比往常增宽了两倍多，为了生活，也为了留给渡客良好的印象，阿东巴骑着羊皮革囊一天往返波涛汹涌的无量河二十多次，拉人运货，带牲口。为了挣得每趟两元钱的报酬，他长年在惊涛骇浪的河水里，赚的都是风口浪尖上的辛苦钱、血汗钱。阿东巴的经历也是一代油米人为生活而奔忙劳苦的缩影。

我们一行披着傍晚的清风回到村长家时，碉楼里传来的节日味道又温柔地拥抱着每一个稍感疲惫的人。

吃过晚饭，又开始着每人"三件套"的酒茶水，大家依旧无边地闲聊着。说到渡口，杨东巴开始给我们讲起油米古渡的故事。杨东巴告诉我们，油米自古就是云南通往藏区的一个重要关隘，虽是边地，却是茶马古道上重要的驿站，在历史上也有很多达官贵人曾借道油米往返于纳藏地区。历史上进藏的马帮取道油米渡，都要先拜访杨伙头。经过伙头向对岸的头人捎好口信，马帮才能顺顺当当地通过古渡进入藏区。

油米还是一个红色的油米。20世纪50年代末，解放军的两个连队，经永宁取道油米，借宿杨扎实东巴家。据杨东巴的五叔玛佐二师兄的父亲讲述，解放军的纪律十分严明，杨东巴一家人请部队在屋里住宿，连长为了不打扰老百姓的生活，要求部队都露宿在屋外，并用六毛人民币跟东巴家买了一个大南瓜。他们把行军锅架在杨东巴家的火炕上，士兵们排队从各自的米袋子中取出一把花生米和一把大米往锅里扔。之后，炊事员把大南瓜砍碎了扔进锅中煮南瓜稀饭。杨东巴说当时自己才八岁，记得炊事员还分粥给村里的小孩。也就是这一次，阿公塔东巴的父亲阿茨尔东巴被解放军请去当向导，老东巴是无量河流域有名的浮水高手。

后来他加入了共产党,并担任了加泽公社的书记,其间带领当地民众经过三年多的奋斗,建成了从加泽大峡谷引水到油米的水渠。

初五又是一个万里无云的晴天,杨文国老师家在这天烧天香。自到油米村以后,笔者发现杨文国老师确实也是油米的一大风景,他从事教育事业,现供职于县教育局,应该说是老一辈油米人中出去工作较早的人。在油来村,每一个男人都必须学会且能熟读相关家庭东巴仪式的经书,如《烧天香》《除秽》等等。杨老师少小离乡,小儿子杨宝东虽然已经非常熟悉经书,不过在新年到来之时的烧香,杨老师还是没有让儿子去做。在无量河流域,作为一个汝卡的男人能够在碉楼的屋顶上给天地诸神烧香,是他的智慧和荣耀的象征。杨老师每天早上都在寒冬的晨风里如实地完成《烧香经》的诵读。

团队给我的分工是调查油米村的火葬习俗,油米的火葬场在杨老师家屋后的青岗林里,当地人称"烧人坪"。据杨老师介绍,油米村过去的火葬场是村口西面的道路下方,是他爷爷那一辈人迁到了现在的位置。老火葬场在村子的西面约五百米处,火葬场迁走以后就变成了全村的丧仪祭鬼场,那里挂满了奇形怪状的神咒的布符,面目狰狞地竖在临江的坡地上,犹如一个个在荒野里流浪了千年的亡魂,似乎在等待与过往的清风,一起撕咬那份亘古时代留下的约定。

自从到油米,杨老师家早已经变成大家十分熟悉的家,不过独自前往"烧人坪"我还是有点顾忌的,看见杨老师在屋后地里浇树,于是请他帮忙当向导前往在青岗林深处的油米村火葬场。杨老师十分爽快地答应了我的请求。火葬场是一块东西走向的空地,三百多平方米。杨老师告诉我们在不久之前烧过一个人。杨家的火葬场位置在整个火葬场的中心，两边分别是石家和阿家的火葬场。在靠东西面的位置，有一堆燃烧过的火炭。杨老师告诉我，这里是焚烧死者衣服的地方。乌黑的木炭堆里还有不少捡剩的白骨，树枝上仍挂着几件未烧的死者衣物，显得些许肃穆而阴森。杨老师指着火葬场上面的树林说，山上还有各家族的尸骨存放点。

穿过青岗林，杨老师指着路边的石头围栏说，这里是油米古村落遗址。随着杨老师手指的方向看去，在青岗林的深处竟是密密麻麻的石墙房基，横七竖八地潜伏在青岗树的盘根下，青苔斑驳。

油米古村落遗址的面积很大，最早的古村，东至杨扎实东巴家屋下的麦田，南到古代的火葬场坪子，西至虎头山西面的山脚下，向北一直延伸到青岗林的尽头，其规模不小于现在的俄亚大村的面积。杨老师爬上路边的石墙头，用手指给我们说，"大跃进"时从老火葬场的位置开始挖梯田，挖开了近大半的古村落遗址，墙基的石头被当时的生产队社员砌成一堵蜿蜒曲折的护田围墙。据当年开田的村民讲述，当年砍倒的青岗林都是三五个人才能合抱的古树，如今的青岗林都是在后来重新保护起来的。把古村遗址挖开，在很多的房基单元内挖到了一个个烧过火的火塘遗迹，但也没有人挖到什么古代的器物。所挖到的房基单元面积很小，有的只有几平方米，房屋的布局十分密集，而且形状各异，有圆形、半圆形、月牙形、三角形以及多边形等。

据杨扎实东巴讲述，东巴的祖父从村中的老家分房到现在位置，在开挖房子基槽时曾挖到过一个火塘，里面还有一圈被炭灰侵蚀得只剩下筷子粗的铁环，应该是炕上的铁三脚。杨东巴家屋后的梯田也是在"大跃进"年代修筑的。20世纪80年代农村包产到户后集体承包给他家。火葬场周边的梯田以前种过水稻,后来因为水源和劳动力等原因,改为旱地,田里套种了核桃、黄果等果木。杨老师又曝出了关于古村落的另外一个发现。2000年在屋后的梯边种核桃树挖坑时,在一个房子的遗址中挖到了一把石斧,石斧无把眼,但有明显的磨制过的痕迹,且与本地的石头有很大的差别。可以确定它并非产于油米。这几年杨老师到处寻找鉴定人,无奈找不到相关的古文物鉴定专家,只能自己一直收存保管着。

青苔斑驳的古石墙

双手抚摸着青苔斑驳的古石墙,如此规模的古村落遗址,究竟是什么民族所建?纳西先民,还是更早的原住民?它又建于何时?新石器时代,还是后来的铁器文明时代?如此规模的村落迁徙又究竟是因为什么?战争、瘟疫还是自然灾害?人神同居的故土,汝卡人神秘而厚实的家园!

吃过午餐，我们又一次叩开了杨文国老师家的大门。杨老师刚从屋后的田里浇树回来，正在喂几只上不了山的小羊羔。打招呼中推开虚掩的柴门，土碉屋里白天也很暗，一束偏西的阳光透过炕上的出烟洞斜照在铺满藏绒的炕床上，显得格外的柔软。汝卡人的火塘永远都不会熄灭。杨老师拿出煨茶的土罐，用火钳拨弄一下灶灰准备煮茶，又一个古老油米村的故事如同藏在冷灶底下的火种，一经拨弄就飘出柴米油盐的味道，过往的历史也就如同飘荡的烟雾，在古老的碉楼里徐徐地演绎起来。

在油米和无量河流域留下传说和故事最多的当属丽江的木氏土司和噶玛巴。

相传很久以前，在油米村对面的俄碧岩壁山上有一个女魔头，专门陷害青年人。特别是年轻恩爱的夫妻，都被女魔头抓去，每当夕阳反照岩壁山时，人们就会看见女魔坐在山顶，放下如瀑布般的头发泡在无量河里洗头。油米村被女魔头害得民不聊生，到处都是被害得残缺不堪的家庭。在一个雷雨交加的午后，女魔头又趁乱来到油米，恰逢噶玛巴活佛骑马经过油米，他从油米虎头山上往下跨马扬鞭紧追女魔头不放，逃到油米村头，女魔头见势不妙赶紧逃回江对面，噶玛巴挥剑砍去，宝剑变成了今天的油米宝剑峰（位于火葬场上的断层山崖），女魔头露出原形，变成险峭狰狞的岩壁山，矗立在油米村的对面。噶玛巴施法术让自己的僧袍变成一条龙，张开血盆大口（龙口洞）盘伏在无量河边永远守护着油米村。噶玛巴在油米渡口北上藏区，骑马过河时把自己的坐骑（变成神马石）留在了河边。在岩壁山上锁上把巨锁，关牢女魔头之后回家了。从此油米村的年轻人免遭妖魔的残害，过上了幸福美满的生活。人们为了纪念噶玛巴大师降妖捉魔的恩情，用传说故事的方式把纳藏民族悠久的历史刻在了永恒的山川河流上。

其实在无量河流域,有关噶玛巴的故事还真不止一个。在油米村的上游吉铺村,至今流传着噶玛巴削山造田的故事。吉铺,纳西语叫"ni loq zhee perq we",意为两条白土沟汇聚处的村子,在纳西族很多地方的送魂路线中都有这个地名,此次又听到关于此地名的实地典故,这也是纳西东巴经对研究古代历史起到史料作用的又一实证。

吉铺是一个由两条白硝岩土山谷汇聚而成的村子,晴天尘飞扬,雨天烂泥沟。相传最早来此定居的是一户纳西母子俩,荒山野岭中无水也无田。噶玛巴传教来到此地,化装成一个化缘的僧人,穿着破烂的衣服,手里拿着一个缺口的木碗,在一个阴雨连绵的黄昏,叩开那户纳西母子的栅栏门,讨要一碗水喝。年迈的纳西阿妈拿不出一碗水给噶玛巴。因为在这里人喝的水自古以来就靠人从无量河背回村子,年迈的阿妈到不了河边。不忍眼看着饥寒交迫的噶玛巴离开,纳西阿妈拿出了准备给生病的儿子补身子的一碗酸羊奶,并告诉噶玛巴,天黑路滑,请他住下。噶玛巴谢过老人,说什么也要去赶路,并很快消失在苍茫的暮色中,不一会儿便雷雨大作。纳西阿妈放心不下,趴在窗户看看外面的情况。只见刚才来要饭的人此时在山腰张开双手,砍就了一片片的梯田。因为成仙的噶玛巴在施展法术的时候是忌讳被人看见的,遂变成一道雷电消失在黑色的夜幕中。在无量河流域的布洛村,至今还流传着噶玛巴点石出泉的传说。

无量河流域不仅是纳西民族迁徙的重要路线,也是在千年的历史发展中形成的主要的纳藏文化交汇区。

杨老师一家人又留我们吃饭,饭间杨老师给我们讲起少年时代骑革囊过三江口，走奉科、鸣音露宿雪地，搭乘林业局卡车到丽江师专求学的经历，讲起自己在无量河流域从事教育工作的往事。

从杨老师家回来，我们发现村长家里坐满了人，大家都有说有笑的。杨东巴的诗歌朗诵一次次引得众人鼓掌，杨东巴不仅东巴文化渊博，汉文化的修养也不错。围着暖暖的火塘，人们尽情地拉起家常。问到油米村的东巴文化，杨东巴告诉我们，在油米村还有很多古老的东巴祭祀仪式在传承。如大小祭风、祭祖、转山、消灾等。村子里一个大东巴去年去世，是杨扎实东巴的师兄，此后杨东巴就成了村里的最年长东巴。杨东巴给我们讲述油米村的东巴文化传承情况，在他的经坛里我们也看到了丽江市东巴文化研究院赠送给油米村的《纳西族东巴古籍译注一百卷》，油米村以丰富的东巴文化遗存被丽江东巴文化研究认定为田野保护基地。杨东巴和徒弟阿公塔、杨玛佐经常到丽江给研究院的学者讲解、释读汝卡的东巴经书。油米村的东巴传承也确实做得好，杨东巴介绍的几个徒弟都已经能独立主持"垛肯""祭风"等较大的东巴祭祀仪式。杨东巴这几年得到了丽江市东巴文化研究院的"纸援东巴"项目的支持，正加紧整理恢复各种失传的东巴经书。

杨东巴向我们讲述了他的曾祖父，一位无量河流域德高望重的大东巴。杨东巴的曾祖父叫革都若，一辈子在无量河、洛吉河、金沙江流域等地区当东巴，培养了无数的东巴弟子。1945年美籍人类学博士洛克从丽江出发前往泸沽湖，住在永宁土司的岛屿上。洛克此行的目的是调查木里及无量河流域的东巴文化，土司派人通知整个区域的东巴带上自己的经书前往泸沽湖。革都若东巴带上家里最古老的东巴经书去见洛克。相传洛克看到革都若带去的

奔腾的无量河水

经书，当场就说这才是他要找的万年书。随后请革都若东巴当经师，游遍木里大峡谷，一直到盐源等地。杨东巴还告诉我，他的曾祖父有一个宝山石头城的东巴朋友，两人经常相互走动，一来就在碉楼顶上喝酒晒太阳，也到石头城头的碉堡上讲经论道。古时候宝山奉科一代的纳西族会经常到无量河流域淘沙金，雨季河水暴涨回不去时就在油米的山上开荒种地，等待年底河水退去，至今还留下了"拉伯里"（意为"宝山人的地"）的地名。

随着炕火的冷却，人们陆续去休息了，杨东巴和农布大叔又给我们讲起赶马帮到永宁交公粮的风餐露宿，讲起一起去藏区务工的劳苦辛酸，讲起全村一起到加泽大峡谷引水修渠的峥嵘岁月，讲起在困难时期为了填饱一家老少的肚子，乘着冬夜的月色浮水过江买粮……

时间过得很快，虽然无量河边的新年气氛还十分浓烈，归期却如约而至。一周的调研时间很快就要结束了。最后一天的行程是到木土司的碉堡去。吃过早餐,杨东巴开始备马,一同前往的还有农布大叔。木土司的碉堡建在虎头山的主峰下,位置似乎刚好在虎头的"王"字上,骑马上去要个把小时。土碉堡背靠虎头山主峰,周围是层层豆麦青青的梯田。加祖村就零零散散如散落在田园之中。土碉建在一个高凸的台坡上,从坡下就开始用火塘大的石头垒砌着基础,土碉的周围是一圈圈单元大小不一的房基,这里是守岗放哨之士兵的生活区。土碉经过漫长的风吹雨淋,早已残破不堪。残墙上青苔斑驳,被雨水浸蚀成一个驼峰状的土墙柱矗立在乱石岗上,那一道道被岁月侵削成矛头状的墙顶傲然地伸向天空,仰望上去犹如一个个坚守在古道雄关上横刀立马的勇士。听杨东巴说,碉堡原先是三层,一层门朝东面,二层有一个朝北的小门,三层上是瞭望台和烽火台。如今两层的分隔层已塌陷,三层墙体已经垮塌,留下二层以下的墙壁仍有六七米高,墙体底部有一米多

土碉遗址

厚，全为黄土夯实。

站在土碉下，环顾四周，不仅可以鸟瞰油米村、树枝村，就连远处的东坝、洛吉、俄碧，一直到三江口都尽收眼底，如果在碉楼顶烧起狼烟，上可观俄亚至藏区，下可及三江口、洛吉、东坝。如此的战略要地选址，让人不禁为木氏先贤的军事战略眼光所折服。杨东巴站在碉楼前告诉我们，在油米的下游茨瓦村还有一个一样的碉堡，与俄碧村的岩壁山上的碉堡和虎头山背后争伍村上的碉堡呈四足鼎立的布局，包围着以油米和树枝为主的S形河床的油米河谷，如此的军用工事布局设计也足以看出油米在历史上的战略地位。

临近中午，我们返回村子开始整理一周的调查结果，准备晚上村民参与的总结分享，为此村长给我们腾出一间屋子。吃过晚饭，村民陆续到来。在讨论中，项目组的成员提出了农村厕所的改造问题，全肉的节日宴食谱改进，简化繁多的传统习俗；人口基数变化带来的生态压力，村落文化的整理和传承；地域的资源优势和市场的连接等问题。与会人员发言的问题都很有意思。

说到传统文化的保护，杨宝东向我们说出了油米村东巴文化传人的真实困境：丰富的东巴文化遗存和随着村子入选中国传统古村落名录，近年来到油米的外地人在不断增加，学者、学生、游客、文物贩子都开始进入村子，淘宝的人也越来越多。有的甚至用一些城市里的小玩具骗走了东巴手中流传了几百年的文物；有的为了骗吃喝，给村民夸下海口然后一走了之。鱼目混珠的来客让纯朴的山乡东巴和传统文化传人经历着不少哑巴吃黄连的境遇。保护也好，传承也好，即将迎来变革的小山村，需要的首先是一种集体认同的村落和传统文化的保护意识，共同建立一个适合村落实际情况的保护机制。古村落的保护，为谁保护？发展乡村旅游是给谁的发展？杨宝东的发言其实也是很多传统村落和传统文化传人共同面临的处境。

油米村延传了几百年的东巴文化，其社会功能已经远远地超越了强化一个族群和村落内部认同的单一功能。这种祖先流传下来的村落传统文化在加强更大的民族、地域和信仰的认同，引领村落移风易俗的改革和地域人文精神的塑造。甚至在保护自然生态环境和社区安定和谐等方面都起着重要的作用。这里，传统的伦理道德基础依然十分牢固，人们在传统道德的约束下淳朴、淡泊地生活着。村长和杨东巴也多次告诉我们，在油米村，因为传统文化的传承，从来没有违法乱纪的人，村民都认真遵守国家的政策和法律法规，各项工作的开展都受到村民的大力支持和拥护。

油米村在无量河流域的纳西族村落中，确实有着独一无二的历史文化遗存和民族文化沉淀。随着被录入中国传统古村落，也面临着新的发展机遇。不过真正保护好这个古村落也面临着诸多的传承和保护的危机。比如传统文化的保护传承力度仍然还靠着自然传承的方式，保护的措施还没有一个具体的机制。文化是根，文化是源远流长的血脉。保护好了文化才能实现村落可持续发展。传承经费的困难，至今还没有一个村落的公共文化空间。村落的历史文化、文献遗存、民间文物还没有一个有效的管理办法。古村落遗址、木土司碉堡等诸多的历史文物还得不到有效的保护。目前的村落民众传统文化需求靠现有的东巴也还能满足，不过从古村落旅游的发展等角度来看传承的力度还远远不够，传统文化的传承危机依然存在。

油米村从丽江解放初期的四十余户，发展到现在的八十多户，人口总数翻了一番,在以后的村落整体形象保护中,修旧如故的传统建筑维修建设要求势必会给辖区内的生态带来新的压力,如何选择新的材料,保护好祖先留下来的青山绿水,已经成为改革和发展的重中之重。

显然,这么多问题的解决已经远远超出了油米村自身的能力。作为一个典型的纳西族传统古村落,传统文化在这里得以传承和延续,秀美的自然生态资源还得以保留,更多的是借助了传统的沉淀和村落传统文化精英的文化自觉。虽有一些外力的支持,但仍是杯水车薪。油米村的保护和传承仍在路上,未来还有很多不可预测的困难,希望能有更多的力量共同关注参与这一村落的保护和发展,毕竟这样的纳西古村落已经不多了。

开完会议已经是临近凌晨一点钟了,项目组成员收拾行李准备按时赶上明早回程的汽车。忙碌了近半个月的村子,随着传统过年节庆进入尾声,人们的生活节奏也逐步回归往日的速度。说是八点半的车子,起床时八点已过。村长一家早早起来,已经准备好了丰盛的早餐。吃好早餐,谢过杨东巴一家人,杨正文大哥已经在村口发动着马达等待我们了。远远看见石农布大叔手里提着微型的放音机和装有糌粑面的小麻布褡裢,迎着晨曦正慢悠悠地爬上屋顶准备烧香,碉楼上燃烧清香木的天香,烟雾缓缓地升腾融入湛蓝的天空,无量河流域的汝卡人又迎来了新的一天。

渔家傲·宝山石头城[①]

余建洋

因缘殊胜,有幸赴宝山石头城考察采风,身临其境,叹为观止,遂成该长短句。

一面临江三面崖,独石盘踞百人家。层层梯田走山野,石径斜[②],太子[③]凌空叹女娲。

因势依石凿寨子,骏马生角石生花。八百年来寻常事,浪淘沙,如今寰球一奇葩。

注:①石头城位于金沙江峡谷中,沧桑近八百年。因百余户纳西族人家聚居在一座独立的巨石之上而得名。先民辟岩建屋,随势打成,实属罕见。
② 斜:古音读 xiá。
③ 太子:指太子关,石头城北面的一道峭壁险关。元世祖忽必烈曾率军至此。当地流传着这样的民谣:"拉伯太子关,伸手摸着天。鸟飞十八日,人走三个月,猴子爬坡淌眼泪。"

题宝山石头城联

杨 陆

2016年冬至2017年春，因参与编写"云南民族文化保护传承与创新发展双十工程丛书"中《高峡巨岩一城堡——丽江宝山石头城》，两番造访石头城，感触良多，因撰题宝山石头城联曰：

巉崖绝壁遮天壤，遥想元跨革囊，太子关头拥铁骑
激浪洄波过峡门，漫言宋挥玉斧，石头城上是家乡

宝山散记

年建生

宝山石头城不大，虽只有 0.5 平方公里，名气可不小。宝山，纳西语叫"拉伯鲁盘坞"，意为"宝山白石寨"，而"拉伯"即宝山。拉伯的大山纳西民谣吟唱道："拉伯太子关，伸手摸着天。鸟飞十八天，人走三个月，猴子爬坡淌眼泪。"太子关原叫老鹰崖，纳西话叫"埃双博"，意思是高耸的崖子。元世祖忽必烈南征时，路经此关山，以后就被命名为太子关。如此险峻挺拔的雄关，想象一下都心跳加速，向往也就萌生了。

宝山，这个深藏在大山大水之间的关隘，又由于康熙年滇中名士孙髯翁所撰的昆明大观楼（称为"天下第一长联"）中提及"元跨革囊"的典故就发生在宝山，更是声名远播。土生土长的我，对拉伯更是心驰神往了。而且 20 世纪 50 年代，为响应党和政府号召，大研镇不少城镇居民组织垦荒队，到奉科拉伯开荒种地，我的母亲就是其中一位。所以，我对奉科拉伯又添了一丝牵挂与情缘。10 月下旬，我应玉龙县作协之邀到宝山石头城采风，圆了我的一个心愿。

关于宝山有不少传说。其中一个故事说，从前，住在衣古堆的木天王，听说宝山四周被大山大水环绕，百姓祥和，物华天宝，是个世外桃源。谋士给他点拨，说宝山是块风水宝地，负阴抱阳、背山面水，背山可迎阳光拒寒风，面水可纳凉气润滋生。后有高入九霄的牦牛山作靠背，左有直插天穹的太子关山似青龙，右有高有千仞的岩可渡如白虎，前有极似龙头的岩石案山，中有连绵弯曲龙脊的阿刷山，金江水流曲折蜿蜒东去，此地怎不藏风聚气？此等好山好水，宝山能不出圣贤达人？木天王很害怕宝山的英杰来与其夺取权位，就时刻关注着这块土地上的一举一动。有一天深夜，一道亮光划破夜空，一颗明星向江东的阿紫（祖母）山那边陨落而去。木氏见状十分惊恐，宝山真的要出大人物？天王抽出宝刀，带上兵马杀向宝山。金沙江边，狂风大作，浓云笼罩，波涛巨浪大起，一条金龙从天宇直下阿紫山，到江边一头扎到大水里，猛吮吸起水来。木天王乘天龙尽兴喝水之时，一不做二不休，抡起宝刀就砍，将龙头斩断了。金龙被害后，龙头变成了宝山石头城堡，而龙身变成了阿刷山。

　　纳西族先民大约在南北朝时期迁徙到这里。《元史·地理志》载宝山州情况说："其先自楼头（宁蒗县永宁）徙居此二十余世。"宝山，元代为丽江路宣抚司所辖的七州之一——宝山州的辖区，宝山是一个天生岩石上关卡，关隘建在一块势如刀削、独立的岩石上，四壁陡峭，猿猴也难攀爬上来。岩石上的军民在四周加筑了一圈五尺高的石墙，使石城更易防御和掩护，整个城池只有东西两道门可以出入，一关上城门，就成了坚不可摧的堡垒。公元1253年，忽必烈南征大理国，经四川过大渡河，分别在金沙江宝山等渡口乘羊皮革囊及木筏过江，经宝山渡江的大军就驻扎在宝山。忽必烈进攻大理国途经拉伯关山，后来就改名"太子关"了。

据《新唐书》卷二二二记载，唐初纳西人就已能制造"状如残辫，有孔旁达……饰以金，所击无不洞"的铎鞘；《史记·西南夷传》载：（蜀贾）"取筰马，僰僮，髦牛，以此巴蜀殷实"。文中所说的筰马，就是我们知道的丽江马。在冷兵器时代，谁拥有锋利的刀枪剑戟，谁就能称雄。在当时，铎鞘是最锋利的兵刃，而筰马是最好的战马，兵强马壮，而且宝山险关，能攻能守，为何纳西首领却大开宝山大门，主动迎接南征的忽必烈？这充分体现了纳西族特有的前瞻的战略视野。这是"益笃忠贞"的纳西人顺应历史潮流，将自身的民族发展进步与维护各民族团结、维护祖国统一的大势紧密联系。

一个小小的村寨，为何能在中国漫长的历史长河中写下一笔浓墨重彩？

由于路况不好，又加上堵车，到宝山已是下午两点，我匆忙吃过午饭，便开始走马观花的采风。紧张了一天，到晚上我入住客栈。换了地方缘故吧，我躺在床上就是不入睡。第二天清晨起了大早，我独自一个，顺巷道而上，站在沐浴了千年沧桑的瞭望台。远望山景，我想了许多。我望着东面高高的阿紫（祖母）山，阿紫还在熟睡之中；又想问向陡绝如削的南扼岩哥渡，水也无语，好像说，我原有天崩地裂的声带已经被水坝切割；仰头高声询问北据峭拔险峻的太子关，它却狡猾不答，一阵江风掠了来，就如太子轻轻地说："天机，天机！"层峦叠嶂依西的牦牛岭，更是不理睬我。正想问问宝山守护者——射箭孔，射箭孔也无解地瞅着呢。为什么，为什么，宝山能如此让人魂牵梦萦？突然听到观音山下村寨里传来一声声公鸡的啼鸣，这时东面已露光亮，山乡农舍的缕缕炊烟，从农家院子里传来婴儿啼哭声。白天，辛苦的丽江马——驮着沉重的改造农舍的装修材料,行进在凹凸不平的岩石巷道间的身影,又再现在脑海中。哦,我猛地惊醒了。铎鞘已在宝山石城熔铸成了锋利的犁铧,血腥的狼烟化作了缕缕炊烟,叱咤沙场的笮马,解甲成为农家的驮马,行进在巷道、农田,茶马古道。难怪呀,难怪!纳西东巴象形文字典籍中的两部著名的珍贵经书《养马卖马》《买卖寿岁》产生在宝山石城。

宝山石城一带,是古代纳西族由"依山负险,酋寨星列,不相统摄"的游牧阶段转向农耕阶段的历史写照。选择巨石建立城堡,除了军事攻防方面的原因之外,也含有珍惜可耕土地的重要因素。传说归传说,宝山是冷兵器时代纳西族军事历史文化的活标本,更是古纳西人民从游牧生活走到农耕文明的文化积淀区。宝山纳西人是战士,更是当地农耕文明的创造者。

石头城纳西先民就地取材,石头凿楹磉、楼梯等房屋构件,凿就出了水缸、畜槽、桌凳、灶台、床铺等日用家具。石头,这冰冷的自然物,在纳西人家奇迹般的鲜活了,成为生动、活泼、热情的纳西人家的一员。家中的石渠,流淌着从石缝进出的清泉,滋养了水汪汪的宝山山乡靓女;石缸、石灶奏出一曲曲农家的酸甜苦辣;石床诞生了无数欢歌笑语。石上黑乎乎、亮闪闪的包浆在与来客诉说,来挖掘宝山纳西民居特有的石文化吧!

纳西族是个善于创造奇迹的民族,宝山险关已让世人惊叹。宝山民居的石文化,怎不是一颗璀璨夺目的钻石!宝山梯田古老的自流水利系统,就是宝山的田园交响曲了。石城周围的山坡,凡能开垦的全都辟为梯田,块块层层重重叠叠镶嵌于山间,密度和排列形式,跟城堡巷道格局十分相似,分分合合,大小错落有致,彼此照应,真是异曲同工。宝山的梯田还有独创,那就是别具一格的自流灌溉系统——不是上田满了流下田,而是在每块田的下面都修有暗渠,形成一条由暗渠和水口形成的浇灌网络,堵住暗渠水口,水便会流灌整块田地,满水后打开暗渠水口,再堵上灌田水口,水由暗渠流下,便可浇灌下层田块——不会产生夺肥现象。这个独创的梯田水利系统建设,充分显示出古代纳西族人民的聪明才智。宝山的梯田自流水利系统,与哈尼梯田的水利系统、和新疆的坎儿井水利的科技价值和历史价值,应当是不分伯仲的。

好啊,宝山!城堡、瞭望台、元跨革囊、民居、石文化、梯田自流水利系统演绎出了一部纳西族的战争与和平的伟大史诗。我不禁吟唱:"大江奔驰东流长万里,关隘巍峨西峙赛千军。"

奉科三大宝

奚月诚

奉科乡地处玉龙县东部最北端，距离县城180公里，东、西、北三面被金沙江环绕，在此形成了"长江第二湾"。它东与宁蒗县拉伯乡，西与迪庆州香格里拉市洛吉乡，北与四川省木里县俄亚纳西族乡隔江相望，南与玉龙县宝山乡接壤，处于三面临江的特殊河套中，历史上有"鸡鸣三省五县"之称。因特殊的地理位置和地形地貌，海拔从1400米到4517米，高差达3117米，整个地形呈伞状，形成江边、山区、高寒为一体的立体气候。境内沟壑纵横，山高坡陡谷深，气候干热，水源奇缺，交通极度闭塞，自然灾害频繁。

2008年4月初，我来到了奉科。这个时节，在丽江还是油菜花盛开、麦苗青青、乍暖还寒的季节，但是，在大山深处的奉科，我看到的是春耕大忙的别样景象，展示在我面前的是其独特的"三大宝"。

美丽的田园风光

从"花花地"（地名）沿公路往山下走，先前茂密的森林越来越稀疏，蜿蜒的盘山公路像一条天绳在眼前舞动，汽车过处，扬起漫天的灰土（因当时梨园电站进场公路正在建设中），越走越有到了沙漠的感觉，只不过这里的土呈灰褐色，路边还偶见一株株低矮的膏桐树。

不知转了多少弯，一片层次清晰、色彩分明、田舍错落的田园风光展现在眼前。远远望去，层层梯田好似从天幕上飞跃而下的瀑布，连续不断而又厚薄一致。再细看，一层层梯田把道路和村庄随意地分开，泛黄的梯田和灰色的房舍错落有致，然而两者之间却层次清晰，房前屋后绿色的大树和竹子则更增添了两者间层次的美感和色彩的美丽，把人带到了"绿树村边合，青山郭外斜"的境界。然而最美的要数梯田内展现出的各种色彩的农作物。

层层梯田中，小麦是主体。清明节令后的小麦大多已迫不及待地穿上金黄的服装，向过往的行人倾诉着成熟的喜悦，等待着主人的收割。而在成片金黄的麦子中间，因土中含沙量、水分以及小麦品种的不同，还偶有青绿的田块，偶尔还间杂着小块的蚕豆。在小麦田中，如果细看，你还会发现许多细微的差异：有的麦穗没有麦芒，看上去只见成熟的颗粒，颜色呈绿中泛黄；有的麦穗麦芒粗而短，显得丰满而沉重，青绿色的麦穗上粗壮的麦芒泛着金光；有的麦穗纤细而麦粒疏松，而麦芒则又细又长，在细长的麦芒上还长着细密的绒毛，也是金灿灿的，让人想起滇金丝猴细长而毛茸茸的尾巴。

在麦田中间，起到点缀作用，让人耳目一新的，要数从去年开始在此推广种植的香料植物——"摸摸香"了。那是一种散发着刺鼻气味的植物，据说有驱蚊的功效，可以从中提取出做香精的香料，其主干和叶子类似花卉中的"月月红"，只是叶子边上有许多缺口，呈不规则状。这种植物会开一种细碎的小花，粉红色的，在浓绿的叶子上方，因此，红花绿叶的搭配显示出一种蓬勃的生命的活力，与周围成熟的金黄的小麦形成鲜明的对比，增添了层层麦田的变化感和色彩的多样性，充实了田园风光的丰富内涵。

独特的耕作方式

在奉科，无论你在喧闹的校园，还是在清静的室内，耳畔时常会传来浑厚而悠远的马铃声，不用问你就可以知道，这是乡亲们在田间劳作了。

用骡马驮运粮食、肥料、薪柴等，这是奉科由来已久的传统。奉科地处边远山区，山高坡陡，沟壑纵横，交通极不便利，历史上骡马就一直是当地群众交通运输、生产生活的重要依托。记得在20世纪80年代中期，我弟弟在陕西读大学，我舅舅在奉科任教，我同时把他们二人从丽江客运站送走，弟弟从丽江经四川到陕西途经三个省，一路乘火车只需要两天两夜，而我舅舅在丽江县境内乘汽车只能到鸣音乡，然后再骑骡马，还需要步行，整整需要四天四夜才能到达奉科，这其中，骡马是必不可少的交通工具。

而今，骡马在群众生产生活中仍然是不可或缺的，在收割季节，群众从家中驮出肥料，再从田间驮回粮食，决不让骡马空跑一趟，这是亘古未变的生产规律。

牛也是奉科群众生产生活中不可缺少的，它历来以吃苦耐劳而被人类所尊重和利用。长期以来，奉科乡农户中二至三户就有一头耕牛，80%以上的田地还是靠牛来翻犁。多少年来，群众一直希望能够解放生产力，实现机械化。有一个真实的故事还在奉科乡流传。20世纪70年代末，奉科公社被云南省评为"农业学大寨"先进集体，被奖励了一台昆-40大型拖拉机和一套旋耕机器，当地干部群众都非常高兴。但是当时未通公路，就算通了公路，拖拉机也根本进不了田，拖拉机和机器在县城的农机管理所里停放了一年后被公社领导以3000元和900元的低廉价格分别转让给了弥勒县以及丽江县金山公社东元大队。直至今日，整个奉科还没有一台拖拉机下地耕田，靠的全是耕牛。

在田间，还有一种独特的现象，收割麦子大多要分两步：先割麦穗，再割麦秆。这在丽江坝区和其他许多地方都是不可思议的，但是，在田少粮少的奉科，这却是最好的收割方式。在奉科乡政府所在地的奉联村委会，有369户1473人，而全村仅有1186亩耕地，其中水浇地只有389亩，人均仅有0.26亩，这对长期以来难以解决温饱问题的贫困山区来说是一个天大的困难。为了解决这一困难，当地群众充分发挥聪明才智，想出了一系列解决的措施，其中在收割阶段最为突出的有两招：一是麦穗麦秆分两道收割，便于运输和避免在运输途中的浪费；二是人背马驮都采用尖底竹篮或无孔竹篮作为运输工具，做到在运输途中撒落的粮食不落地并能全部收回。"谁知盘中餐，粒粒皆辛苦"的古训在这里得到了最好的诠释。

奇异的梯田造型

人民群众是历史的创造者。长期以来，奉科人民在此繁衍生息，改造世界，创造了许多伟大的奇迹，为子孙留下了一笔丰厚的遗产。

走进田间地头，你就会为奉科人民创造的奇异的梯田所震撼，"一纵三横"的创造已将梯田文化演绎得精妙绝伦。

"一纵"是从水源地和山谷随地势高低走向修建主引水渠和泄洪渠,它如一根主线将层层梯田全部贯穿起来。"三横"即一层梯田由一条横向水沟、一垄横形田埂、一块横向水田三部分组成,这三者依次排列,循环往复,高低错落,便自然形成了错落有致的层层梯田。在横向水沟和纵向水渠的连接上,随意而自然,因地势和沟渠的需要可随意开口引水,但是,在横向水沟的连接和每层梯田间小水沟的连接上却很有讲究。

由于每层梯田都可能因地势差异而形成一定的高低落差,因此在横向的同一层梯田间也形成由高层向低层供水的现象;同样,在纵向的上下两层梯田间,也存在着排水和供水的关系,而在这种排水和供水过程中,沟渠的修建都很有讲究。首先,沟渠头部和尾部都要用石材,以保证上一沟渠的尾部不易被排水冲走,同时保证下一沟渠的头部因流水落差而不被冲散;其次,要保证沟渠的通畅,因此,虽然上下两层梯田间的落差有的高达二三米,但大多以石材为主体,以稀泥来黏合,再适当配以干土,既保证了田埂的坚固,稳稳地阻挡了上层的泥土,防止了田水的渗漏,又有效地保证了水沟的通畅;再次,每一层梯田间,大多以暗洞相连接,其出口处也皆以石材来修筑,落水处以石块相铺垫,当上一块田的水放满后,就会自然地流到下一块田中,而且不带走太多的泥土。这种修筑的艺术会把你带到一种神奇的境界,有时会看到一串串的小瀑布挂在田边,有时会有"未见其人、先闻其声"的惊喜,有如在山涧中听到哗哗的水声,却始终未见流水,有时在无意中会发现水突然从你身边一跃而过,让你大吃一惊。

在奉科这里,我被这里的"三件宝"深深吸引。

宝山石头城历史文化考

杨树高

一、把根扎在石头上

一个所居无常、依随水草的游牧民族，用千年的时间，跨越万水千山，从遥远的大西北河湟流域来到了大西南的金沙江上游，竟把根扎进一块巨石之中，建起了自己的"拉伯鲁盘坞"（意为"老虎出没之地之白石寨"），一千多年岿然不动……

在走进宝山石头城之前，让我们先回顾一下纳西先民还未来到这里之前的历史。

方国瑜先生《纳西象形文字字谱·绪论》载："纳西族渊源于远古时期居住在我国西北河湟地区的羌人，向南迁徙至岷江上游，又西向南至雅砻江流域，又向西迁至金沙江上游地带。"

纳西族的先民古代羌人部落的中心游牧地带是在青海的黄河、赐支河、湟水流域。《后汉书·西羌传》载："河关之西南，羌地是也。滨于赐支，至于河首，绵绵地千里……所居无常，依随水草……。约于公元前4世纪初，逐步向南迁徙至岷江之源松潘，茂汶草原地带，又于公元前100多年前移居越族旄牛羌地，大渡河、雅砻江流域一带成为他们新的游牧地。约公元2世纪初,又渐进岷江流域分支南迁,逐步从大渡江以北地区进一步迁徙而南,进至牦牛(今汉源)、定筰(今盐源)一带,'族类繁盛'起来。"

2世纪末叶,纳西族先民的一个部落,自雅砻江流域经木里无量河西迁至金沙江上游的巨津(今巨甸)、铁桥(今塔城)、罗波(今石鼓),世袭居之,发展成为"麽些大酋"。

据《元史·地理志》载:"永宁州,昔名楼头赕,接吐蕃东徼,地名答篮,麽西蛮祖月乌逐出吐蕃,遂居此赕,世属大理。元宪宗三年(1253)其三十一世孙和字内附"。《纳西族简史》称:"和字为蒙醋醋的三十九世孙,为泥月乌的三十一世孙,则泥月乌当为蒙醋醋的八世孙。"泥月乌逐出吐蕃,进入永宁地区并定居下来。《元史·地理志》记载了古宝山州(今丽江宝山)麽些族的情况,"其先民自楼头(今宁蒗永宁)徙居此二十余世",说明约在5世纪左右,从永宁地区迁来的一支麽些族,居住在丽江县东北金沙江沿岸的宝山一带。7世纪初(唐高宗时)麽些的另一首领叶古年,率部族进入通安州(今丽江坝)。

纳西族有一重要习俗,按祖先迁徙线路一站一站地替死者超度送魂返乡,东巴经《送魂经》中记载的返乡路线各地大体相同,与汉文献的记载基本相符。

纳西民族近二千年的历史,其中一千年就是迁徙的历史。历史表明,它的迁徙路线不是一条,而是很多条,它的迁徙也绝不是一次完成的,而是多次迁徙并经历了一个很长的历史时期。

在纳西民族定居之后千余年的历史长河中,在其聚居的区域内出现了闪光的"两点一线",它们放射出纳西族历史文化的璀璨光芒,在现代文明的星空中同样引人注目。

在唐代史料中，金沙江被称为麼些江，金沙江两岸是纳西先民在丽江的最早居住地，塔城、巨甸、石鼓、大具、宝山等是纳西族的大本营。金沙江是纳西族的黄金生命线，不但养育了纳西族儿女，也孕育了纳西族的古老文明。

泸沽湖区域（包括四川、盐源、盐井、木里一带）神奇的"女儿国"，是人类母系氏族的最后领地，并至今保存着一种与母系制相适应的"男不娶、女不嫁"的阿夏婚，俗称"走婚"，是母姓社会及其原始婚姻形态的活化石。

宝山石头城——走出"女儿国"的纳西先民不但选择了一块巨石，而且在巨石上奇迹般地建起新旧石器作为生活用具，在近千年前就把层层叠叠的梯田嵌上城堡四周的山峦上，石文化和梯田文化交相辉映，成为一道万古不朽的奇绝景观，尤为重要的是，真正属于本民族的传统、习俗和文化在这里定格、成形凝固如磐。

丽江古城（大研、白沙、束河三位一体）——纳西族的发展顺应了历史发展的潮流，紧紧依靠中央政府这个大靠山，自身的文化优势与引来的先进文化交汇在一起，兼容并蓄而不失主体，一座体现纳西族最高智慧的"无墙之城"成为世界历史文化遗产而被全人类所共同拥有。

如果说纳西族的发展历史是一组组色彩斑斓的流动着的画面，那么，几个重要发展进程中的历史形态便永远定格在这些点和线上，从中可以窥视纳西族历史发展的整个过程。

泸沽湖区域——代表了纳西族早期的社会形态和婚姻形态（四川俄亚纳西族的"一夫多妻""一妻多夫"和"安达婚"也属这一形态）。

宝山石头城——纳西族农耕文化和传统文化的代表，纳西族实现了从流动（不仅仅是游牧因素）到定居（并非安居）的伟大转折，并完成了从游牧到畜牧农耕并举的转变。那该是"诸侯争霸"的年代，军事防御尤为重要，在自我封闭和自我保护中求生存求发展，这里是纳西族地区较早跨入了农耕文明的地方，同时创造和发展自己丰富多彩的民族文化。由于强烈的自我保护意识，历史似乎又在这里驻足了数百年乃至一千年，这天然古堡依旧是世外桃源般田园牧歌，鸡犬相闻，"相命肆农耕，日入从所"的男耕女织，与古老的民族文化相依相存。

丽江古城——纳西族地区由割据走向统一，由弱小走向强盛，从封闭走向开放，茶马古道的马蹄踏出了这座城市，商业的发展不仅带来了经济的发展，而且也带来了文化的发展。古城的街巷从中心四方街向四面八方放射出去，又从四面八方汇集而来。丽江古城是纳西民族先进文化的代表，从中不但可以窥视纳西族社会历史发展整个过程，而且还预示着未来丽江的发展方向。

经历了游牧民族的艰苦磨炼和艰难最终选择在一块巨石上安家落户，并开始了一种全新的生产生活方式，创造了人类的一个奇迹。在这纳西族历史中发展的两点一线上，塔城宝山石头城可以说是"丽江古城前的古城"，起到了承前启后的作用，它不但是纳西族社会发展的一个重要载体，而且贮存着纳西族历史及传统文化的大量信息。

对石头的崇拜是纳西族最重要自然崇拜之一，纳西人最崇拜的"三多"，传说是化成了一块石头；玉龙雪山是纳西人的神山，纳西语为"坞鲁"，意为"银石"；过去纳西人家大门两边都要立两块白石，称为卢神、塞神……

石头是自然界最坚硬的东西，人类很早以前就知道利用坚硬的石头为自身的生存和发展服务了，至今不断发掘出来的久远时代被人类先祖使用过的石头被称为石器，而耸立于滚滚金沙江边高山深谷中的宝山石头城因石而建、因石而名、因石而长存，真是一个旷古奇绝的石之珍品。

二、巨龙出世的地方——石头城的历史和传说

巨龙曾在这里出世，古时这里有山名"邪龙"，属地也名邪龙县，这里充满了龙的灵气。传说龙是圣人的前身，这里会有圣人出现。七百多年前，摩天的太子关曾踏响过蒙古军的马蹄，忽必烈率千军万马在这里上演了"元跨革囊"的千古绝唱……

站立于千年古石堡之上，回望在这里激荡缠绕的历史烟云，见天地悠悠，大江奔腾，石头城可是圣人留下的圣迹，还是等待圣人降临而设的神坛？

（一）回访人类童年（金沙江崖画）

古宝山州位于中国两大母亲河之一的万里长江的第一湾内，被江水紧紧怀抱，如同母亲呵护着的婴儿。

这里有很多史前文化遗存，如大具的石棺墓、大东的新石器遗址（大具、大东皆属古宝山州），而金沙江（长江上游）崖画是其中的代表，证明很早以前就有人类在这里活动。

金沙江崖画的分布范围恰恰就是环绕古宝山州（今宝山、大具、大东、鸣音）的金沙江两岸的岩洞和悬崖上，主要分布在宝山乡的夯桑柯、花衣、太子关等地。目前发现的有五十余处四百多平方米。它以特殊的地理位置和别具一格的文化特色，跻身于世界岩画之林，引起了广泛关注。

金沙江岩画，是原始先民智慧的曙光，是原始艺术的开端，

体现了人类童年的天真与幼拙,可说是人类的"儿童画",是原始先民在生产生活中创造出来的精神文化财富,是他们留给后人的最为宝贵的遗产,从中可以看到人类早期的生产生活情景及先民的思想情感和社会意识。从崖画中我们仿佛看到:在生产力水平极其低下的新石器时期,岩画的主人生活在高山峡谷悬崖峭壁之间,凭借险要地势,在野兽出没的地方,用最简单的工具猎取野生动物谋生……

经专家研究,金沙江岩画不同于其他西南地区的岩画。其主要特点:一是野生动物为主要题材,人物图像极少;二是没有模式化的痕迹,人物、动物都不是板刻式的,依不同场景绘制不同的图像、物像,但又不失其特征,即幼稚而生动形象,具有浓厚的原始生活气息。其中野生动物众多,有野牛、朝圣猪、獐子、羚羊、岩羊、麂子、鹿、猴子等。其中一幅崖画上可辨的动物图像多达30个,有行走的,有止步凝视的,有奋力前奔的,有奔跑中还回头张望的,可谓"群兽活动图";有的画面巨大,有一头巨大野牛,身长2.3米、高1.6米。崖画中也有人们狩猎和生活的场景,有一幅表现的是一只麂子朝右正望着一颗飞来的石头,石头旁的密密麻麻的点,表示飞来的石头很多;也有少量的人物图像,有一幅振臂高喊的人物图,一只手还拿着绳子,动物在身边奔跑;还有一个人双手持草喂动物的崖画;有的人物还画有头饰;有的动物身上画着空心三角形,可能是象征或表现镞族的;有的在动物身上画一些如弓什物的东西,但图像不清,难以辨认;有一幅各朝左右的两獐子重叠的图像,在中间处的两獐子身上画了一支从上而下的箭,似是表示一箭双兽的意思;有一幅一男一女骑着一只身躯很大的动物,男的手持似弓之物,双脚叉开,女子坐在男子后面，长发被风吹而飘在脑后，十分形象生动。

在石头城北侧的太子关，在垂直高于金沙江1000米的地方，有一溶洞，崖画主要分布在洞东侧6米的崖面上，崖画面长10米，最高之画距地面6.1米，很多岩画因严重风化侵蚀，图像已漫漶不清，唯可见几条短缺曲线。现存较完整的图像有11个，皆野生动物图形，有猴、鹿、岩羊三类。对动物的比例、形态把握准确，栩栩如生，绘画技法以线条白描为主。太子关岩画有多处，这是离石头城最近的一个崖画点。

崖画产生之年代目前还尚未定论，其艺术图式可分为动物、人物、手势、几何图形，除少数神秘的几何图形和表示某种含意的图形外，动物占绝大多数，很多动物都可以辨认，有些动物难以识别，还有不可言状的庞然大物。崖画所反映的内容也仁者见仁，智者见智。

云南省社科院东巴文化研究所和力民研究员对金沙江崖画和纳西东巴文化进行比较研究后认为：现已发现的金沙江崖画主要分布在长江第一湾和第二湾处的丽江、中甸、宁蒗县境的金沙江边，其上游、下游还未发现同类岩画。这一领域恰恰是纳西民族居住的地方，纳西族古老的东巴文化在这里开花结果，中甸县的三坝乡、洛吉乡，丽江县的宝山、大具、鸣音、大东等是纳西东巴文化积淀最深厚的地方，不能不让人想到纳西象形文字的纳西语称谓是"斯究鲁究"（意为"留在木头和石头上的记号/符号"）。民间传说金沙江崖画是东巴教大祭司阿明所为，但这仅仅只是传说。

（二）龙头托起一座古城

明正德《云南志》卷二载："宝山州，在府东二百四十五里，汉为益州邪龙县境，东汉属永昌郡。"《丽江府志》也沿用此说。据考设益州郡邪龙县乃西汉元封二年（109），东汉将博南、不韦、叶榆、邪龙、云南等8县合设永昌郡，成为东汉105郡中第二大郡。还有一说西汉丽江属越巂郡，该郡辖15县，丽江隶属遂久县，《丽江纳西族自治县志》采用此说。宝山也如此，这是对宝山历史的最早记载。1982年9月，在丽江县奉科乡岩浦自然村（属宝山州）出土了东汉时代之前的"蜀郡"铁锸（蜀郡，秦时设置，西汉、东汉仍有此郡，包括雅安直至木里河一带，离古宝山州不远），该文物疑是东汉时当地居民从四川带来的农具，在滇西北地区是第一次发现，成了宝山一带该历史阶段最好的实物证明。

洛克在《中国西南古纳西王国》"丽江的山"载："阿那山，在丽江迤北270里，在古代宝山州的南部边界上，这座山在汉朝时（公元前206年至公元24年）称为邪龙。现在属于剌宝（宝山）。山上有一个有栅栏的古老村庄，称为阿那和。"他还特别注释："丽江坝也有一座山称阿那古"，说明此山非彼山。并在该书"丽江的历史"一节中注解："邪龙即古宝山（纳西语称拉伯），在丽江北部金沙江的湾内。"阿那山也称阿祖山，其为纳西名，"阿那"和"阿祖"是纳西语"祖母""奶奶"的意思。它与宝山石头城隔江相望，其山汉时称为邪龙，并以山名称为县名。至于"山上有栅栏的古老村庄称为阿那和"，宝山石头城周围的村落至今还分族而居并以古氏族名称为村名，如梅各伟、梅牛阔、犹（叶）本古、犹鲁伟、树伟古等。"和"应是纳西族古部落的族称，为纳西四大古氏族（梅、来、树、叶）之一，《元史》等典籍中纳西族有很多"和氏"首领，如巨甸、石鼓的和牒、和失及永宁的和字等，以阿那（祖母）作为山名及寨名，源于纳西先民的女性崇拜，如永宁的狮子山（格姆山）作为女神的象征，由此可见，"阿那和"这个古村庄应为母性氏族社会所建。而邪龙之名也与宝山石头城的传说相符。

很久以前，在金沙江西岸的宝山，有一条巨龙在这出世。在这条巨龙出世之前，一股巨大的青雾浓烟在这里蒸腾，滚滚的烟雾由青变紫，由紫变红，在一阵电闪雷鸣之后，龙吟声回荡整个山谷，旋即一条巨大的青龙从滚滚浓烟中探出头来，一对大犄角在头上晃动，一双眼睛像明晃晃的灯笼，咧开的嘴在喷云吐雾，浑身的鳞甲放射着耀眼的光芒，它使出全身力气缓缓地向上升腾、升腾，此时它感到有点口渴，欲俯身饮一口奔腾的江水。哪知巨龙的出现早被一只恶魔发现，它瞪红的双眼充满妒忌，大山里怎能出现巨龙，怎么能让巨龙去遨游万里长江，去惊天动地，去大展宏图？当刚刚出世的青龙正伏在金沙江边，伸长脖颈，低下头颅去饮江水，恶魔趁机抽出魔刀，照着龙脖子用力砍下去，只听得咔嚓一声，龙头和龙身在顷刻之间分离，鲜红的龙血溅满了天地。头身分离的巨龙再也无法起飞，永远地躺在了金沙江边，不知经过了多少岁月，那龙头化成了巨石，龙身化成了山脉，后来人们在龙头上建起了宝山石头城。恶魔斩断了龙脖，但没有斩断龙的灵气，这里地灵人杰，宝山石头城从此名扬天下。（牛耕勤《丽江名山川·古城传说》）

《新编丽江风物志》也介绍了这个传说：这里是一块风水宝地，盛产米粮，也出过不少杰出人物。木天王害怕那里的能人猛士夺他的江山，派人日夜监视。一天晚上，一颗明星落到江对岸的阿祖山上，木天王知道那里真的要出圣人，急忙带上宝刀，领着兵马到宝山坐镇。果然一天狂风大作，浓云乱卷，一条闪闪发光的龙从半空飞向阿祖山，一到江边就低头饮起水来。木天王妒火狂烧，乘龙不备，举起宝刀就砍，把龙脖子斩断。这条龙原是圣人的前身，被害后，龙头化成了石头城。

（三）《白狼歌》是不是宝山纳西首领献给汉朝皇帝的

《后汉书·南蛮西南夷列传》载：东汉明帝永平年间（58—75），川西王白狼王唐"慕化归义，作诗三章"献给汉明帝，"远夷之语，辞意难正，草木异种，鸟兽殊类"，有田恭者"颇晓其言，译其辞语"，"帝嘉之，事下史官，录其歌焉"。《东观汉记》载其歌，并记夷人本语。这是研究该地区（汉盖州）古代史十分难得的珍贵资料，很多学者对此进行了潜心研究。

洛克在《中国西南古纳西王国》"对丽江历史的注释"中提出："在东汉时代（25—220），丽江一度属于永昌郡，永平十七年（74），白狼王写了一首有三章的诗，极力颂扬汉朝的丰功伟绩。"

《滇系》第四卷中记载：永平十七年，当白狼王进贡的时候，他们写了一章诗篇，益州牧朱辅把它翻译出来呈奏皇帝，当时的白狼就是现在的丽江。

著名历史学家方国瑜对诗三章夷人本语44句176音进行了研究，结果该诗除去借汉字和难解形容词约80音外，余下90多音，与纳西音最接近，可认为是纳西先民之作。

纳西族学者和煜堂先生是方国瑜教授之学生，他用十余年时间对《白狼歌》进行苦心研究直到去世，完成了《〈白狼歌诗〉译注》（载《丽江文化荟萃》）。他查考《白狼歌》古汉语，着重选择东汉时期以前古文献。以《纳西象形文字谱》、纳西东巴经典籍为主要依据，广泛查考纳西民歌、口语、俚语，将《白狼歌》夷语逐一对译为纳西词，又分别整理成各种纳西语句式，经过无数次去伪存真去粗取精的梳理、鉴别、筛选工作，易十一稿，使原来

的"夷语"初步恢复了"本语"原貌,并用纳西语、汉语对照译出了全诗。还得出如下结论:

(1)《白狼歌》具有部分纳西古文化特征和传统风俗,如自然崇拜、祖先崇拜;有很多纳西专用名词、短词和词组,其纳西语言构词、情调、韵味独具特色,为其他语言所不可替代。

(2)《白狼歌》载于《后汉书》的"笮都夷"为纳西古族名;献歌者叫"唐",为典型的纳西名字,汉意为"愚纳西(人)",正如汉语之"愚臣""卑职"。

(3)《白狼歌》能用纳西语通译,是从其内容认知系由纳西古氏族之一的叶支所献。永宁是叶氏族发祥地,宝山的纳西族以永宁迁来,且东巴经中谈到宝山有"老叶地"即有叶氏族居民,宝山有著名的石头城,历史名望很高。宝山土语比其他两个土语(丽江坝和大研镇)少 dz、dy、f 三个辅音,所译《白狼歌》已不含 dy、f。宝山州土语为"拉伯"故疑田恭先直译为"狼白",而又要合汉语文法而改成"白狼"。(方国瑜在《麽些民族考》中认为:《白狼歌》先有汉文,而后以夷语译之,故汉之意通顺,而夷者句法则颠倒错乱。)

和煜堂先生研究结果表明:《白狼歌》系纳西族先民叶支,"拉伯"(古译做"白狼")的部落酋长在东汉朝堂上献给明帝的三首纳西歌,由田恭翻译成四言古诗并记"夷人本语",受到皇帝嘉奖而载入史册,流传至今。"白狼"古部落在今丽江县宝山乡一带,过去所谓"白狼语"其实是宝山古语。其中便有这样一段:

拉伯多山谷,不有上贡的。
愿汉皇长寿,子孙也兴旺。

宝山是不是《白狼歌》的产生地，还有待于进一步研究。宝山是不是纳西族很多民歌的诞生地也尚不能断言，但《纳西族文化大观》一书中记载了这样的一个传说。

家住宝山的阿忍咪为了延年而外出。她来到鸣音，见到一家人在为死者举行隆重的开丧仪式。人们正手拉手热烈地跳着"阿热热"，但有舞而无歌。阿忍咪想，刚劲的舞姿应与和谐优美的音乐相配合，"热跳跳"的唱腔便从她的金嗓子里奔出。

来到白沙地方，在一片黑森森的松林里，栖息着一只苍老、孤独、失明的黄鹰，它无法觅食饱腹，那凄惨的哀鸣震颤着阿忍咪的心，"喂蒙达"的曲调便从她的喉咙里涌出……

到了中甸白地，到层层叠叠的山峦高低起伏、连绵不断，"呀哈里"的歌声便从她嘴里唱出。

从白地辗转到了俄亚，秋收后的大地袒露着胸膛，淌油似的黄土扑进阿忍咪的眸子，"唔史蹉"的曲调禁不住脱口而出。

走南串北回到宝山，站在山巅往下望，久别的故乡显得格外亲切可爱，"唔生生"的旋律便从她的心窝跳出……

由此可见，宝山纳西先民是能歌善舞的，宝山或许是纳西族民歌的发祥地之一。

（四）最早带领纳西部落来到宝山的是不是越析诏主波冲

《元史·地理志》载："宝山州在雪山之东，金沙江西来，环绕三面。昔么些蛮居之。其先自楼头移居此二十余世。"

不仅正史如此记载,而且如今的石头城居民也众口一词,由忽必烈率军革囊渡江(1252)上推二十余世,纳西先民居住于此有史可考至少已有一千三百多年。

那么,带领部落来到宝山的第一个纳西族首领是谁呢?

美国学者洛克在《中国西南古纳西王国》这样写道:"我们在这里看到关于麽些和他们头人泥月乌到这里(指永宁)定居的第一个记载(指《永北直隶厅志》第7卷32—34页),泥月乌必然带着一大帮部落人民,不然的话,他不能赶走住在那里的吐蕃,因为这个今天称为永宁(汉语永久的和平之意)的地方,原来在藏语中称为答蓝,据说这事发生在大约公元24年。我们从《南诏野史》和《元史》中还进一步知道,麽些部落的第一个头人到金沙江西南定居,即金沙江湾内,他是从今天的永宁来的,永宁当时称为楼头,这第一个头人名叫波冲。他当时定居的地方是后来所称的宝山,在丽江迤北245公里处永宁西南150里处。在唐朝时即7世纪初叶,他建立了越析诏,并称他的王国为麽些诏,也称花马国,他是在唐开元二十六年(738)被暗杀。"

波冲是纳西族历史上赫赫有名的人物,他建立的越析诏(麽些诏)史载"地最广、兵最强,素为南诏畏",这是纳西先民在云南建立的第一个比较强大的政权组织,唐代史书皆有明确记载。越析诏有神奇的祖传兵器称"铎槊","言从天雨下,入地丈余,祭地,方掘得之"(唐段成式《西阳杂俎》)。"铎槊者,状如残刀,有孔旁达,出丽水,饰以金,所击无不洞,夷人尤宝,月以血祭之"。(《新唐书》)波冲有一个非常漂亮而又风骚的夫人,与白蛮豪强张寻求勾搭成奸,并招来了奸妻杀夫之祸。南诏听说波冲被害之事,喜出望外,迅速报告了剑南节度使,此举正中节度使

"合六诏为一"的下怀，把张寻求召来宣布他的罪状后处以极刑。剑南节度使趁一时两部落无主，两地都并于南诏，皮逻阁借刀杀人，一箭双雕，占据了大半个滇西北，风流娘子葬送了一个王国，有后人称"南诏不费一矢，坐得花马国"。波冲的侄子于赠率部北渡金沙江与皮逻阁对抗，最终全军覆没，于赠投江自尽，"数日始获其尸，并得铎槊"。一个"桃色事件"导致了纳西族一段惨烈的历史，但越析诏的灭亡，并非所有麽些族的灭亡，纳西族更辉煌的历史还在后头……

关于越析诏的活动范围，史学界有两种看法：一种是今宾川县境内，起于唐樊绰《蛮书》；另一种认为在今丽江，如《元史·地理志》、明正德《云南志》、明《南诏源流纪要》、清《古通记浅述》、清乾隆《丽江府志》、向达《蛮书校注》。正德《云南志》载丽江军民府该时期的建置为越析诏。向达先生提出："越析诏蛮曰麽些诏，磨蛮、些蛮、磨些蛮俱在诏内。磨蛮或磨些蛮住地，在金沙江上下，故唐代称金沙江亦磨些江。"

洛克在丽江生活了二十多年，对丽江的历史、文化和地理作了深入细致的研究，除了查阅典籍，还实地调查，曾往返宝山多次，他不但提出丽江境为越析诏，而且认为诏主波冲率部落最早来到宝山。

张星源先生在《丽江史略》（《丽江文史》第17辑第25页）对波冲其人另有叙述："按藏经弥勒那部有拿仙波冲者，原系藏属教王居于底斯山与竺祖弥勒斗法，为所屈递令居公些地，波冲言其安雹岭去，恐非雹地不乐，祖弥勒乃作法，将三把雹向东而掷，据经文载，第一把雹掷中甸宝雹山，第二掷丽江玉龙雪山，第三掷叶榆点苍雪山。波冲乃率其部众遂往么些地方。

又按藏经，波冲实为东巴教主，而丽江在唐代亦称为东巴教极盛之时。据东巴祭天经部，载在唐代开元祭天仪式之文。按南诏野史，此时丽江地为波冲所居，南诏野史所载波冲或为拿仙波冲之简称。"

波冲在历史上实有其人无疑也，如果作为诏主和教主的波冲同为一人，那么，纳西族是否有过政教合一的历史，东巴教产生的年代是不是便有了新证，这有待于人们进一步研究。

波冲既是宝山石头城的开城之祖，也是东巴教教主，这虽只是洛克先生和张星源先生的两家之言，但给本来就神秘的宝山石头城增添了更为神秘的色彩。

（五）元跨革囊

自秦汉以来，纳西族逐渐定居的区域处在唐、南诏、吐蕃三个政权之间，是三大势力的逐鹿地带，其依附关系因这一地区军事力量此消彼长而转移，时而属吐蕃神川都督府，时而又划为南诏丽水节度，麽些部落在动荡不变的政治环境中，经历了无数血与火的洗礼，多次受到致命的打击，但这个"砸不烂""砍不死"的民族，以顽强的凝聚力和生命力一直自立于中华民族之林。

方国瑜教授在《麽些民族考》中言："自南诏以后，麽些之境，大理不能有，吐蕃未能至，宋亦弃其地，成瓯脱之疆，自为治理，经三百五十年之久"。唐贞元十年（794），南诏大破吐蕃于铁桥，彻底改变了滇西北政治格局，吐蕃势力在云南已成强弩之末，麽些部落不再依附于吐蕃。南诏在对丽江纳西族地区军事征服和占领的同时，实行羁縻之治，承认世袭酋长地位，"与南诏为婚姻家"，进行拉拢并予以一些安抚，纳西族地区也没有大的动荡。铁桥以下金沙江河谷（包括宝山）是比较富庶的地区，也是农业和畜牧民族交易的通道,这一时期,纳西地区经济文化得到一定发展。902—907年,南诏与唐朝几乎同时退出了历史舞台,宋太祖赵匡胤"宋挥玉斧",在地图上沿大渡河一划曰:"此外非吾所有矣",从而一挥间丽江也就成了"非吾所有"之地。段思平建立的大理国"诸酋争强,不能相下,逐并诸酋,自为府主,大理不能治"(《元史·地理志》),而此时的丽江纳西族地区"段氏虽盛,亦莫能有"。唐宋更替,南诏与大理国的兴亡,给纳西族提供了一个自由发展的时间和空间。此时的纳西族地区"依江附验,酋寨星列,互不统摄";纳西人"气习朴野,人多勇悍,俗尚争竞";"土多牛羊,一家即有羊群";"每月冬日宰杀牛羊,竞相邀客,请无虚日,一客不至,则为深耻";"男女动百数,各执其手,团旋歌舞以为乐"。元人王沂曾到丽江,有《麽些诏》诗赞曰:

> 泸南地多瘴,麽些风俗美,酋豪富畜牧,散野若蜂蚁。
> 圣世重柔远,政尔烦尺箠,败群既已去,饮龁自相靡。
> 土俗类楚优,衣被纷错绮,徘徊百态出,供我一笑喜。
> 亦有善刀舞,众锋粲鲸齿,坐令帐下儿,往往发上指。
> 将军一回顾,风猎旌旗尾,四座且勿喧,酒酣可以起。

正当纳西族放牧饮酒、踏地而舞、自得其乐之时,一支铁骑远道而来,马蹄声打破了这一地区的宁静。率领这十万大军者,乃元世祖忽必烈矣。

1234年,蒙古成吉思汗灭了北方的金国后,开始准备进攻偏安江南的南宋王朝。他们采取迂回包围的战略,决定先征服云南,以形成对南宋政权的南北包抄之势。忽必烈"仁明英睿",在未当皇帝之前，就"思大有为于天下"。唐朝名将郭子仪后人就对成吉思汗说过："西南诸蕃勇悍可用，宜先取之，藉以图金，必得志焉。"这个迂回战略，没被成吉思汗采纳，但被忽必烈付诸行动了。

据《元史·世祖本记》载：1253年秋，忽必烈带兵至甘肃临洮，九月二十六日至四川雅安西部，在此分兵三路，兀良合台走西路；抄合走东路，入姚州；九月二十九日忽必烈由中道至满陀城，十月初一，在永宁驻日月和，当地纳西族首领和字内附，略作休整后，翻牦牛山到金沙江边，从刂头今（奉联）"革囊及筏以渡"过太子关到罗邦（拉伯，今宝山石头城）、罗寺（拉汝，今宝山乡政府所在地）"摩娑蛮主迎降"。十一月二十二日围大柜（打鼓，今大具），十一月二十五日到丽江，十二月十二日到大理。

忽必烈南征之路并非阳关大道，而是充满危险、荒无人烟的高山深谷。据《元史》记载，董文炳率四十六骑追赶忽必烈大军，"人马道殆尽，止有两个挟文炳蹀躞徒行，取道死马肉食之……才免于一死"。忽必烈本人"山径盘曲，舍骑徒步"，有时由郑鼎背着走。迂回二千里绝境出奇制胜，忽必烈创造了一个人类军事史上的奇迹。顾祖禹在《读史方舆纪要》中说：

"吾观从古用兵，出没恍惚，不可端倪者，无如蒙古忽必烈之灭大理也。自临洮经行山谷二千余里，自金沙江济，降摩荻，入大理，分兵收鄯阐诸部，又入吐蕃，悉降其众。夫从临洮而抵金沙，亦不过二千里，行军于无人之地，更不事假道蜀中也。夫彼可以来，我何不可以往？设有人焉，出丽江而北，招纳诸番，结以信义，经上洮岷，直趋秦陇，天下之视听，必且一易，以为此师从天而降也。"

后人评述忽必烈的胜利，往往归功于他选择了一条谜一般的进军线路，而人们没有注意到的是，忽必烈的进军线路与纳西族先民的迁徙线路完全一致，特别是从松潘开始，基本沿着纳西族的迁徙线路，忽必烈大军安营扎寨之处皆纳西族先民曾经立足之一，这难道仅仅只是一种历史的巧合？也许在中国西南部和崇山峻岭中，历史上只会有纳西人和蒙古人这两个勇猛顽强和虎虎生气的民族才成功地走过这条险道，忽必烈取得了战略性的胜利，而纳西人则在神奇的玉龙山下、金沙江边找到了自己永远的家园。

忽必烈进军云南，对中国历史乃至欧亚各国历史产生了重大影响，也使纳西族历史发展方向发生了重大转折。它使纳西族由"依江附险，酋寨星列，不相统摄"实现了相对统一，再次被纳入中央王朝，纳西族部落首领成了王朝官员。元中统四年（1263）"以麦良为察罕章管民官"；至元十三年（1276）改为丽江路，立军民总管府；二十二年"立宣抚司，领府一、州七、一县"。宝山被忽必烈名曰察罕忽鲁罕，至元十四年立宝山县，十六年升为州。从某种意义上说，没有忽必烈南征，就没有纳西族元明以后的发展。

元跨革囊整件在著名的"天下第一长联"——昆明大观楼长联中被作为中央王朝"费尽移山心力"经营云南的"伟烈丰功"。蒙古兵革囊渡江的故事在丽江历代相传，纳西族清代诗人周兰坪有诗曰：

    浓云惨惨雪欲落，金江滚滚舟难航。
    中军奇谋出不意，践越波涛若平地。
    杀羊享士朝在山，携革出营暮挥旗。
    如浮鹅鸭渡江来，江上无人守将台。

气袋便于备舟楫，顺顺而东江城开。

定借革囊成大功，纵横万里斩荆棘。

我来访古秋生澜，渡形依旧江水寒。

纳西进士和庚吉也有诗云：

西入金沙折北湾，怒涛冲断玉龙山。

江村一事仍元制，齐跨此囊渡往还。

（六）宝山知州、宝山州印和宝山进士

自元至元十六年升县四州以来，宝山州建置一直到清顺治十六年（1659），达400年之久，宝山州四至：东至永宁府150里，南至鹤庆军民府300里，北至西番界35里，东南到澜沧卫军事指挥使司㵎蒸州140里，东北至永宁府革甸长官司100里，西南到通安州250里，西北至西番界100里。其范围即今丽江县宝山、大东、大具、鸣音、奉科等乡。

《景泰志》载："州治元衙署，利用寨房舍办事。"

设土知州，明《土官底簿·宝山州知府》载：和耐，本州人，前元任本州知州，洪武十五年（1382），本州系边境，西番俱系生拗么些蛮如他出官劝人民认纳粮差，本府前故土官木得委充火头。三十二年，见任土官知府木森举保袭知州，西平侯暂令管事，后准任知州。患病，男阿日赴京朝贺，永乐四年（1406）正月，奉圣旨："先著他替做知州。还是照勘，他父病的缘故。钦此。"

可见宝山州纳西人和耐曾任元明两朝宝山知州，后子袭父职，其子阿日还曾赴京朝拜。

《木氏宦谱》还载有宣德八年（1433）宝山土知州阿日一度被番贼掳去，丽江土知府木土"遂亲领兵诣本州，设策取回"。

民间还流传着知州的一些故事。有一知州叫拉伯伟生，机智过人，办事公道，令人敬畏，但他目不识丁。有一日，有人拿着状纸上告，知州接过状纸，看时拿倒了状纸，上告者说给他拿倒了，他却说："你们做事都颠倒，我正的怎么看得成。"上告者一听，知州怎么知道我这是诬告，便撤了诉状跑了。

1983年3月，在丽江县大研镇北门坡开挖地基时，出土了"宝山州印"。该印质地为青铜，呈正方形，边长7.5厘米，厚1.3厘米，净重890克，有柄，正面为小篆，阳刻"宝山州印"，背部正楷阳刻两行字："永历十年九月□日""礼部造""永字叁仟伍佰拾柒号"。永历十年即清顺治十三年（1656），明时丽江军民府领四州一县，宝山为其中一州。宝山州印的发现为了解当时丽江的历史提供了可资之实物，现已作为国家一级文物收藏于丽江市博物馆。

《明史·丽江土司传》载：永乐十三年（1418）检校庞文郁言，"丽江府及宝山、巨津、通安、兰州归化日久，请建学校，从之"。宝山州具体何时开始真正办学，无以可考，但《丽江元明清及民国时期教育大事记》（《丽江文史资料》第14辑）载：明崇祯十三年（1640）曾高桓（宝山州人）中庚辰科，第三甲第二〇二名进士，为有史以来的丽江第一进士。

三、纳西传说古文化的发祥地之一

纳西族东巴被称为智者，兼有"十八般武艺"，被纳西民众认为是人与鬼神及天地万物交流和沟通的媒介，他们信奉万物有灵，致力于人与自然的和谐发展。

　　文字的发明和应用在人类的发展进程中具有划时代意义，但真正创制和流行一种独立文字的民族在全世界屈指可数，偏居西南高山深谷中的纳西族在上千年前创制了一套象形文字至今还活着，用它书写的数万卷经书被全世界各大图书馆、博物馆珍藏，而且被誉为"纳西族古代社会百科全书""智慧的迷宫"，目前二十多个国家和地区的学者从不同角度对它进行研究。

　　东巴文化是纳西古文化的集大成，其中宝山不但占有重要地位而且功不可没。

　　（一）作为"菩萨"建寺供奉的宝山东巴

　　东巴教没有严密的宗教组织，没有共同的活动场所，没有各地统一的祖师，也没有职业教徒，东巴一般都不离开生产劳动。

　　宝山派是纳西东巴四大派之一，影响很大。据1982年人口普查，宝山行政村有12名东巴。据和志武、郭大烈《东巴教的派别和现状》一文介绍，丽江解放前仅宝山行政村就约有40名东巴。这里历史上产生了诸多著名东巴，其中有一位宝山的古代东巴被人作为"菩萨"建寺供奉至今，这在东巴文化史上绝无仅有。

　　郭大烈在《纳西族风情录》（第317页）中写道："宝山有个著名大东巴格取格巴，懂很多经书，法术高明，有一次他被木土司请去念经，消除其家属病患。他略施小计，便让青松枝扎的鹿鬼，在院子活蹦乱蹦，木土司见他神通广大，担心以后难以制伏，便派人埋伏在他回去的路上，暗杀了他。但格取格巴把被砍掉的头重新安好，坚持走到老家才绝气。后人为了纪念他，在他家乡永绿湾后山上建庙塑像，世代香火不绝。丽江坝庆云村靴顶寺供的也是格取格巴，据说他作法时，脚上黑靴飞落头顶。每适大旱之年，东巴们便在寺中念经，抬着格取格巴的铜像游乡，天就会下大雨。"

木丽春在《略谈东巴教徒社会地位的演变》(《东巴文化论》第106页)中也提到一个故事：据老东巴和即贵讲，传说丽江拉伯（宝山）地方，有叫嘎底、嘎趣、嘎本的三位东巴圣师，有一年天大旱，木底请圣师举行祭祀神术求雨。三名东巴有非凡的法力，用死炭点燃天香，所画神像即会眨眼睛，编制的冥马也会行走。木氏看到东巴圣师过人的才智，想到人间有如此聪明能干的东巴圣师，假若留下不剪除，日后大酋长的地位必定会被东巴圣师取而代之。于是在酒浆里放上孔雀胆，谋杀了这三位圣师，并生怕其转世投生，把他们的像画在课牌上，而画像头上顶着一只靴子，埋在高寒地方，永世不给圣师转世投生。

这个故事在民间也广为流传。古时有一年丽江大旱，纳西族土司请来和尚、喇嘛、道士来作法求雨，均无效果，只好喊来纳西东巴试一试。被喊的是东巴三弟兄，他们本领非凡，未等求雨祭祀仪式结束，大雨便倾盆而下。土司又惊又怕，很是不安。便命人在酒中下毒欲除三兄弟。老大名叫阿趣（与格取、嘎趣近音）先中了毒识破其中之诈暗示两个弟弟千万不能喝毒酒，要马上想法离开，他则中毒身亡。木老爷特用铜铸了一个头顶靴子的阿趣像，寓意将其踏在脚底，永世不得翻身。有一年，一个喇嘛到拉萨去朝佛，走到玉龙雪山脚就下起了大雪，在雪原中却有一块干燥无雪的地面，便认为地下有宝，深挖后发现这尊铸像。喇嘛认为是佛祖显灵赐神像，便不去拉萨了，在丽江建寺把阿趣像供奉起来，尊称为"靴顶菩萨"。

靴顶寺历史悠久，现存之寺是清光绪十七年（1891）重建的。

坐南朝北的大殿门上悬挂着一块金字匾额，上书"保我黎民"四个大字，殿堂内的佛龛上原供奉着靴顶菩萨的神像。这是一尊造型怪异的艺术珍品，像高0.7米，用青铜铸成，形态朴拙，两眼突出有神，头上顶着一只长筒靴子，一只脚独立于铜鼓面上，腰带呈被狂风所吹而飞舞状，似突遇暴风雨，忙乱中不知所措的模样，又似幽默诙谐之情态，体现了一种夺人心魄的艺术魅力。此像的特异造型，源于丽江大旱求雨的历史传说，并形成了丽江向靴顶老爷求雨的习俗。原件现收藏于云南省博物馆。

(二) 产生于宝山的两部《东巴经书》

宝山历史上不仅产生过绝世的东巴圣师，而且在这里还产生了两部著名的东巴经即《买卖寿岁》《三女卖马》。

《买卖寿岁》 一个叫天族老阿哥的富人，有满库的金银，满仓的粮食，遍山的牛羊，穿不完的绸缎，住不完的房子，"样样他都有，什么也不愁"。有一次，他到金沙江去淘金，从水中照见自己两鬓斑白，已经苍老了，心生悲凉，便把淘金工具摔在江边跑回来。他觉得自己不长寿，打算把短寿卖掉，把长寿买回来。他从拉伯（宝山）起程，翻过玉龙山，来到白沙，从街头到街尾转了三趟，只见卖氆氇和铜器，不见卖寿买寿者；来到四方街，只见卖柴金银，不见卖寿买寿者；来到布米街（今鹤庆辛屯），只见卖酒卖豆腐，不见卖寿买寿的；来到鹤庆街，只见卖土布和松石，不见卖寿买寿的；来到大理三月街，玉器彩丝什么都有卖，唯独不见卖寿买寿的人；最后来到昆明街，锦缎丝绸什么都有卖，就是没有卖寿买寿的人。他的短寿卖不掉，长寿买不到，只得哭着转回来。回到碧鸡关回头看一看，昆明大街散完了，街边大海干涸了，海口大石裂开了，来时所见绿茵茵的杨柳树也枯黄了，叶子落尽，树干也腐老了。他终于悟到万物都有盛衰的替换，于是说了声"吾男已苍老，就让老去吧！"笑着回到故乡拉伯。他寻找兄长，去寻找先辈，人们告诉他："不知云不知，似一朵白云，去绕山尖了；不知风不知，似一阵白风，去吹山林了；夭族吾阿哥，已到神地了。"

经文的结尾这样吟诵："人生辽阔地，人生不愿死；虽然想多活，岁月来追赶；不知不觉间，已到老死时；人生有老死，自古就有始。不必去惜老，不必去怜死！"这便是这部《东巴经》的精髓——从自然万物提炼出有生必有死的规律，在生命的自然法则面前，无论穷富，一样公平，任何人都不能违逆。同时也表现了古代纳西人民豁达的生死观——海子也会平，石头也会裂，绿树也会枯，人老又算得了什么！

《三女卖马》 苏吉河边苏罗、俄亚、拉伯地方有三个女子，她们养了三匹马，把马养得又肥又壮，打扮得漂漂亮亮，天天骑马跑马。她们不去纺羊毛织毯氇，不去纺蚕丝织丝绸，不去纺麻布洗麻布，如此已有三年，砍柴舀水都叫男女奴仆去做。有一天，男女仆奴不起床，三个女子只好自己去背水，舀水时发现自己"头发白丝丝"，就丢桶扔瓢转回来。她们带上金盆玉梳，到永宁白露海边去梳洗，海水映出她们确实已经老了，不洗又回来。她们又去跑马，但村头有危岩，村尾有深潭，马也跑不成。吾阿哥对她们说："女人不兴骑马跑马，把马卖给我吧。"她们不卖给他，而跑到丽江、中甸、苏罗、俄亚、拉塔、永宁去卖，可是丽江四方街、中甸纳帕海、苏罗无量河、俄亚小坝子、拉塔金鼎殿、永宁干木山都不能当作马价拿回来，三女卖不成马又回来。回到拉伯鹰骨桥上看见一去不回头的河水，她们就不养马了，把鞍子、垫褥等全丢在山岩间，让马像鹿一样的跑走……

经文最后这样吟诵："广天白太阳，说要永闪亮，夏天起乌云，太阳被云遮，不能永闪亮。大地长绿草，说是要长青，冬天下黑霜，霜杀草枯萎，不能常葆青。人生这一代，都想活千秋，日被夜送走，年被月送走，不觉就老了，不会活千秋。"——这是这部东巴经的真正内涵。

三个女子骑马寻乐，不纺不织，游手好闲，以致玩忽年华，到老一事无成。当她们年老骑不动马，游不成四方时，就四处卖马，希图把各地的名胜风景也当作"马价"带回来，重享青春时代游乐的快慰；当面对东逝流水，感到岁月无情，年华永不复返，便抛鞍弃马，不再抱非分之想。

生与死，是生物界的生命现象，也是人生两件震撼人心的大事，纳西先民在很早以前就像思考人类及天地万物的来历一样，思考死亡这一现象的奥秘；并以特有的思维方式，作出了较为成熟、理智的哲学思考：

世上没有一样生灵能永远永远活在世上；
人间也找不到一个生命能千年万年长生不老。

蓝天害怕死，先布下了白云；
大地害怕死，先布下了绿草；
雪山害怕死，先立下了三座岩；
金沙害怕死，先渗出了九条溪；
人类害怕死，先养下了儿和女。

泼了的这碗水，不能再舀回；
射了的那支箭，不能再折转；
死了的这人，不能再回来。

树老会倒下，
花开会凋谢，
人生会老死，
不仅你一人
……

用手背抹去眼角的泪珠，
用歌声驱赶心头的苦酸，
看吧，在白云和蓝天之间银鹤又在高声啼鸣，
看吧，在高山与深谷中，红虎又在放声欢笑……

《买卖寿岁》和《三女卖马》作为纳西族在祭悼死者的悲痛严肃的氛围中，唱起诙谐的丧葬的挽歌吟诵，创造了幽默的喜剧气氛，"寓庄于谐"。在生离死别的时刻，用风趣的故事，娓娓道来并给人以广阔的思维空间，让人们从故事中解悟老与死的常理，以豁达的精神状态，直面生死。从而被学者李霖灿誉为"纳西族的智慧"，"既富有诗意，又有哲思，比起只以奇丽动人的《一千零一夜》似乎是高一筹"。（《艺术欣赏与人生》）

两部东巴经的主要人物是宝山人，而且都属贵族阶层，又被分别译作《男贵族衰老记》和《女贵族衰老记》，它们的流传证明宝山无疑是纳西古文化的重要发祥地。

(三)宝山纳西象形文字砖

面对全世界至今活着的纳西象形文字,很多大学者惊叹万分。

20世纪40年代,考古学家李济如此评述:"人类虽然是文字用惯了,但创造一种文字,在人类文化史上,并不是常见的事,有了这件事,无论出现在地球上哪个角落里,都值得若干人钻研一辈子。在东亚这个区域内,除了汉字集团外,其他的系统是有数的,麽些文字就是这有数系统内极重要的一个。无论这文字将来的命运如何,用这文字书写的经典,已经支配了麽些人的精神及社会生活若干世纪,或者还要继续着如此的支配他们好些时。单从文字方面看,我们自然可以说,麽些的象形文字在急剧的变化中,音标字的突起,不久的将来也许会代替全部象形文字,假如这件事要实现,那岂不是现代学者求之不得而忽然能亲眼看见的一种奇迹,好像埃及的象形文字用音符代替的历史重演了一次!"

学者董作宾认为:"在中华民族伟大的文化圈之内,僻处西南高山深谷间的一支宗族,创造出一种很原始的象形文字,却自有他特立的精神和发生的源泉,是值得大书特书的。"

方国瑜教授认为:"从纳西象形文字分布的地带来看,东部方言区(永宁、盐源、木里等地)有东巴教,而无字写经书;西部方言区(丽江、中甸、维西等地)则有文字写经书,可知纳西族迁居金沙江上游两岸的这一支教徒才利用文字写经书"(《"古"字本义为"苦"说利用汉字甲骨文、金文等与纳西象形文字比较研究一例》),宝山正好地处有文字区和无文字区的交界线上,而且是最早从东部方言区迁到西部方言区的一个纳西部落。董作宾先生研究认为,全世界所有文字几乎都产生于畜牧文化向农耕文化过渡时期，宝山先民定居于此时，正是属于这个过渡期，而且与多数专家认为纳西象形文字产生于13世纪前后的观点在时间上基本相符。

宝山是纳西族聚居地之一，从古至今也是纳西族东巴文化最发达的地区之一，象形文字的使用极为广泛。1998年发现刻有纳西象形文字的青砖，这在纳西族地区是首次发现，引起学术界的广泛关注，现其被丽江东巴文化博物馆收藏。

由于埋在地下的时间长久，文字砖都有不同程度的残缺，但纳西象形文字仍可以辨认。

第一块砖现存长17厘米、宽10厘米、高5厘米，正反两面刻有清晰的纳西象形文字，侧面刻有花纹。

第二块残砖长12厘米、宽11厘米、高5厘米，正反都刻有象形文字，侧面无装饰性花纹，但背面下边刻有装饰性花边。

据考，两块砖上刻的纳西象形文字是当地农民之间买卖土地而刻写的地契。

第一块正面的文字为：□□来买□满古湾□阿高广。可以推断此面上所写文字是记述某人买了两块地，由满古湾的阿高广做中间人、证人或执笔者。

第一块背面所写的内容基本可以翻译成：三十九年□□来买大小一块地，〔地价为〕二两一钱纯银。中间人□，执笔者□。

第二块正面所写的内容，大致可以翻译为：七月二十日买□□的地，所给地价为□。

第二块的反面所写文字字迹较模糊，所写内容无法得知，但应与正面内容有关系，可以推断与买卖土地有关。

经丽江东巴博物馆李锡研究员分析，这两块象形文字砖的年代最早不超过明朝时期，至迟在清道光年间。因为当时所使用的货币是纯（白）银，货币单位为两和钱，此地契产生于纳西族地区使用铜钱之前，或铜钱和金银并用时期。从所使用文字和装饰性花边看，当时的象形文字已趋于成熟，东巴艺术也发展到了一定的阶段。

纳西象形文字最早被称为"斯究鲁究"，意思是"刻在木石上之痕迹"，已知的书写材料有木板（木棒）、石块（石板）、纸、布、皮等，而用砖头作为书写材料这是第一次发现。

纳西族的象形文字，过去因为主要由东巴祭司使用，所以被称为"东巴特额"，即东巴文，这一称谓使人们误认为纳西象形文字仅仅用于东巴教的宗教文字，从而忽略了它在民间生产生活中的使用情况。这两块象形文字砖的发现，是纳西族象形文字使用于民间的极有力的证明。除了象形文字砖，宝山还发现了象形文字账本、象形文字人情簿、象形文字记事本等实物资料，说明象形文字在纳西族社会广泛使用，一直存活于民间。

两块象形文字砖的发现，为探究纳西族象形文字的创制、使用及发展变化的历史轨迹提供了重要依据。纳西先民因生产生活需要而创制象形文字，随着东巴教的产生和发展而被东巴祭司用来记录东巴经典，从而推动了纳西象形文字的发展。纳西象形文字在宗教及社会生活两个领域都曾广泛应用，但东巴祭司以宗教方式对其进行了较为保守的传承，而社会生活方面则以汉文化的大量传入而被汉字逐渐代替，汉文化影响越小的地区纳西象形文字使用越少，汉文化影响越小的地区纳西象形文字使用越多，使用时间越长。宝山属于后者，这里有象形文字仍然活下去的坚实基础和广阔空间。

李霖灿在《么些经典译注九种》总序中谈道："在丽江东北金沙江 N 字大湾的河套内，地名叫做东山拉伯（宝山），这一带的经典写得十分精致，是么些经典的上品，应该多多采集。而且耿耿于怀的是这一带有铜做的笔，和我们现在用的钢笔尖很相似。么些东巴都竹笔削尖了来写，用铜笔说是只有拉阿东巴才有，这也是他们经典写得精致的原因之一，希望还能在那儿找到一两支铜笔的标本。"

四、地球上的奇观——"百户人家一基石"

人类有很多东西超乎人们的想象，如果不是亲眼所见，谁都不会相信：天底下竟有这样一座雕刻在巨石上的城堡。

它不是用石头垒成的，而是建筑于一块拔地而起的巨石上。它不仅仅只是用于军事防御，而是纳西人世世代代的家园。上百户纳西人家年复一年，日复一日，在这块巨石上进行着日常生活，传承着古老的民俗和传统。

大自然鬼斧神工造就了巨石，纳西先民用智慧和劳动装点了巨石，天工和人工巧合，才有这个"地球上的奇观"。

（一）不到"石城"非好汉——石头城的地理环境

古人曰："非常之景，在于险远。"

《玉龙雪山联》的作者杨鉴勤，毕业于昆明讲武堂，是名将李根源的学生和部下，在外担任军职多年，曾拜谒过孙中山先生，是有名的才子和书家。1926 年他一回到故乡，便慕名前往宝山石头城，留下了《东山途中杂咏》诗组（宝山一带丽江人称之为东山——作者注），惊心动魄之感跃然纸上，现录其中一首如下：

> 蜀道艰难且漫言，东山险路断人魂。
> 身劳雾障穿林密，兴尽重来隔水隈。
> 足上云横忘白昼，枝头鸟宿似黄昏。
> 回头来路迷天外，步步心惊觉胆沉。

那是 20 世纪 20 年代，石头城深藏于高山深谷之中，恍若云天之外，鲜为世人所知。如今物换星移，天堑早已变通途。

从梦幻般的丽江古城出发，走向这"古城前的古城"，一座座晶莹的雪峰仿佛是上天为你设置的路标，蜿蜒三十余公里的巨龙一直紧紧依偎在你身边，那该是一种什么样的感受！行至鸣音览雪亭，玉龙十三峰尽收眼底，一览无余，你会顿感激情飞扬，乃至飘飘欲仙："看山爱白雪，看雪爱白云，高歌白雪曲，相赠云中君。"

几经峰回路转，几经山重水复，当你一路颠簸，"高山仰止疑无路，曲径通幽别有天"，在夕阳的余晖中突然望见脚下深谷中的石头城，不仅产生了别有洞天之感，而且仿佛走入了梦境，那是怎样的一个超出你想象的奇观呵！当你回过神来证实了它的真实，才真正感到一切艰难险阻都值得。果然不虚此行，如果不来将铸成一生遗恨。

石头城位于丽江东北部金沙江河谷，地理坐标约为北纬27°28′31″，东经100°10′50″，属丽江宝山乡宝山村委会下宝山村民小组，有 224 户人家 885 人，其中纳西族 880 人。石头城内居住着 108 户 428 人（2001 年数据），其余的是从城内搬到城外居住的，称为"城外城"，建筑格局与古城同出一辙，是石头城的延伸与扩张。

宝山石头城，距丽江古城 126 公里，东与宁蒗彝族自治县隔江相望，与泸沽湖"女儿国"相距75公里；西与中甸县三坝乡"东巴圣地"白水台隔江相邻；南接虎跳峡接口的大具乡，恰为玉龙雪山、泸沽湖、虎跳峡、白水台四大名胜的中间，从石头城无论走朝哪一个方向，等待你的都是一处神奇的风景。

石头城坐落在玉龙雪山东北支脉牦牛岭东麓，金沙江西岸。东隔江与阿祖山相望，南临陡绝如削的岩可渡，西靠牦牛岭，北据山峭拔险峻直指云端的太子关，三面靠山，前面临水。

石头城建于峡谷中一块巨石上，西东高低呈阶梯状向江面倾斜，三面皆是危岩绝壁，一面直插金沙江。

石头城气势极旺，风水绝佳，巨石托起古城，如神龙翘首谷底；危岩峰巅欲合，仿佛即刻就在空中拥抱；穿山辟岩而来的江水，在它身边顿时多了几分温情，几分缠绵；宅居随岩就势，错落有致，如空中楼阁，窗前云霞飘浮，檐下雄鹰展翅；膏腴的田野，春夏绿波荡漾，秋来金浪卷云，石头城在麦海稻浪中如同缓缓行驶的巨轮；山间的清泉，谷底的小河，田间的溪流，岩前的飞瀑，水声交汇成一曲和谐深远的民乐协奏曲，如同和风细雨永远温润着这里的一切。人们过着与世无争，悠然自得的生活，没有一丝出尘的喧哗，仿佛他们生于斯，长于斯，与古城终身相依……

石头城以高山深谷为背景，以龙首高昂的巨石为依托，与天地自然融为一体，气势恢宏，浑然天成，集雄奇秀丽于一体，夺鬼斧神工之妙，令人拍案叫奇，堪称世界一绝。

石头城地理位置十分险要，其势易守难攻，自古乃兵家必争的战略要地，也是丽东的重要边关。

石头城有两道难以逾越的天然屏障，一道是外围四周的悬崖，一道是巨石本身。拔地而起的石头城像一个雄健峻拔的哨兵居高临下审视着脚下腾荡不安的金沙江，四周的绝壁仿佛真是有人用利斧砍削而成，是天然的御敌堡垒。

除了这两道天然屏障，为了万无一失，石头城还建有一套完备的防御体系。

（1）城墙。有东、南两段。东城墙面临金沙江，叠石而成，长364米、高3米、厚1.2米。过去石基上筑有一层夯土墙，建有射击孔，现土墙已不存在。南城墙建于绝壁边缘，毛石基础，土基墙体，上覆青瓦，墙厚0.5米、高2.2米、长105米。墙上设有瞭望窗。

（2）众将台。在城顶是一块长32.4米、宽13.1米、面积为424平方米的坪台，环以城垣，毛石为基，夯土为墙，厚0.5米、高1.60米、长83.3米，墙上每隔2.1米皆设三角形的射击孔。台上原有一座二层碉堡，现已毁。

（3）烽火台。位于众将台以西的一座孤峰上，孤峰与众将台中间是一个宽约5米、深50余米的大鸿沟，用一座独木桥相连。台呈圆形，直径2.6米，周围用长6米、高1.2米的墙垣护卫。

（4）城门。有东西两座城门。西门位于古城西南悬崖边，由砖石砌筑而成，呈拱形。城门分内外两道，相距数米，门扇用铁皮包裹，十分坚固。

古纳西人慧眼识巨石，物为我用，天人合一，借助巨石的高度和峭壁陡崖观察形势，舒展胸襟，防御敌人，保卫自己，"一夫当关、万夫莫开"用在这里再恰当不过了。

一旦发现敌人来犯，烽火台升起滚滚浓烟，远处近处，城里城外的人都会立即集中至石头城，拿着武器的纳西男子分口把守在高高的城沿边上，两道城门紧紧一关，石头城成为万无一失的安全岛。

这是纳西先民所建的古城堡之一。在当时生存环境恶劣、四周强敌环伺的条件下，宝山石头城不失为一个理想的栖息地。险峻的地理位置在军事上的价值自不待言，并且军事防御这一目的完成得太出色了，千百年来，虽然这一带随时鼓角相闻，你争我夺，金沙江曾经翻腾过血腥与悲壮的浪花，但还没有哪支军队真正用武力攻克过石头城。唯有一次，就是历史上仅有的一次，它为外人打开了城门，不是因为畏惧，而是为了天下早日太平，他们破例为忽必烈的蒙古军打开了城门，同时打开的是纳西人广阔的胸襟和远见卓识。

石头城的威名令敌人闻风丧胆。据说有一次，有支敌军准备偷袭石头城，事先派人前来侦察。侦察兵从山上往下一望，怎么石头城四周都站满了手持武器的士将，难道他们重兵把守，早已严阵以待？回去一报告，敌军便回师不敢来犯。其实此时石头城的人们和往日一样，过着安宁平静的生活，他们根本不知道有人来犯，那严阵以待的将士，不是纳西人，而是"仙人"，因为石头城城墙上及四周岩壁长满了挺拔的仙人掌，只不过是敌人"草木皆兵"而已。

丽江解放前的一次匪患，也充分证明了石头城的防御功能坚如磐石。土匪席卷而来，随着城门的关闭，土匪几次进攻都以失败告终，围困多日，石头城依旧如故，而他们却弹尽粮绝。为解羞恼之恨，土匪晚上便开始焚烧城外的民房，当准备烧到离城最近的烽火台下的房子时，石头和箭头从城头雨点般飞来，并听到城内有人在喊："伟命，看，等故等故看尸并（纳西语：射，一个一个的射死掉)"。"伟命"是弓箭手的名字,是一名男子,而纳西语"命"为女人,土匪听到认为连女人都能射箭,石头城的人真厉害,便四散而逃。

(三)巨石上的村庄——石头城的民居建筑

石头是坚硬冰冷的,而居住在这块巨石之上的纳西人,却在它上面建筑着世世代代的家园,建筑着盛满温馨与爱的一个个大家、小家,从而成就"百户人家一基石"的天下奇观。

石头城海拔1700米,属河谷亚热带气候,干湿分明,温度较高,且三面山体陡直,容易暴发山洪。纳西先民择巨石而居,除了军事防御,高处便于乘风纳凉和防洪,也极具实用性和科学性。更为重要的是,从中体现了他们的独到审美意识。

居于巨石之上,其意境高远而神秘,像中国传统山水画的构思,有深山仙居之意。宅居不仅成为一道风景,而且居者视野开阔,胸襟舒展,心旷神怡。

石头城的防御功能在现代和平的生活中逐渐隐退而成为历史,对于当地人来说乘风纳凉避让洪水虽然重要,但最难以割舍的是对家及家园的一种依恋情结,因为石头城成了他们精神的依托和心灵的归宿。而对于旅游观光者最有吸引力的则是它的诗情画意,即它的美学价值。

作为百户人家共同基石的巨石,呈西高东低之势,高差近百米,石头城民居随岩就势,错落有致,层次分明而又灵活多变,具有独特的地方性。

民居由正房和地楼组成。一般是正房朝南,地楼朝西。正房为两层木结构楼,穿斗式梁架,设有外廊,多两面厦、两步厦和骑厦楼。地楼一般二至三层,以地势而定,石基较高,垒土坯墙,以闷楼居多。楼下做畜圈，楼上做厨房和储藏室。对门楼、外廊、门窗、隔扇、梁坊的装饰十分注重。宝山石头城的建筑为典型的纳西族民居，具有鲜明的民族特色。

由于石头城内面积有限，无法向外拓展，再加地形变化多端，当地居民在修街建屋时，都费了一番功夫。"占天不占地"，充分拓展自己的居住空间是石头城民居建筑的一大特色。有的人家将临街的围墙作为一楼通往二楼的过道；有的人家在山崖的斜坡上修起吊脚楼，使上层的居室在面积上得到完整和扩展；有的人家将二楼临街的房间拓展到路面，既增加居室面积又不占街道，还可为过往行人遮风避雨；有的人家修起临窗的阳台；有的人家利用地势落差，将院子里的天井分为上下两台，既平整又有错落感。

石头城的街巷总体布局为"五横三纵"。因巨石东西长、南北窄，故东西线的三条主巷有鲜明的确定性，它是联结东西城门的大动脉，对古城居民的生产生活具有重大影响和作用；南北向及其他方向的支巷则纵横交错、难计其数，极富创造性和灵活性。

百户民居虽然依地制宜，自行设计，各求其是，但忠实服从于总体格局，充分利用地形地物及有限空间为己所用，追求实用自然，但在方便自己的同时，也尽可能地方便别人。房屋宅院瓦顶毗邻而俨然有序，巷道狭窄纵横却不闭塞。从而使整个古城形成高度和谐统一的整体，给人"拥而不紧、杂而不乱"之感。

虽然石头城寸土寸金，每一寸土地都十分珍贵，但古纳西人具有超前的城建意识。石头城居民在城内外留下三块公共场所，一块是城堡最高处平荡如砥的众将台；一块是西城门前的小广场，成为居民打跳、娱乐、休闲的场所；在城头居民区与众将台相接处有近三百平方米的一片室地称为"公吉"（公共地），从古至今一直留着，没有人去动它"一根毫毛"，或许留着建公共设施，或许……

有人说，在石头城几乎看不到稍微肥胖之人，是因为整个石头城是上坡下坡的石阶，站在某一家的屋檐下便可见到另一家的天井，起起伏伏。村民每天都要从海拔1700多米的城内到1500米的金沙江边去盘田耕作，就是在家中主持家务上下的都是台阶，不断的上下运动，增强了居民的体质，使他们个个体态健美，在上下台阶时他们健步如飞，仿佛行走于平地上。

"百户人家一基石"可谓天下之一绝，但石头城居民对石头的利用更是独具匠心、巧夺天工。人们不但以天然的岩石为地基，为台、为磉、为池、为墙。（有一家把两个大石头砌入墙体，两石皆伸延在外，一石铺地、一石凌空；有一家一面墙壁竟完全依赖一道天然石壁，真是妙趣横生。）而且人工打凿成石床、石灶、石桌、石凳、石缸、石磨、石碓……直到现在，这些石器仍然还在使用，只是尖利粗硬的石头被磨得圆润光滑了，这是一代代纳西人生活的沉淀和见证，又是后人追忆先辈的最好凭借，面对这些石器，没有见过面的祖先好像就在身旁。这些各式各样的石器使人感到走进了一个永恒的石器时代，又像走了一个实用石器雕刻艺术展览馆……

徜徉在那不加刻意修饰的石阶路上，驻足那一幢幢历经百年风雨的老屋，推开一扇扇虚掩的大门，给你的将是质朴的笑容和热情的接待；听到的不管老人还是小孩那韵调婉转、质朴真挚的宝山语（纳西古语）；从田间弯着腰背回一篮篮南瓜的主妇，在手工织布机上织纺的老奶奶和在灶台旁用土法酿制美酒的阿妈，使人仿佛走进了时光隧道，来到一个世外桃源。除了犬吠鸡鸣和汩汩的流水声，没有一丝一点机动车的喧闹声，充满了安宁与祥和。

石头城边学校校园中迎风招展的国旗和琅琅读书声；石头城最高处的电视卫星接收器；夜晚每户窗户透出的灯光证明这个世外桃源并非与世隔绝到"不知有汉、无论魏晋"的程度，虽然这里固守传统，"路不拾遗，夜不闭户"。石头城永远是石头城，但也不拒绝文明，美好的生活与传统一脉相承。

夜晚的石头城，四周的群山默默地守望着它，石头城的扇扇窗口透着温馨，城门开着，疲惫的旅人可以到任何一户纳西人家的火塘边喝一碗热茶，歇一歇松软的腿，倾听着蛙叫虫鸣，再枕一江涛声，做一个真正属于你的美梦。

（四）水往高处走——石头城的水系

水是生命之源，石头城的生活用水从何而来？

它用的是自来水，是钢管引进来的。

不对呀，一目了然，那是现代人搞的玩意，古代不可能有钢管。古代呢？石头城外水源充足，但石头城高高在上。人能往高处走，水只往低处流。难道居民用水要到城外去挑？真是世间没有十全十美的事情。

为了要考证这个问题，我拜访了几位长者，他们的回答是一致的。

"以前水流到城里，城里用水没问题，自来水是60年代搞的，用了它，有时还会断水呢。"

看到我的困惑和不解，为了指点迷津，和直勉老人带我考察了古水系。

石头城的西部是一个三角形的峡谷，两边山岭坡度为36度，原来山上有茂密的森林，山泉随处可见，谷底奔腾着一条大河，从石头城北面流入金沙江，当地人称之为"圣吉"。古人在石头城一侧的山坡上拦腰开挖了一条水沟叫"厄则开美"（意为"杀牛挖出来的大水沟"）。用它把圣吉之水引到石头城西城门对面山坡上，从现在的城外城中央直至古城西门修一条水道，由于坡度较大，水流奔泻而下，到了现在学校的位置，利用其强大冲击力让水流冲至现在城门口的小广场，在此处修了一个很大的蓄水池，再从水池修沟到西城左侧的悬崖处（水沟边原是一排柳树），利用巨石由西南向东北方向倾斜的落差接到城内，在城中下部分别建了三个水池，其中一个是在天然岩上凿出来的。除了西城门附近的居民到城外水池挑水之外（因为比较近），其余居民都用城内之水。一到早晚，水池边成了石头城最热闹的地方。

遗憾的是作为石头城重要部分的这个古水系现已不复存在，它修建于何时，那隧道打了多长时间，一概不得而知。留下的只是打通地下水道时"一斗沙石一斗米"的传说，难以想象，那是何等艰难。城里老人最怀念门外水沟边的那一排柳树，夜晚，柳树下是青年男女的天地，随手摘一片柳叶随口就是一段深情的情歌，在柳叶声声中，有多少有情人终成眷属。

现在很多人都想恢复那排柳树，但多次种植都没有成活。没有成活就是因为没有了那条水，没有了那条水，石头城不仅仅是少了一排柳树……

（五）梯田直上白云间——石头城的农耕文明

宝山石头城是古代纳西族由游牧阶段转向农耕阶段的历史写照。四周山坡上层层叠叠的梯田就是历史的最好见证。"山有多高，水有多高，梯田就有多高"又成为石头城的一大奇观。

石头城周围山高坡陡，几乎没有一块平地，周围所有山坡凡能开垦的全部辟为梯田，而且那全是古人的杰作，连后人都有点无奈——"能开的都被祖先开完了，我们想开也开不成了"。祖先创业的艰辛历历在目，这梯田是一锄一锄挖出来的，一石一石垒出来的。有的土层底下全是岩石，垒了田埂之后从外面背土填出来的。梯田块数上万，小则只是卧牛之地，最大的有四亩之多，有的梯田田埂高达 7.45 米。祖先付出的血汗，一劳永逸于后世，在石头城自古就有一种说法——"一人种田全家饱"。自从这层层叠叠的梯田出现之后，宝山人历史的词典里再也没有出现过"饥饿"二字。而外面的史书上却留下了宝山农耕文明的记载，明正德《云南志》二卷载："宝山州出芒麦（即小麦结秀时无芒而实圆）"，有一种品位极高的红米原种也出在宝山。

与其他地方的梯田相比，这里的梯田还有独创性，那就是别具一格的自流灌溉系统。利用地势的落差及谷底有一条大河的有利条件，宝山人在山坡上开挖了三条水渠。梯田全在陡峭的山坡上，但自流灌溉系统的水源并非来自山头，而是利用深谷西高东低的落差，在山坡上开挖三条横渠，把谷底之水引至山间，横渠之下又修了无数竖沟，横渠如同大动脉，竖沟如同小血管满布所有梯田周围，利用坡度水流自上而下而畅通无阻流进每一个田块，并形成一道道白玉似的飞瀑，不仅给梯田镶了银边，而且一年四季给石头城送去清凉悦耳的流水声。

这套自流灌溉系统的高明之处就在于不是上田满了流下田，而是在每个田块边都修有暗渠，形成一条由暗渠和水口形成的浇灌网络。堵住暗渠水口，水便会流灌整块田地，灌足后打开暗渠水口，再堵上灌田水口，水自暗渠流下，便可浇灌下层田块。很多水口都是石头砌成统一的规格，并有固定的堵口石块。在石头城东城门下面的梯田边,我们看到据介绍是明朝的一个堵水石,因天长日久,几经使用而磨损,原来设计堵口时滴水不漏,如今也出现渗漏而堵口时需要辅之以泥。

浇灌田地时,石头城人有一套约定俗成的规矩,用石头压上树枝以示浇水,待浇完后再浇第二家,从古至今石头城从未发生过抢水争斗现象,除了居民的诚朴,还归功于这套灌溉系统的科学和水源的充足,这充分显示了古代纳西人民的聪明才智。

农耕的传统,体现于对土地的珍惜,凡可开垦的土地都开垦完了,就在无法开垦土地的岩石地带起房盖屋,选择巨石建立城堡,除了前面所述的军事防御、防洪纳凉之外,珍惜土地是一个极重要的因素。

田园的四季如同锦缎般烘托着石头城,石头城如同巨龙守望着四季的田园,坐在城门口眺望成熟的庄稼,一种喜悦和怡然和着峡谷的热风扑面而来,仿佛即使你不曾在此耕耘,但其中也有你的一分收获。

(六)改变历史的漫道雄关——石头城的太子关

"拉伯太子关,伸手摸着天。""拉伯太子关,人走三个月,鸟飞十八天,猴子爬坡掉眼泪。"这些都是关于太子关的民谚,其险峻程度,由此可见。

太子关,海拔 3500 米,雄踞于石头城北面,峭壁如削,危峰高耸,直插蓝天。它犹如石头城的守护神,要守护到地老天荒、海枯石烂;又如登天的悬梯,不是"难于上青天",而是扶你直上九霄云天。因忽必烈以太子身份亲征大理过此险关,故得名。

太子关头顶蓝天白云,脚步滔滔金沙江,形成继虎跳峡之后的第二大峡——太子峡,构成"看天一条缝、看江一条线"的峡谷奇观。关下为橄榄坪，相传忽必烈在此扎营并以雄关扬志。遍野的橄榄林郁郁葱葱，花果溢香，齐腰深的花草在江风吹拂下泛起层层"浪花"，惊起群群飞鸟……

太子关之雄奇险陡，难以用语言描述，纳西族第一位女作者、女诗人赵银棠在《丽江名胜及边关》中写道：

"刺宝太子关，伸手摸着天。"这是从前一个官吏巡行到太子关时题在岩石上的诗句（也传说是木氏土司所题——笔者注）。的确，在宝山附近举头一看，那座过于险峻的高山，往往使人不敢向前。至于奉科那面慢慢上来，至少也要爬上一整天的山路。以山上所生植物说，升过了松柏层，再上是密竹层，爬到关顶，只看见可怕的峭壁悬崖了。从悬崖向下一看，云雾填满了山间林，远处都是层叠如波浪的山峦，太子关就像海涛里的孤岛。关的左侧，有主行多突出岩峰，排列到金沙江的右岸。岩路险不可言，爱走捷径的，多从险道经过。简直不能插足的岩壁上，搭着一根根梯子形的柏木材，行人循着柏木走过，就如猿猴一般上下攀援。胆小的人，莫说亲历其境，单是看着也觉眼花胆落！其实，那里的大路也是很险峻的，一面走，一面就会提心吊胆淌着冷汗。写到这里，回忆当日我们行经太子关的情形，神魂尚觉惊悸不定。

好险的一个太子关！站立于关口，鹰在脚底旋，云在腰间飘，江在深谷流，路从峭壁过，人在天上飘……

从太子关远远地看到石头城挺拔耸立峡谷间，像一朵灵芝，又像昂扬的龙头，开屏的孔雀，而且好像飘飘欲飞。

一位深谙丽江历史文化的长辈曾告诉笔者，纳西先民从永宁出发寻找新的居住地，最初的目标不是现在的石头城，而是一块便于畜牧和农耕的平坝。石头城四周皆为陡岩深谷，地无三尺平，不便放牧更不利于耕种，况且纳西先民祖祖辈辈都在辽阔的草原上生活，峡谷不符合纳西人的习性。居住于此，纯属纳西先民的原始崇拜。当先民渡过金沙江，翻越太子关，向丽江方向行进时，在太子关上偶然看到了这块龙头似的巨石，一种好奇和敬畏促使着他们下到巨石边看究竟为何物，一看觉得神奇，观察地形，观看风水之后，便拜跪于此，并在巨石上安营扎寨，先栖息于巨石的洞穴（石头城底部和西城门口有可住百人之石洞），在巨石上"雕刻"出一个又一个的家，在周围开出一片片地，百十年之后一座崭新的"拉伯鲁盘坞"（意为"老虎多的白石寨"）便出现在这里。当时这里森林茂密，老虎出没其中。虎是纳西族的原始图腾之一，据说它是纳西族始祖崇仁利恩最好的朋友，《东巴经》有"世上最初无贤能，世人贤能学自虎"之说，古代纳西族对石之崇拜更不用说。因此石头城源于先民的图腾崇拜，并以崇拜之物"虎""石"取名。

怀着对太子雄关的深深敬意，我驻足留恋于关前，久久不忍离去，忽然在关前岩壁上，隐隐约约闪出几行文字，仔细辨认，乃一位名叫文岩的都督所题：

江上清明宴众军，洗兵好雨落纷纷。
太平翰墨留石畔，千古流传汉将文。

所刻年代无从可考，题诗之人无史可查。由此可见，在这铁关漫道，曾在这里驻足的，不仅是纳西部落首领、忽必烈；曾翻越这里的也不仅只是纳西先民、蒙古铁骑……

太子关曾改变历史，历史也改变太子关，为改变太子关"人走三个月"的状况，20世纪50年代现代纳西人在太子关创造了一个奇迹——在太子关腰开了一条驿道，开凿出了90米、60米两个隧道，大大缩短宝山与关外的距离，翻越太子关也比从前轻松多了。但有了这个隧道，舍远求近的人们再也无法感受"会当凌绝顶，一览众山小"的胸襟，再也无法体验身临险境的那种惊心动魄，再也无法去追寻先辈的足迹⋯⋯

结语

2001年，应宝山乡党委书记王卫东之邀，笔者走进宝山石头城，从此与之结下不解之缘，将心将情融入其中，在此流连徘徊了近五年，并为宣传和保护石头城发挥了自己的一些作用，得到当地干部群众的认可，"封"我为"石头城荣誉公民"，这虽只是民间所赐，但我确实倍感亲切。宝山石头城是一座活态的纳西族历史文化博物馆，是影响中国乃至世界格局的重大历史事件"元跨革囊"的发生地，更是人与自然相依相伴、和谐相处的典范和杰作，从而成为国家级重点文物单位，其重要价值和意义不言而喻。此地名为"宝山"，这是一座"千秋宝藏"，其内涵就是历史文化，越是"宝"就越需要"保"，失去了本真和灵魂"活宝"也会"死去"，不注入新鲜血液、不发展也会变成一座死城，所以"保护和发展"才是石头城的永恒命题，这一命题只有交给各级党委政府和宝山乡的父老乡亲了！

倒峡翻浪自今古
——大具历史文化随笔

杨树高

一条腾空欲飞的玉龙横卧数十公里。龙头昂扬在浩浩长空，把人的神思引向悠远的天国，令人顶礼膜拜；而龙尾却伸向滚滚长江，嬉戏中狂浪翻卷，虎啸雷鸣，给人以天崩地裂之感，令人惊心动魄。

这一条神龙啊，龙头衔着一座名扬天下的古城；龙尾憩息于一条声播寰宇的大峡谷。有道是"神龙见首不见尾"，那横空5596米的龙头，千里之外便可尽收眼底，而那藏入3000多米深谷中的龙尾，虽然翻滚的声响惊天动地，却闻声而难见其容。

伟大的金沙江创造了伟大的虎跳峡，而且在虎跳峡口为人类留下了一个罕见的"聚宝盆"。大具坝纳西族称"打鼓"，相传镇立于"万里长江第一湾"的石鼓谒打制于此而得名，它有"米粮仓"和"大金库"之称，更以悠久的历史文化而被誉为"文化之乡"。

这是一片历史不曾遗忘也不该遗忘的热土，其丰富的历史文化内涵不但成为丽江历史文化的重要组成部分，而且对丽江整体历史文化产生了深远的影响,让我们一起走进虎跳峡,一起走进大具……

怀着朝圣般的虔诚,走出梦幻似的古城,用心灵触摸巨龙所经过的十三峰,犹如十三朵朝天盛开的雪莲。一座座的雪峰是上天为你设置的路标,指引你走向一个让心灵得以震撼又使你真正感到去而无憾的地方。你可听到:虎跳峡涛声在呼唤?

古人留下密码——四千多年前我们已来到了虎跳峡

只是一片一亿三千万年前才从海洋中逐渐隆起的土地,六千万年前喜马拉雅造山运动中,玉龙雪山随之拔地而起。两百多万年前这里仍是一片冰雪茫茫的静极世界,又不知过了多少万年,大陆冰盖开始解冻,冰川节节退守山巅,融化的冰雪渐渐汇集成江河。那时大地的构造还不够坚实,仍在不停地颤动,不知是何年何月的一次地壳运动,金沙江水冲断了玉龙山脉,形成了虎跳峡,由于江水不断冲刷,峡谷越来越深。后来就有了人类,但在漫长的岁月里,人们还不知道虎跳峡的存在。虎跳峡被《简明大不列颠百科全书》《辞海》等权威典籍列为"世界最深的峡谷",也只是百年之内的事情。虎跳峡因此被国外探险家列为"人类对大自然的最后征服"。1986年10月,中国洛阳长江漂流队征服了虎跳峡,完成了这一壮举并被载入史册。

居住在这里的纳西族是一个想象力丰富而又很有诗意的民族。在信奉"万物有灵"的纳西人心目中,玉龙、哈巴是两个顶天立地的男子汉,金沙江是一个美丽动人的姑娘。金沙江、怒江、澜沧江三姊妹肩并着肩从青藏高原浩浩荡荡奔腾南下,任性的金沙江姑娘在石鼓忽然调头向北，含情脉脉来到玉龙、哈巴身边，用醉人的歌声把两兄弟送入梦乡，然后从他们脚下悄悄走过，直奔东海，两兄弟因留不住心爱的姑娘而愁白了少年头。纳西人就是用如此优美的传说来诠释虎跳峡的来历，千年万年过去了，玉龙、哈巴或许对金沙江姑娘仍不改初衷，在1996年10月28日8时20分，他俩再次从梦中醒来，抖落身上的巨大岩石堵住了金沙江姑娘的去路，金沙江姑娘只好在他俩的怀抱中逗留46分钟（在虎跳峡中留下"高峡出平湖"奇观）便又扬长而去，大自然为人类重演了那一幕人类出现之前所发生的神话。

在虎跳峡口不到百米处，离江面十几米的地方，有一个天然大崖洞，洞口朝江，是金沙江水旋流而成，洞底沉淀有黄金，洞呈螺旋状，形如蒙古包，洞可容千人，故称"千人洞"，也称"仙人洞"，是一个遮风避雨、栖身安居的好地方。沿的四周及顶部皆被火烟熏黑，分明有人住过。走进洞中，不禁令人产生联想，纳西人的祖先就曾居住在这样的洞穴里？于是又产生一种渴望，努力想在其中发现些什么。果然，在洞口南面凹凸不平的崖壁上，许多红色的线条和米色的斑点映入眼帘，这就是著名的虎跳峡崖画。崖画分里外两块，里壁底部均被沙石湮没，表明成画之后，江水还带着泥沙侵袭过崖洞。恰好在大崖洞有崖画的同一堵石壁的外面，在离地面四米高的壁画上也发现了五十多平方米的崖画。崖画是用朱色天然矿物颜料调制成浆液后画成，这是古人有意为之，内容与绘画者生产生活及思想情感密切相关。但由于年代久远，好多地方颜料脱落，加之笔画零乱交错，图像难以辨认。这些符号、这些图形、这些线条或许最抽象，或许最具体，它是一种无声的音乐，一种无字的诗歌！

我面壁多时，用心灵深处的思想和情感扫描着崖画，我深信，我的脑海里应储存有先人的信息，我的血管里也应该流着他们的血液，因为我们血脉相连，所以应当"心有灵犀一点通"。不知过了多久，在迷茫和混沌中，我的眼前出现了一个亮点，在大崖洞外壁崖画之中，隐隐约约出现了两座山的图像，一条一米长的斜线从两山之间拉出，且线的两头都伸出山外。"两山夹一线"，"两山"不就是玉龙、哈巴吗？"一线"不就是金沙江吗？"一线"从"两山"之间穿过，"两山"紧紧夹着"一线"，这不就是虎跳峡吗？

据专家考证，虎跳峡崖画的产生年代至少是距今四千多年前。也就是说四千多年前人类就已经来到了虎跳峡，在这里生息繁衍，他们不但对虎跳峡作出了最简单而又最真实的诠释，创造了表示虎跳峡的图画，而且给大峡谷和峡谷中的每一个地方都起了名字："拉蹉拉漏各"（老虎跳跃的地方）、"里斯利美公巩古"（传递弓箭处）、"而昌古"（爬崖子的地方）、"吉盘罗"（白水之谷）、"余化提"（羊群栖息的低洼地）等，给古老的虎跳峡赋予了更多更丰富的内涵。纳西象形文字叫"斯究鲁究（意为刻写在石头木头上）"。崖画及崖画中表示虎跳峡的图像是不是最早的纳西象形文字，或者两者的渊源关系如何，有待于进一步考究，但以虎跳峡的地名都是纳西语这一点上看，最早来到虎跳峡的就是纳西族的先民。

宋朝一位诗人在客店的墙壁上题了一首诗，诗人的名字没有留下来，而诗却流传至今："天不生仲尼，万古长如夜。"哲学大师冯友兰评曰：这是把孔子作为人类的代表，应当是"天若不生人，万古长如夜"。同样，在没有人类之前就有了虎跳峡，但没有人类的活动，再美的景观也无法体现其美的意义和价值。是虎跳峡养育了我们的祖先，还是我们的祖先选择了这天下奇观？无论如何，虎跳峡的历史就在四千多年前才真正翻开了崭新的一页。

虎跳峡口的大具坝，发现了大量的石棺墓，还收集到大量的石器、青铜器和铁器，考古工作者对其中多座石棺墓进行了认真的发掘。其中一座就在大具乡政府所在地营盘村西南角约一公里的田间。它由若干石板构成，石料为中生代红色砂岩。墓长105厘米，宽、深均为40厘米，墓为南北向，有盖板但无底板。人骨已腐朽，其中的唯一器物是一枚石锄，呈柳叶尖形状，长4.9厘米、宽1.7厘米，两翼双面磨刀，有脊。该遗址东北方向两公里的白麦金江村，也有同样的发现。

专家认为，金沙江河谷的石棺墓葬是纳西族地区青铜器时代文化遗址的重要物证，但大具石棺墓群产生年代却早于其他地方，属于另一种文化遗址，它与元谋大墩子新石器遗址石棺墓有较一致的地方，属新石器文化类型。由此可见，三千多年前，人类就在虎跳峡边创造了灿烂的历史文化。

不得不提的是，扶永发在《神州的发现——〈山海经〉地理考》一书中提出："禹所蹈藉石山"为玉龙雪山和哈巴雪山间虎跳峡沿岸之山，古称"积石山"，河道中多积石，阻塞河道，河水不得畅通，禹导而通之，使水患得以解除。《山海经·海外北经》中的跂踵国国邑为今大具乡营盘。《山海经图》用一女子跪桑树作吐丝状的图像表示该地位置所在，大具坝为我国蚕桑业的发祥地之一。

这虽是一家之言，但大具桑树随处可见，以前蚕桑业也较为发达。至于"大禹治水在虎跳峡"一说，地方文献多有提及。纳西族著名诗人木正源（约1795—1878）就在其名篇《雪山十二景·金江劈流》序中写道:"虎跳峡相传为禹所劈,其或然耶!"纳西族诗人杨泗藻(约1830—1880)也留下了相关内容的诗句:"琼楼玉宇凌空悬,仙仗禹碑依稀列。"纳西族第一个女诗人、女作家、女学者赵银棠在《丽江名胜及边关·虎跳滩》中也写道:"禹王治水时,有人在此隔着江水递交弓箭,由此又称为交弓处。右岸玉龙雪山的悬岩上,刻有几行蝌蚪文字,成为王碑。"也许最伟大的景观只有和最伟大的人物联系在一起才更有意义,千百年来虎跳峡乃大禹所劈传说,使其更加充满了神秘感。

眼前有景道不得,髯翁题诗在上头

伫立在虎跳峡口,烈厉的风迎面吹来,吹散你的长发,吹开你的衣襟。被云雾和山峰截断了的几缕光线在深谷中流窜,也许这里连太阳都不敢接近。两边的山崖似乎在拼命靠拢,犹如两道笨重而又厚实的大铁门,被激怒的狂涛巨浪跌跌撞撞冲开铁门,夺路而逃,天地为之震惊。

民国时期的一位学士在虎跳峡中段的观音崖上留下了一篇短文,文中曰:"入得虎跳峡,把诗情也吓跑了。"这可是大实话。未到虎跳峡,就曾听到这样的山歌:"虎跳峡涧十八滩,滩滩留歌又留诗。"原以为到了那里可畅怀赋诗,放声高歌,而一身临其境,虽然找到汉语词汇中"壮观"一词最适用的地方,但再也找不到描述这种壮观的其他词汇了。

著名作家冯牧曾来到这里,写下了长篇游记《虎跳峡探胜》。向导对他说,要真正窥见虎跳峡全貌,就必须用绳子沿悬崖吊下去,就像猎人猎取岩羊一样。但是他不能不谢绝这个极具冒险和刺激的建议,他认为为了一饱眼福而冒粉身碎骨的危险,这代价未免太大。他后来深感遗憾，为了自己不冒风险而遗憾，更为另一个人遗憾。文中写道："在过去的记载中，很少读到关于虎跳峡的描述，甚至连那位以踏遍天下名山大川为己任的徐霞客，虽然足迹已经到了滇西北的丽江，距离虎跳峡只不过三日之程，但他却失之交臂，没能够到虎跳峡去，亲自考察一下这个足以令人惊心动魄的人间奇境。"言下之意就是"千古奇人"用"千古奇文"写写虎跳峡，那该多好。这绝对是一个历史性的遗憾，不仅是徐霞客的遗憾，更是虎跳峡的遗憾。

我看了学者李霖灿的《玉龙大雪山》一书，他用四年的时光巡视金沙玉龙。面对虎跳峡，他也发出了这样的感慨："若可以请古人于地下，集杜工部之浑厚，曹孟德之雄健，李青莲之飘逸，放歌一咏，方能尽虎跳涧口之奇！"

"请古人于地下"这仅仅只是一种幻想而已。难道古人就没有为后人留下描写虎跳峡的华章？

木正源先生为道光甲午科举人，曾任丽江雪山书院山长，游学五华书院时深得林则徐器重，生前成为士林之典范，死后经公议入祀乡贤祠，其言行在纳西族中流传较多，影响亦较大。他说："邑有名胜，不能为之揄扬，不亦为君子之羞欤？"便用诗文精心描绘雪山奇异美景，他的《雪山十二景》被后人广为传诵，其中一景就是《金江劈流》：

> 金江由西域流经丽郡，破雪山而行。两岸壁立，江贯其间，奇险万状。至阿昌谷，江水从空坠下，身闻数十里，瀑布之观，不断匡庐。相传为禹所劈，其或然耶！

> 巨灵劈不到，江自破山行。
> 无雨云常湿，如雷石乱鸣。
> 落涛和地卷，飞瀑撼天惊。
> 内界经流始，神工不可名。

一生写一千五百多首诗的纳西族诗人和柏香先生，是著名历史学家方国瑜的启蒙老师，他也为后人留下一首气势恢宏的《雪山峡》：

> 雪山峡，高且狭。
> 刀岩剑谷摩天插，地轴雄奇天下甲。
> 昔人呼之虎跳涧，千寻江浪鼓云端。
> 飞鸟不敢下，行人到此心胆寒。
> 舟楫不可渡，航人闻之裂心肝。
> 裂心肝，心胆寒，神禹疏凿难复难。
> 我欲移居绝壁下，朝朝暮暮，风风雨雨，
> 卧听寒涛泻。

孙髯翁大观楼楹联，大气磅礴，光耀宇宙，被推为"天下第一长联"。清代诗人谢琼在长联前留下这样的诗句："几度酒酣难落笔，上头题诗有髯翁"。大文豪郭沫若观长联后赋诗："长联犹在壁，巨笔信如椽。我亦披襟外，雄心沁两间。"孙髯翁在长联中提到"元跨革囊"之地离虎跳峡不远，而且他笔下的虎跳峡也不失长联之风骚，查阅其生平资料，只有"曾漫游大理一带"之简单记载，但我深信，他一定到过虎跳峡，要不他笔下的金沙江和

虎跳峡怎么给人一种身临其境之感：

> 劈开蕃城斧无痕，流经犁牛向丽奔。
> 一线中分天作堑，两山夹斗石为门。
> 波摇日月苍藤细，沙走雷霆白昼昏。
> 倒峡翻浪自今古，更从何处觅江源。

洛克从昆明专门租一架飞机空中游虎跳峡

美籍奥地利学者洛克，他有多个头衔——植物学家、地理学家、探险家、摄影家，"西方纳西学之父"。他掌握汉语和纳西语在内的十多种语言，到过很多国家很多地方。1922年他来到丽江，就在丽江住了27年，丽江人不把他当外人看待，都亲切地称他洛博士。

1924年春天，洛克和他的探险队来到了伟大的虎跳峡。他在游记中写道："峡谷本身的景致真是无与伦比，顶上覆盖着白雪的悬岩，像钻石的皇冠闪闪发光。山峰高高地耸往蓝色的天空，而在山脚，3048米以下，亚洲最大的河流在奔流。峡谷越深越窄，平静的江水渐渐变为汹涌澎湃咆哮怒吼的洪流，飞溅的浪花冲击着狭窄的峡谷。目睹这条江水凶狠的气势，不禁使人毛骨悚然。"

洛克走完了虎跳峡全程，来回探险用了近半个月的时间，他照完了几十卷胶卷。峡谷随时被水雾笼罩，太阳也仿佛一到虎跳峡就生怕永远也回不到天空似的，总是胆怯地在悬崖半腰徘徊，大峡谷永远躺在阴影之中。拍摄峡内江面最窄部分的照片，只看见许多瀑布高挂，而最窄部分的金沙江掩藏在悬崖之下，照相机的镜头无法把江和峡谷的最高悬崖摄进同一张照片里。似乎江流突奔窜入群魔乱舞般的地狱之门,望远也看不清其真面目。若要看清它的真面目,就非得到对面的悬崖上,但又无路可走,即使有翅也难飞过去,就是站在峡谷之上看狭窄山谷里汹涌的江水,禁不住使人头晕目眩。

探险家虽然被这神奇的大自然造化的奇幻景致所折服,但无法触及虎跳峡震撼人心的灵魂所在,它仍有游兴未尽之感。但不肯就此罢休,洛克设想若有一架飞机,进行空中探险那该多好。于是这成了这个固执之人的夙愿。

一直等待了十年,机会终于来了。1934年,云南这个边远省份已有通往重庆、上海及中国其他地方的飞机。为了实现这个梦想,在折腾了近两年后,1936年2月3日,洛克租用了中国航空公司命名为"昆明"号的一架飞机7时45分从昆明机场起飞,飞向玉龙雪山,飞向虎跳峡。上午9时30分,飞机已靠近了玉龙雪山。此时的洛克似乎已经得意忘形、忘乎所以。十多年来他时常在玉龙山脚下行走,今天却飞在天上观赏玉龙雪山,飘在空中的他对这座圣山丝毫没有慢怠,而充满了崇敬。他写道:"飞机与雪山平行",可见山顶积着很厚的雪,极为壮观。雪山宛如一条沉睡之龙浮在空气中,被纯洁的白雪笼罩着。它的尖峰和绝壁直插蓝天,一种庄严壮丽的气氛拥围着它,飘逸绝伦,很多小山紧密地环绕在周围,就像一群可爱的孩子围绕着他们的母亲。

这是一次伟大的探险,洛克在飞行时所作的笔记中这样描述:"当我们飞进峡口的时候,飞机被风刮得和山壁非常接近,可怕的金沙江似乎要张口把我们吞掉。风猛烈得怕人,我们的两边有冰盖着的山峰,绝壁也把我们包围起来。3658米的下面奔流着金沙江。我们似乎是被关在巨岩的监狱和他最深的阴影里。峡谷里暴风狂啸，飞机在暴风中像张纸一样的震动着，狂风把我们的飞机吹往哈巴主峰，我真怕飞机翅膀会撞到盖着冰的峭壁。"

"峡谷中不同气流形成的大风，使我们的飞机颠簸得像大海里的一只船，有时飞机垂直下落，要接连几次加大油门才升起来。引擎的声音似乎越来越大，回声在巨大的绝壁中不绝于耳。在这个狭窄的深渊里，飞机倾斜、颠簸，不由自主地忽升忽降。沉静而伟大的山峰，似乎轻蔑地望着我们，看我们这脆弱的飞机在它的脚下发抖……"

这是有史以来飞进丽江上空的第一架飞机，无数双眼睛被这架飞机引向上空。当时目睹这一场景的一位老人对我这样讲，飞机一次次地被虎跳峡吸进去，一次次地又吐出来。正与洛克描述的一样。

10时50分，围绕玉龙雪山穿越虎跳峡谷的飞行安全结束。飞机在玉龙山脚下白沙的纳多课作了漂亮的降落，这是洛克亲自选择的，他说，这是全省最好的天然飞机场。这是丽江大地上降落的第一架飞机。1944年，洛克到华盛顿参与绘制"驼峰航线"的地图。丽江白沙机场成了"驼峰航线"重要的中转站，为抗击法西斯发挥了巨大作用。

将军与虎跳峡的不解之缘

曾有人在这里唱起山歌：

远方的客人请你留下来，
山上雪花飘，

山中百花开，

四季果儿装一筐，

远方的客人请你留下来……

二十多年来，这首山歌一直回荡在虎跳峡谷。唱山歌的是张冲将军，他来到虎跳峡，背靠玉龙大雪山，坐在一棵大青树下，望着脚下滚滚江水，心里想唱歌。于是用熟悉的彝族民歌曲调，情不自禁地唱了起来。（见张冲夫人惠国芳1998年9月20日致木基新的信）是的，一代名将不但是歌手而且也是诗人。

将军的经历极富传奇色彩，他少时因不堪欺压揭竿而起，早年参加地方武装，先后任滇军支队长、副团长、滇越铁路护路司令、国民革命军第三十八军旅长、师长、云南盐运使，倡修一平浪盐矿移卤就煤工程，兴办弥勒、泸西水利工程。抗战时期任六十军一八四师师长，参加台儿庄战役，后升任新三军军长。1946年赴南京参加国民党代表大会后，转赴延安，任东北人民解放军总部高级参谋，松江省政府副主席，1949年后历任云南省人民政府副主席、西南民族事务委员会副主任、全国政协副主席。

1937年端午节，正是纪念爱国诗人屈原的日子，在各族群众高涨的爱国热情之中，由云南优秀儿女组成的六十军在昆明举行誓师大会，他们高唱着冼星海为滇军谱写的军歌，带着"风萧萧兮易水寒，壮士一去兮不复返"的悲壮，怀着赴汤蹈火、视死如归的英雄气概出征抗战第一线。刚出征的六十军正赶上台儿庄血战，那是二十多天昏天黑地的恶战。日军3.5万人，滇军3万人，在不到20平方公里的土地上厮杀争夺，血流成河，尸体成山，打到最后，仅在阵地上滇军牺牲1.3万人，日军死亡1.2万人，其中丽江纳西勇士就有280多人。

六十军将士浴血疆场，威名传扬。作为一师之长，张冲将军总是身先士卒，冲锋在前。每次激战前，部队一集合，他总是拿出两支枪，一支交给侍卫官。他总是那句话："弟兄们，我退后一步，你们就把我毙了！谁退后一步，我就毙谁！"于是，英勇的六十军壮士用血肉之躯与日寇拼搏，手握揭开的手榴弹，成群成群地冲向敌人坦克，不断有人从上面滚下来，又有人不断冲上去，有的则身绑手榴弹与坦克同归于尽。六十军中有两兄弟，分任两个连的连长，在战斗中弟弟牺牲，哥哥背着弟弟的骨灰仍在冲锋陷阵。当年的《武汉日报》把它称为："抗日中中国乃至世界最为悲壮的场面。"

将军决战岂非只是在战场，走出硝烟的将军，用独有的战略眼光瞄准了虎跳峡，因为其蕴含着巨大的水能，可以建一个大的水电站，从而造福人类，于是他又开始全身心投入描绘这一史无前例的宏伟蓝图，他后半生的传奇开始了。

脱下了戎装的将军风采依旧，豪爽与耿直也不乏古道热肠。他与周霖先生交情很深，向他索要山水条幅，并与郭沫若、赵朴初等名人的书画一起挂在寓所客厅正中。当画家受到冲击时，将军来到他身边，用他所特有的方式安慰："我土匪出身都不怕，你怕什么！"当他得知玉峰寺的"万朵山茶"将身遭不幸，便招来地方领导："如果不把这棵茶花保下来，我拿你们示众！"正像命令战士死守一块重要阵地。慧眼识宝的将军，"环球第一树"不会忘记，丽江人民不会忘记！

也许，云雾升腾、怒涛汹涌、虎啸雷鸣的大峡谷同硝烟弥漫、炮声隆隆、杀声冲天的战场一样最能激发壮士热血、将军豪情；

也许，勇往直前、势如破竹的江流、铜墙铁壁般巍然屹立的山崖，大有"撼山易、撼我难"气概的江中巨石最能体现将军的情怀与人格。他与虎跳峡结下了不解之缘。

将军生前不但九次出入虎跳峡，而且要求去世后把骨灰也撒在这里，要生生世世与虎跳峡相守相望。其夫人惠国芳女士去世后骨灰也被送到这里，实现了她"与君相伴相随，携手神游虎跳峡"的夙愿。

将军选择这里作为人生的归宿，皈依山水，回到自己梦魂萦绕的故地，这里的人民像迎接亲人一样让他魂归故里。人们对将军的感情就像将军对虎跳峡的感情一样深厚，将军的骨灰全部撒向虎跳峡，但人们依然在虎跳峡口大平台上为他选择了一块墓地。也许这是世间绝无仅有的一座坟墓，一棵郁郁葱葱刚好有一人高的松树底下摆放着一块石头，据说将军生前曾在这里坐过。没有树碑，没有立传，什么也没有，但所有的人都说这是将军之墓，他们相信，当将军在虎跳峡走累了就会来这里休息，乃至把松树当成了将军的化身。导游也带着游客拜谒将军，松树下随时都有人们献给将军的鲜花和水果。

最令人感动的是，在大具乡头台行政村村民祁有光家中，将军的相片和祖先的牌位一起供奉在神台上，逢年过节都为他上香、敬酒。

忽必烈带来的西瓜子，成了大具的名特产品

大具坝被称为"打鼓涉补滩"，意思就是大具铁锅底，坝子之热之深由此可见。四周的山又如铁墙铜壁把它围得水泄不通。从虎跳峡奋力拼冲出来的金沙江，仿佛不愿让人看见它已经疲惫不

堪的样子而悄悄钻进坝子边缘很深的地下。站在坝子中，看不见金沙江的身影，却一年四季都看见周围三座寒光闪闪的雪峰。炎热的夏季、终年不化的积雪、深不可测的峡谷、宽阔的平川沃土，大自然把势不两立难以同时存在的矛盾诸方强行组合在一起，显得神秘莫测，令人不可思议。正因为有如此独特的自然气候，使这里成了一块物产丰富的宝地，成为丽江有名的大粮仓。有道是"打鼓涉补滩，摸命随摸久"，意思就是大具坝子没有一样产不出来。

说怪也怪。其他地方种出的西瓜，是去皮去子吃中间的肉，而大具种出的西瓜，却去掉皮肉专吃子，这就是独一无二的大具红瓜子。它色泽鲜艳，颗粒饱满，适口味美，香型独特，能提神醒脑，补气养血，因此深受人们喜爱。而且西瓜子颜色鲜红，"西"与"喜"谐音，乃喜气临门；"子"乃多子多福；红色则大红在紫、兴旺发达。听其名，观其色，品其香，色香味俱全。从而被崇拜文化的纳西人当作吉祥物，办喜事自然不可少，并成了除了烟、酒、茶之外家中必备的招待品。亲朋临门，必端之献上，送客出门还抓一把放在客人手中，甚至女儿出嫁，在作为嫁妆的被子缝上一包红瓜子。其实，西瓜子早已走俏丽江市场。昔日大具农户多为木氏土司佃户，木老爷的小姐、太太、少爷们都喜欢嗑西瓜子，于是指定一律用西瓜子交租。每年中秋节，所有佃户用皮口袋装上上好的西瓜子，相互邀约赶三天的路，用骡马驮到木老爷家交租，剩下的拿到四方街去卖个好价钱，再买回家里的生活必需品。

大具西瓜子原产吐鲁番盆地，忽必烈南下丽江，"定借革囊成大功，纵横万里斩荆棘"。大具是当时蒙古军的粮草基地，大批兵士曾驻守于此，拿出家乡带来的西瓜子嗑，有的散落地下，而大具的气候早晚受玉龙雪山寒流的影响，白天受金沙江暖流的影响，与"早穿棉袄午穿纱，守着火炉吃西瓜"的天山脚下的沙漠性气候一拍即合，"无心插柳柳成荫"，西瓜子在这里生根发芽、开花结果。而且大具西瓜子俗称"红瓜子"，产出的西瓜子本由红紫两色组成，红非红，究其源，最早因为胡人带来而称"胡瓜子"，而后来就走了音，变了意，人们都称它"红瓜子"了。

皇帝圣旨下到虎跳峡边

在离大具乡政府不到一公里的岩层荒滩上，有一片墓地，很多操劳了一生的平民百姓就安息在这里。它与丽江其他的墓地没有两样，唯独不同的是一块有一人高的石碑立于其中而特别醒目。不看不知道，看了吓一跳。碑上刻着龙凤章，"圣旨"二字映入眼帘，碑文一开头就是"奉天承运，皇帝制曰"，此乃"圣旨碑"也。细考碑文，大体内容是皇帝赐封当时在朝廷任兵部主事的纳西族进士和庚吉的外祖父为"中宪大夫"，外祖母为"恭人"，表彰他们对外孙的养育之恩，以示皇恩浩荡。后人将其刻于石上立于祖坟，成为一段佳话。

皇帝对其外祖父、外祖母都下旨封赏的和庚吉，乃丽江名士。古城四方街头有一展翅欲飞的三层楼阁上书"科贡坊"三个大字，是因居住巷里的杨氏纳西人家"一门三举"而立，家居科贡巷最深处的和庚吉又后来居上，25岁，参加考试，与中邑纳西族王竹淇、李梅卿、周兰屏同中举人，被后人称为"松竹梅兰"，成为丽江教育文化的佳话。

和庚吉，号松樵，是纳西族改土归流后的七个进士之一。他先在朝廷供职，因目睹其腐朽和黑暗，毅然抛弃高官厚禄的机会。

经多次呈请出朝，后改授四川乐至县令，又历置四川石柱、舟山、温江、竹宁等厅县，见时势变迁日亟，以"父母在堂，颇需奉养"为名，辞官告老还乡。云南督军蔡锷对其十分器重，特委以永昌府重任，但被他辞谢。川边镇守使殷叔桓邀他重新襄政，他也没有去。乡邑推举众议员，他也推辞。回乡后修建一园，名曰"退园"，自号"退仙"，"以一尘不染之胸襟抒写大自然之天籁"。1936年4月，红军长征过丽江，丽江古城人心惶惶，此时年逾古稀、一头雪发的"退仙"却走出家门，稳定人心，向大家解释："共产党是一个政党，一个政党就有为国为民的纲领，绝对不会杀人放火，不要惊慌失措，出来迎接他们吧！"丽江古城的纳西人隆重欢迎红军，写下了夺目的篇章。而且赫赫有名的贺龙元帅住进了科贡坊和进士家里。新中国成立之日，和庚吉已是85岁的耄耋老者，他用颤抖的手挥毫写下了一副热情洋溢的对联，讴歌新中国的诞生，并贴在科贡坊前临时搭就的召开庆祝大会的松门上：

创前古未有之新中华，英雄时世

扩养生大同于遥远色，衽席苍黎

和庚吉还是著名的诗人，不但其为人被后世所推崇，其诗也被广为传诵。尤其是1904年春他在外任职时得知家乡重修黑龙潭得月楼，游子之心，故园之情勃然而发，欣然命笔，撰楹联寄回故里，以情感的真挚、文笔的优美而脍炙人口，成为丽江楹联中的千古绝唱：

丞相祠边，子云亭下，只遗古意茫茫！欣故里依然，胜迹辉流丹阁影。

屏开雪岭,镜指清波,不尽余情缕缕!问何时归去,凭栏醉倚绿阳春?

丽江有名石牌坊,采石也采虎跳石

历史上几多风云变幻,而偏居一隅的丽江木氏土司首领识时务,顺潮流,使丽江逐渐步入鼎盛。在忽必烈"元跨革囊"一统天下之机,麦宗阿良迎蒙古军于金沙江边,并受命为先锋攻战大理,后被封为察罕章宣慰司,在朝廷的支持下,统管一府七州加一县,确立了盟主地位。朱元璋坐上龙椅,纳西王阿甲阿德迅速呈上愿意归顺的奏折。明朝三十万大军挥师南下攻打大理,阿德亲率纳西劲旅与王师一起冲锋陷阵,龙颜顿时大悦,土知府得以世袭,悬且赐"木"姓以示厚爱,所辖之地扩至云南全省三分之一,还有西藏、四川局部,已呈雄踞一方之势。

到了明朝晚叶,木氏声威如日中天,与当时没落的中央王朝相比,丽江已是一隅安富欣荣的福地了。为表其忠贞,木氏土司主动向朝廷输纳巨金,到万历年间,木增又屡有进贡。明王朝十分看重丽江的战略地位,对木氏土司的"诚心报国"之举大为赞赏,不断封官赏赐,录入史册的就达 28 次之多,还有很多皇帝亲笔题词的金腰带、金盾牌、金带和匾联,以及所授予的各种头衔。于是木氏土司大兴土木,玉龙雪山下出现了一派富丽堂皇的繁荣景象。徐霞客到此也发出了"宫室之丽,拟于王者"的赞叹。

忠义坊作为丽江古城木氏土司宫邸建筑群落的"大前门",又是由圣旨颁赐"忠义"二字而敕建,其气势可不能等同一般,自然不惜人力、物力,着意经营,务求美轮美奂。

要成就这样一座昭示威望、流芳百世的标志性建筑，雄奇壮观、气势巍然自不必说，还得牢不可破、坚不可摧，千秋永固，又不失玲珑精美、神采飞扬。从各地招募来的大批能工巧匠挖空心思，最后舍易求难，确定了通体用石料仿拟木结构方案。把石头当成木头，惟妙惟肖地建成这一大构造的多重楼坊，这奇特的设想本身就是一个奇迹，要使奇迹变成现实，至关重要的先决条件就是要找到可以创造这种奇迹的石料。

然而，石牌坊真的矗立在了古城中，而且与木氏土司的要求完全相符。三间四柱的云楼，中间高大，两边稍低，四柱通天，下抱石鼓；二层楼的龙门坊上都有绦环板，坊顶盒枋腰上还有活灵活现的大石狮把守，门后有条咧嘴翘首的鳌鱼看守。整体皆用汉白玉，石牌坊通高12米，面宽9米。其结构之严密、规模之宏大、雕刻之精湛，用手敲击便发出铿锵之声，令人咋舌称奇。

于是，民间有了"大理有名三塔寺，丽江有名石牌坊"这种说法。而且传说它是天神派天工天匠一夜之间建成，他们趁着月明星稀、万籁俱寂的深夜乘风驾云而来，建好之后又悄无声息地离去，把这架蔚为壮观的石牌坊留给丽江古城。

至于石料的来历，都说是来自虎跳峡的大具坝。大具距此近百公里，巨大的石料在无车辆运载的情况下，如何运至丽江又是一个难以破解之谜，于是又有了神仙搬运之说。相传那几只石狮也是神仙从大具赶到丽江，而有一只是赶到白沙就天亮了，神仙匆忙回归天庭，石狮就留在了白沙。

经历两百余年间若干次天灾人祸，这"神仙"建造的石牌坊没出现半点异样，而且荣幸地成为云南全省第一批重点保护文物。可是，"文革"期间，石碑坊遭到巨大破坏，只有石狮奇迹般地保留下来。

　　古城是丽江的心脏，木府又是古城的心脏，而石牌坊是木府乃至古城的门面。古城的兴衰与丽江的兴衰息息相关，古城复兴则丽江复兴。顺应改革开放的时代潮流，面对新的历史机遇，丽江作出了走向世界的抉择。1996 年"2·3"大地震后，古城申报世界文化遗产的工作与重建木府的工作紧锣密鼓同步进行。

　　历史再一次选择了大具。为重建木府石牌坊，专家根据传说及相关遗物资料来到了大具。在大具西北末端金沙江湾找到了木天王采石场遗址，遗址巨石上明显地留有凿去石柱、照面、斗栱架等部件的痕迹，遗弃物中还发现了一些石瓦等规格材料，在大具双海子及大东西大山发现了运输途中断裂后丢弃的两件石料。在清理遗址时，在采石场最中间废旧石料所覆盖的一块石头上。发现了"万历四三"四个字，即为明朝神宗万历四十三年（1616），为工匠们在此采石牌坊石料时的某一年，与建造石牌坊的时间不谋而合，且采石时间比建坊时间略早几年，说明采石备料极花费了一番工夫。大具人世代相传，当年采石场人山人海，有舂米房、凉粉铺等各种作坊，而打铁者居多。且商贩云集，卖凉粉者、烟酒茶者，比比皆是，这里不但形成了一个小集市，而且成了一个小而全的特殊社会。

　　所采之石为发育尚未成熟的大理石，在虎跳峡的形成过程中，被江水冲至大具，搁浅于江岸，其坚硬而有韧性，色泽夺目如汉白玉，为石材之上品且大具所独有。

　　1997 年 6 月，就在三百多年前的采石遗址上，"当代鲁班"按昔日石牌坊石料的规格尺寸原样取走了所需的全部石料，"虎跳之石"构筑的石牌坊再次矗立于古城，牌坊风采如旧，但古城，今非昔矣，它不仅仅只属于丽江，而且已经成为"世界文化遗产"而被全人类所共有。

更可喜的是，采石块遗址如今得到全面保护，近千米的石墙宛如一道小长城环绕四周，参照石牌坊修建的通体为石的仿木结构，刻上了由邑民祁有光撰写的寓意深刻的对联："万历四三凿就花马之国忠义门 公元九七重掘木府大院石牌坊 采呀采，采得黄金万万两"。

一千四百多年前成书的《千字文》就有"金生丽水"之句，意思是丽水出产黄金。丽水就是金沙江，顾名思义，金沙江乃黄金之江。

金沙江冲出虎跳峡又被大具这个"大铁桶"死死封住，它一时找不到出口，江流带着泥沙急得四处乱撞，巨大的合力产生了无数漩涡，这是金沙江打开虎跳峡之后遇到的又一难关，它四处出击，并采取了"挖心战术"，这个山与水曾浴血奋战的"古战场"，造成了大具这个金沙江峡谷中面积最大海拔最低的盆地。

江流受阻的时间越长，积蓄的力量也就越大，它的冲击力也就越猛。最后终于在"铁桶"的东北角打开了一个缺口，于是奏着凯歌踏上新的征程。江水的力量是无限的，时间的帮助是永恒的，它不断地扫除障碍，不断地下切着河床，随着水道越来越畅通，水位也就不断下降，江水带来的大量沙石就沉淀四周，其中就有很多黄金。上古时期金沙江曾被滞留在大具，这一片土地就成了一个巨大的"聚宝盆"。

伟大的纳西东巴经这样记载，金沙江曾这样告诉人类："要粮要肉要金子就跟随我来，能不能流血流汗脱几层是你自己的事。"

人们也许听到了它的声音，就来到了金沙江边，"穿着草鞋到江边走走，鞋都会带回来金子"。大具不但是"大粮仓"，而且也是一座"大金库"，它给它的子民带来了财富，大具曾有这样的说法："董家的银子，单家的房子，杨家的儿子"，"金子银子骡子瓜子，到头来都是儿子的"。留给后人的是一种对生活的哲思——有的东西是生不带来死不带去的，最有价值的是什么？最大的财富是什么？

在大具18公里的江岸上，留下了300多个采金洞，人们顺着金沙层不断开挖，洞如网状四处延伸，形成一个个巨大的地下迷宫，走进其中使人不禁想起当年冀中平原的地道战，但令人难以相信的是，这里打通的是层层坚硬的崖石。它就是后人所称的"木老爷采金洞"，它成了大具的又一人文景观。

金沙江边的黄金分为两种，一种为沙金，一种为麸金。沙金呈颗粒状掺杂于沙滩中，一般在秋末至春初时节，水退了，沙石滩现了出来，人们在浅滩上搭起一架架"金床"，把滩上的沙石挖起来，一撮撮倒在竹篓里，一只用手瓢往漏里淋水，另一只手同时握着篓把不停摇动，口中唱着数数的歌，到了一定撮数，从"金床"的楞板上冲下积沙，用"金船"盛住漂洗，有时一无所获而大失所望，有时为漾出光灿灿的金沙而惊喜若狂，但往往前者多于后者。江边流传着这样的淘金调："人比黄金易淘尽，沙随浪去似年华"，这是淘金者的真实写照。

麸金形如麦皮，有大有小，大都藏于江岸崖子的沙层之中，江湾处含量尤高。开采的方法是掘脉凿岩，打洞取之。昔日打洞采金的场景如今无法看到，但艰辛却可想而知。大具境内数不胜数的采金洞不知挖出了多少金子，也不知留下了多少故事和传说。

相传大具采金的始祖是一对恩爱夫妻，夫妻双双在金沙江边淘金，一个烈日炎炎的中午，夫妻俩回到自己所住的崖洞中休息，妻子仰望洞顶，突然惊喜地叫起来，原来在洞顶的卵石的夹缝里发现了一块闪闪发亮的金块，于是他们开始在岸上打洞挖金，挖到了很多很多的金子，他们很快成了富翁。于是沙滩上的淘金者陆续到岩上采金，再后来，木老爷也来了，在江岸开了那么多的金洞。

大具境内的老金石，在海拔3000—3500米的玉龙山麓，这里地势险要，环境恶劣，由于缺水，淘金不是用水而使用风扬沙，至今还留有众多扬金台遗址。相传到这里"可以用一斗炒面换回一寸金"。金子含量之高，生活条件之苦由此可见。

大沟头至小米地锅底台的金厂，产量不高，开采比较便利。但仍有明天要去交租金了，今天拿着木盆去洞口扒一番却可以应付租金的传说。由此可知，金矿都属木老爷所有，采金者必须向土司交租金。

传说江两岸都是木老爷的采金厂，江对岸的金厂是姐姐，江这岸大具是妹妹，妹妹这边产金多，自然采金的人、打的洞也多。有一天，妹妹对姐姐说："肚子痛得太厉害了，实在受不了啦。"姐姐回答："如果实在受不了，往下蹲一蹲就好了。"妹妹听了姐姐的话，往下一蹲，金洞全部坍塌，采金的人全部死在洞里，渗出的鲜血染红了金沙江水。传说归传说，采金洞事故时有发生，为了这金灿灿的金子，不知有多少人命丧黄泉。如今金洞周围无名无主之坟随处可见，大多是埋着采金遇难者。

西山金厂是木老爷采金洞最集中的地方，而且至今仍保存较完整。走进洞中还可感受采金的历史。有些大的金洞口，还筑有台阶，台阶上曾搭有棚子，那是监工休息之所。相传为木老爷采金的苦力挖呀挖，挖了近一个年头也挖不到一块金子。监工送来的饭菜越来越少，越来越差。到了大年三十前一天，金子还是没有挖到，监工送来的只是一碗稀饭。他们很气愤，认为监工虐待他们，要求一定要吃好吃的东西，大家走出洞外正准备造反，却看见监工吃的也和他们没什么两样，便消了气回到洞里继续开挖。结果不多时便挖到了一块大金子，当他们到洞口报喜时，发现监工跑了，就拼命地追赶他。监工原以为他们要找他的麻烦，不顾一切地往前跑，最后实在跑不动了才被追上，结果出乎意料地收到采金者挖出的大金子。

新中国成立前夕，一个国民党军官从四川带来一个工兵班窜到大具，用炸药炸开金洞，很多金洞倒塌，金子却没有得到多少。采金需要耐着性子一锤锤一点点地挖，任何急功近利之举都是徒劳。国民党军的行径引起了大具村民的极大愤慨，岩窝村村民相互商量最后决定深夜要关起门来放火烧他们住的房子，全村村民围在外面，跑出来一个打死一个，而房子烧毁后由村民为主人重建一院。但不知是走漏了风声，还是匪军正欲离去，行动前一天，他们撤离。

1943年，岩窝村村民和仁在当年的采金洞中采到旧制八两黄金，曾在洞中采到金子者至今还有人还健在。三百多个采金洞的存在，证明了木老爷在几百年间从大具挖走了不少黄金。徐霞客说丽江木氏土司"富冠诸土郡"，历代土司能为朝廷上贡大量黄金，木氏土司能够雄踞一方数百年，强大的政治实力和军事实力需要以强大的经济基础为后盾，丽江辉煌的历史，大具三百多个"木老爷采金洞"所发挥的作用不容忽视。

大具东巴文化"三宝"——东巴造纸、东巴万年历、东巴画谱

东巴文化是历史上始终伴随着纳西族繁衍生息的一种宗教文化。"越是民族的,越是世界的",一个地处边陲、人口不到三十万的民族创造的文化被世人誉为"智慧的迷宫",成为世界民族文化之林中的奇葩而举世瞩目,三十多个国家和地区的专家和学者正在对它进行多方位多角度的研究,纳西人为此足以值得骄之傲之,因为它不仅是丽江的瑰宝,也是人类的瑰宝。

大具地处丽江东部纳西族聚居的中心,与"东巴文化圣地"白地仅一江之隔,"不到白地,不算东巴",大具成了丽江东巴"朝圣"的出入地,从而带动了这里东巴文化的繁荣和发展。

大具东巴文化历史悠久,源远流长,是一片东巴文化浸透的热土。据传,大具的东巴始祖名叫伟嘎,六百多年前从白地到大具定居,它带来的东巴文化从此就在这里生根发芽,东巴教逐渐成为当地人信奉的宗教,几百年来一直影响着人们的生产生活,主宰着人们的精神世界。到二十世纪三四十年代,这里出现了"家家有东巴、家家有经书、家家有法器"的空前概况,成为丽江著名的"东巴之乡"。大具的东巴文化因其独特的地理优势,具有持续性和包容性之特点,从中可以窥视整个东巴文化的发展高潮的迭起而产生的推动作用,大具的东巴文化又有其鲜明的独创性,并产生了绝无仅有的"东巴文化三大瑰宝"——东巴造纸、东巴万年历、东巴画谱。

纳西象形文字被誉为"世界上至今唯一活着的象形文字",它最早叫"鲁究斯究",即刻在石头木头上。后来有了东巴纸,才有

了被誉为"古代纳西百科全书"的东巴经。造纸术对世界文化发展产生了巨大推动作用而成为中华民族贡献给人类的"四大发明"之一，东巴纸对于东巴文化的发展所产生的作用同样也是不可估量的。

大具的东巴纸被称为"打鼓纸"（打鼓即大具），是大具东巴自己的发明，也是大具有名的土特产。打鼓纸质地厚实、光滑耐磨，且能防腐防蛀。其原料大具一带都有，其工艺与汉族地区传入的方法多有不同，其历史也有数百年。丽江如今流传的造纸业是明朝天启年间（1621—1627）木氏土司聘请由江南迁居鹤庆的李氏造纸师到丽江开创的，但所有东巴经用的纸都是打鼓纸，且东巴纸的历史比此还早。东巴纸这项伟大发明的"专利"无可非议地授予了大具乡白麦行政村东巴世家和氏名下，他家不但是东巴纸的祖师爷，而且世代相传至今已有十三代。这祖传家业在二十世纪六七十年代曾一时中断，但到八十年代又被第十三代传人和胜文重建起作坊、再接香火，有诸多媒体称他为"东巴造纸的最后传人"，如今他将东巴纸技术传给了22岁的女儿和志秀。东巴纸作为东巴文化的重要组成部分，它凝结着前人的智慧，也包含着后人对优秀传统文化的痴情，将会一代又一代地在这片土地上传承下去。

观测天象、观测日月星宿的运行，是古天文学的发轫。远古先民为把握时令，早就以日、月、星宿特有的运行规律来做判断季节的标准。有着古老文化的纳西族，自称为是最会看日子的人，更有"三代以上人人皆知天文"之称。至今在偏僻的纳西村落，还有人以观察星象、太阳的方位及月亮的朔望来确定日期。在东巴古籍中，对星象观察的记载，除散见于诸多典籍外，较集中于

"祭星"和"星占"等类东巴古籍中，不但创立了"铁、木、水、火、土"五大饶星之说，而且为比较日、月的运行，作为观测时的标志而选择了二十八宿，用于请神、驱魔、赶鬼、给人预算占卦、推算日子的凶吉，虽然掺杂着许多唯心的内容作神秘的色彩，但拨开这层迷雾，破译玄妙的天机，就可寻觅远古纳西天文历法的端倪。

在遥远的古代，人们通过对天象的观察，来确定季节时日，这是生产生活的需要，也是从事宗教活动的需要，随着纳西象形文字的产生，把它逐步记录下来，就成为历法。和学珍是近代大具最有名望的大东巴，他年轻时到白地从师潜心钻研东巴文化，回乡后一直从事东巴之业，造诣极高，很受人推崇，他的"镇身之宝"是一本共120页的东巴万年历，很多人曾经目睹，但从未离东巴之身，生前留下遗嘱一定要把它和他一起殡葬。庆幸的是大具乡文化站李成伟得知此事后，再三恳求把它留下来，但老东巴不改初衷，无奈之下李成伟请求把它拍下来保存，得到了老人的应允，如此东巴万年历这一瑰宝长久地留在了这片土地上。

真正的东巴被称为"智者"，多才多艺，十八般武艺样样精通，要会诵经、要会跳、要会写、要会画、要会主持法事……相传，东巴舞蹈有300多种套路；东巴画也有竹笔画、木牌画、卷轴画等多种形式，内容更是丰富多彩，著名的《神路图》及绘有大小神、人、鬼、怪394个，奇禽怪兽约百个，还有各种各样的法器图案。东巴经中有两部典籍记载了东巴舞蹈的来历及跳法。它比西班牙的拉班舞谱要早得多，它是我国用文字记录的最早的摆谱，也是世界上唯一的用象形文字写成的舞蹈，它的发现，使中外艺坛为之震惊。那么，有没有东巴画谱呢？大具东巴尹林生站出来回答：有！

尹林生1958年就在大具供销社工作，并对东巴文化如痴如醉，他走访了很多东巴，收集了很多东巴经书，1960年开始先后拜大具大东巴和学珍、和座伟，白地大东巴和玉恒为师，研习东巴文化。退休之后尹林生开始全身心投入东巴经典的整理和研究之中。他说他曾看见过东巴画谱，但当时未能得以收集如今已不知去向，这成为他一生之遗憾。于是他开始了重整东巴画谱的工作。他在繁杂浩大的东巴经典中漫游，把有名号的神灵鬼怪的图像全部集中在一起，重新编出一本东巴画谱。画谱分天堂的神灵、人间的东巴和自然神以及动物、地域的鬼怪三个部分，现已完成600多个图像，绘在宽40厘米的东巴纸上，总长度已达60余米，这又可堪称"大具东巴文化一绝"。

而大具东巴文化的真正"活宝"就是大具的东巴，他们是东巴文化的传承者。大具还有很多东巴在世，其中和承德被丽江东巴博物馆聘为顾问，和国华已成为丽江"东巴宫"的首席，更可喜的是年仅30岁的大东巴和学珍的传人和国耀脱颖而出。"江山代有人才出"，此乃大具之喜、丽江之喜，更是东巴文化之喜！

一座矗立在大具这片热土上的丰碑

如果有人问：大具人民最渴望是什么？回答肯定是一致的：水！

天下不会有十全十美的事情，也不会有十全十美的地方。"如果大具不缺水，那该多好！"人们都这样说。

大具不是没有水，金沙江就在身上奔流，但它有意跟大具人捉迷藏，在这里偏偏成为地下河，给人留下"眼见金沙江，却得不到煨茶水"的遗憾。

　　大具不是没有水，坝子西北的大山脚下有一口大山泉，常年冒着白花花的山泉水，可惜水位低，又有深壑阻隔，泉水才涌出，来不及淋浴一下晒得滚烫的大具坝，便随滚滚长江而去。

　　最早到大具进行水利开发的是三百多年前的木氏土司。《丽江府志》载："大具龙泉，在城北一百数十里打鼓汛之西，水源甚旺，昔日土官曾与此筑渠，建流水桥，跨越山溪，可灌南岸一带高地，今久废。"至今在五十多米高犹如斧劈刀削般的悬崖绝壁上矗立着两堵贴崖砌成的古桥墩，相传它是用糯米汤拌石灰，再加麻子油，用五面石砌成的，桥墩南岸大砂坡的两头还留有明显的隧洞遗迹。这就是木氏土司引水管桥遗址。相传工程完工之后，管事下令放水，龙泉水犹如一条长龙冲过隧道，一头扎进被烈日晒得冒烟的小米地。在人们的欢呼声中，管事下令停水等木氏土司来参加通水庆典，就这一停，倒虹型木管爆裂，引水工程失败，从此以后的漫漫岁月，一代又一代大具人，只好望水兴叹！

　　民国初年，昆明人熊种青在丽江任职，他对大具"有此膏腴之田，天然河水，不为修通以资提注，实属可惜"，便倡导民众开发水利，选举管事，筹措款项，准备定期开工。但熊公于民国二年（1913）离任，此事不了了之。但大具仍感他的恩德，立了"丽江府兼知事西防正谘谋官昆明种青熊公大人德政碑"。1966年10月，大具发生地震，丽江师范学校校长和鉴彩带领师生到此救灾，在当时培良大队天井中看见此碑，并作了抄录，而今此碑下落不明。

　　20世纪初，大研镇实业家李畅远看中了大具小米地这块宝地，费尽毕生精力完成了一个伟大的壮举，写下了他一生中最光辉的一页。

　　李畅远 1877 年出生于丽江大研镇太史巷的一个书香之家，早年接受了严格的教育，具有不凡的学识。他胆略过人，拥有卓识远见。25 岁开始经商，在仁和巷开设继昌和号，主要经营山货药材，兼营部分土杂。在辛亥革命前组织麝香和黄金等货到缅甸阿瓦，又从缅甸组织小洋货和特产回来，由于商品对路，有了很大发展。他一直认为"兴丽者在于实业家也"，1924 年之后在经商的同时，主要精力转到兴办实业之上，先后创办甲子铁厂、黑白水土纸厂、三大湾牦牛厂。

　　在筹划兴修大具水利之时，他不顾很多人的劝说，毅然投资兴建丽江乃至云南最早最大的民营水利工程，于 1924 年农历五月动工。他从岩窝龙潭东面的有清泉群的地方筑坝修塘，集群泉之水，又筑长渠沿大山脚绕过劳本村西侧，过大沙河，但因此为金沙江古河湾，全由细沙堆积而成，渗漏严重，又全用条石筑成十余米高的拦河大坝，截住大沙河的山洪水，从营盘街尾打长约一公里的隧道过大沙坡直通小米地。

　　自水利开工以来，他一直在工地筹划奔波，脚穿草鞋与民工同生活同劳动。1939 年丽江发生饥荒，绝大多数群众已在饥饿线上挣扎，施工十余年的水利工程是停工还是继续下去？他决定组织救荒，从外地购来大量粮食，工程继续进行。当时大具群众中就有这样的说法："若要活下去，就到李家修水利。"他还为逃荒到大具的外地难民出钱盖屋，让他们定居，在他买下的荒坝上从事生产，参加水利建设。事后有人问李畅远："您用了多少粮食？"李畅远回答："粮食用了多少我也无法记清，倒是辣子面大概用了四石八斗。"

在 20 世纪 30 年代修建这么艰巨的工程，用的是原始工具一锄一锤进行开凿，靠的是人背人挑，其艰难可想而知，经济上的支出更为浩大，十余年的施工把积累的资金全部耗尽，族人也出生了非议，说家产就要败在他手中。但他不泄气，抵押和变卖了铁厂、纸厂、牦牛厂，甚至连大研镇的铺子和田产也卖了，全部用于大具水利工程。据族人说："他花去的银元，不下于两万元半开。"历时 17 年，水利成，家财破，畅远卒。1945 年大具民众为纪念其功德，在隧道口立了"丽江实业家李公畅远纪念碑"。它不仅是一位纳西族实业家留在大具的丰碑，也是丽江乃至云南水利建设史上的丰碑。

（1999 年 10 月应就职于大具乡的和文森、木德仁两位好友多次之邀，有幸对大具历史文化进行了认真探访，从中得到余嘉华教授大力鼓励和支持；和湛、王志泓两位良师一起前往考察并予以指导；祁有光先生提供了很多第一手资料，且参阅了和续真、杨杰升等前辈的文章。在此一致表示谢意！）